Urdu Version

of

Quran:

Testimony

of

Antichrist

by

Rev. Joseph Adam Pearson, Ph.D.

Copyright 2018

ISBN-13: 9780996222440

Last edited on 6 September 2018

Quran: Testimony of Antichrist   القرآن: مخالف مسیح کی گواہی

اس پی ڈی ایف کتاب کی تحریر کا سائز بڑھا دیا گیا ہے تاکہ سمارٹ فون اور ٹیبلیٹ پر بھی اسکو پڑھنا آسان ہو۔ لیپ ٹاپ اور، ڈیسک ٹاپ کمپیوٹر پر پڑھنے کے لیے، آپ
http://www.christevangelicalbibleinstitute.com/quran.pdf
پر جائیں۔

القرآن

مخالفِ مسیح کی گواہی

ریورنڈ جوزف آڈم پیئرسن (پی ایچ ڈی)

جملہ حقوق ۲۰۱۸ بحق ریورنڈ جوزف ایڈم پیئرسن (پی ایچ ڈی) محفوظ ہیں۔
یہ کام پہلے کئے گئے کام کا اعادہ ہے۔
(۲۰۷ ۳یونائیٹڈ اسٹیٹس کاپی رائٹ آفس-TX-۰۰۸-۰۵۶)جملہ حقوق ۲۰۱۴
(TX-۰۰۸-۳۶۸-۰۸۴)جملہ حقوق ۲۰۱۷
(TX-۰۰۸-۳۵۶-۳۰۷)جملہ حقوق ۲۰۱۴
(TX-۰۰۷-۳۳۰-۰۴۳)جملہ حقوق ۲۰۱۰
(TX-۰۰۳-۵۱۶-۲۷۱)جملہ حقوق ۱۹۸۹
(TXu-۰۰۰-۰۷۵-۶۳۹)اور جملہ حقوق ۱۹۸۱
بذریعہ جوزف ایڈم پیئرسن۔
تمام جملہ حقوق محفوظ ہیں۔

الیکٹرانک بک آئیڈینٹیفائیرز
ISBN-۱۰: ۰۹۸۵۷۷۲۸۴۰
ISBN-۱۳: ۹۷۸۰۹۸۵۷۷۲۸۴۰
پیپربک آئیڈینٹیفائرز
ISBN-۱۰: ۰۹۸۵۷۷۲۸۳۲
ISBN-۱۳: ۹۷۸۰۹۸۵۷۷۲۸۳۳
لائبریری آف کانگریس کنڑول نمبر:
۲۰۱۲۹۲۱۲۴۲
شائع کردہ
کرائسٹ ایونجلیکل بائبل انسٹیٹیوٹ
(SAN: ۹۲۰-۳۷۵۳)
ڈے ٹون، ٹینیسی

3

انتساب

یہ کام اُن ان گنت اشخاص کے نام سے منسوب کیا گیا ہے جو کہ پہلے ہی سے ستائے اور قتل کئے گئے ہیں اور ساتھ ساتھ اُن کے بھی جو ابھی ستائے اور قتل کئے جانے کو ہیں، اُن تباہ کن، تاریکی کے کارندوں، تاریکی کی قوتوں اور تباہی کی طاقتوں کے ذریعے۔ محض ایک جھوٹے نبی کی خاطر جسکا نام ہمیشہ کے لئے لعنت کا حامل ہے (اپ ہ ل ہ)

اُس کام کو اُن انسانوں کے لیے بھی منسوب کیا گیا ہے جو یسوع مسیح خدا کے اکلوتے بیٹے کی دوبارہ واپس آنے تک زندہ ہونگے اور وہ زمین پر ہزار سالہ دورِ بادشاہت کے لیے واپس آئے گا۔ (اُس وقت، اس دُنیا کی آدھی آبادی جنگ وجدل اور قحط، وبا، بیماری اور تباہ کن آفات کی وجہ سے ختم ہو جائے گی۔)

---

* اپ ہ ل ہ = اُس پر ہمیشہ لعنت ہو

القرآن :مخالف مسیح کی گواہی

فہرست

	کاپی رائٹ	
	انتساب	
	فہرست	
	پیش لفظ	
	نوٹس	
پہلا باب	تعارف	
	قرآن اور بائبل پڑھنے پر	
	مکاشفہ کی کتاب کو سمجھنے پر	
دوسرا باب	اضحاق اور اسماعیل کے مابین فرق	
تیسرا باب	یسوع اور محمد کے مابین فرق	
	بائبل اور قرآن (القرآن) کے مابین فرق	
	مسلمانوں سے یہوواہ کے اکلوتے بیٹے (یسوع) کے متعلق مباحثہ کرتے ہوئے	
چوتھا باب	کیسے یہ سب اکٹھا ہوتا ہے	
	نام، عدد، اور حیوان کا نشان	
	خدائے اصل اور نقلی خدا کا مقابلہ	
	ہم کس کو درست کہیں گے؟	
پانچواں باب	نبوت کی نظریاتی تشریح بمطابق اسلام	
	یسوع کی گواہی	
	مکاشفہ ۱۷ باب	
	مکاشفہ ۱۳ باب	
	مسیحیت کے سچ کا علم اٹھانا	
چھٹا باب	بد ترین افسوس	
	تعارف	

	پانچواں نرسنگا	
	چھٹا نرسنگا	
	ساتواں نرسنگا	
	اسلام کے حیوان کیلئے خدا کی عدالت کی تکمیل	
	خلاصہ	
	مخالفِ مسیح کے بارے میں وضاحت	ساتواں باب
	وقت کی بھرپوری	آٹھواں باب
	انسانی تنازعہ	نواں باب
	دوستوں اور دشمنوں پر	
	توبہ اور معافی پر	
	محمد کے نام کی حرفی و لفظی نقل	اپنیڈکس اے
	۶۶۶ کے بارے میں سوالات کے ممکن جوابات	
	اسرائیل کی سات عیدیں	اپنیڈکس بی
	بیانات اور حوالہ جات	اپنیڈکس سی
	معلوماتی ہدایات	اپنیڈکس ڈی
	ذیلی تحریر	
	زیرِ لفظ	
	کتابیاتِ از قلم مصنف	
	مصنف کے متعلق	
	اختتامیہ الفاظ	

پیش لفظ

معزز قارئین،

یہ کتاب ڈیجیٹل طرز پر ہمیشہ مفت دستیاب رہی ہے اور ہمیشہ مفت دستیاب رہے گی، کیونکہ یہ کتاب میری طرف سے خدا قادرِ مطلق کو میری آزاد مرضی کا نذرانہ ہے۔یہ کتاب کافی نمایاں طور پر خدائے پاک روح کی ہدایت پر مبنی ہے۔اور اس میں خداوند یسوع مسیح کی اپنی حوصلہ افزائی اور مرضی بھی شامل ہے۔اسی لئے ، اس کتاب کے لیے بائبل مقدس کا خدا تمام تر تعریفوں کے لائق ہے کیونکہ اُسی نے مجھے نجات، روحانی نعمتیں ، عقل و دانائی ، پائیداری،روحانی کامیابی، شخصی نشوونما اور مسیحی خدمت کے ساتھ ساتھ اچھے تعلیمی مواقع عطا فرمائے۔اور میں خداوند کے اس فیصلے کا مشکور ہوں کہ اس نے مجھے میری تمام تر کمزوریوں کے باوجود،مجھے استعمال کیا۔

جب مجھے مکاشفہ کی کتاب سمجھ آئی کہ کسی انسان نے مجھے نہیں سکھایا(گلتیوں ۱:۱۲)خدا کا پاک روح میرا واحد معلم تھا۔مستحکم یقین رکھتے ہوئے کہ خدا کا پاک روح ہی واحد سچائی سکھانے والا ہے۔(یوحنا۱۴:۲۶)۔کیونکہ تمام تر اچھی چیزیں بائبل مقدس کے خدا سے آتی ہیں۔میں سچائی کا موجد ہونے پر فخر نہیں کرسکتاجو اس کتاب میں ہے۔اگرچہ ہم میں سے ہر ایک اپنے لیے سچ کی تلاش کرسکتا ہے۔ہم اس سچ کو اس لیے تلاش کرلیتے ہیں کیونکہ خدا اپنی مرضی کے مطابق ان سچائیوں سے پردہ کشی کرتا ہے۔اُسکی مرضی جو کہ ہمیشہ خالص ہوتی ہے، اور اپنے وقت کے مطابق ہوتی ہے، اور جو کہ ہمیشہ کامل بھی ہوتی ہے۔

سچائی کی روح سے یہ کام آپ کے سامنے پیش کرتا ہوں کہ بہت سے لوگ بچ جائیں تاکہ لوگوں کو نجات کے علم تک لایا جاسکے۔اس بات کو بھی سمجھانے کے لئے کہ" یسوع کی گواہی نبوت کی روح ہے"(مکاشفہ ۱۹:۱۰) ۔تمام لوگوں کو یہ جاننے کی ضرورت ہے کہ اپنی زندگیوں کو انجیلی سچائی پر استوار کریں جو کہ بائبل مقدس اور مکاشفہ کی کتاب میں ملتی ہے۔

میں دُعا کرتاہوں کہ آپ کوایسادل ملے کہ آپ اس کتاب میں دی گئی سچائیوں کو جان سکیں اور دوسروں کو بھی اس بات کی آگاہی دے سکیں،یہ کتاب محض کتابی تحریر نہیں بلکہ ایمان کاامتحان بھی ہے۔

یسوع مسیح میں بہت محبت کے ساتھ

Joseph Adam Pearson

ریورنڈجوزف آڈم پیئرسن (پی ایچ ڈی)

عبارت مزید چونکہ اس کتاب کو کاغذی اشاعت میں بھی دستیاب ہونے کی ضرورت ہے ان تمام ہدایات اور ضروریات کو مدِ نظر رکھتے ہوئے جو پیپر میڈیا کی ضروریات کو پورا کرتا ہو۔یہ کتاب خرید کے لیے بھی دستیاب ہے۔اگر آپ نے ابھی تک اس کتاب کو نہیں خریدا کیونکہ آپکو اسکی آن لائن دسترس حاصل ہے ، اور اگر آپ اس کام کو بروئے کارلانے میں حصہ ڈالنا چاہتے ہیں، تو پھر ضرور اس کتاب کی کاغذی نقل خریدیں۔تاکہ ضرورت مند افراد کو جو اس کتاب کو خردینے کی استطاعت نہیں رکھتے ان کو بھی اس کتاب کو پڑھنے کا انفرادی اور باہمی موقع دیا جاسکے۔اس کتاب سے جو منافع حاصل ہوتا ہے وہ کرائسٹ ایونجلیکل بائبل انسٹیٹوٹ کی بیرون ملک (یونائیٹڈ اسٹیٹس سے باہر) مختلف برانچ کیمپسز کی مدد کے لیے بھیجا جاتا ہے۔اگر آپ چاہتے ہیں تو آپ بھی بلاواسطہ اپنا حصہ کرائسٹ ایونجلیکل بائبل انسٹیٹیوٹ کو بھیج سکتے ہیں۔

DrJPearson@aol.com یا drjosephadampearson@gmail.com

عبارت مزید تر اس پی،ڈی،ایف کتاب کی اصلی ڈیجیٹل کاپیاں مندرجہ ذیل طریقہ سے تیار کی جاسکتی ہیں:

(۱) یہ اشاعت دوبارہ بنائی جاسکتی ہے ، محفوظ کی جاسکتی ہے تاکہ دوبارہ پڑھی جاسکے۔اور اسکو کسی بھی شکل میں تبدیل کیا جاسکتا ہے (الیکٹرانک، تکنیکی طریقہ ہائے کار، آواز کی ریکارڈنگ، یادیگر طریقہ ہائے کار سے) لیکن مکمل طور پر۔کسی بھی تبدیلی کے بغیر۔اس کتاب کے ٹائٹل سے لیکر آخری صفحہ تک۔(الف) واضح رہے کہ کتاب قابلِ فروخت نہیں ہے ، کاروباری لحاظ سے، نہ ہی عوضانہ کے طور پر یا کسی بھی خاص مسیحی فرقہ سے منسوب نہیں کی جاسکتی(جب تک کہ تمام مسیح کا بدن یکتہ اور متفق نہ ہوں) اور(ب) واضح رہے کہ اس کتاب کے ذریعے کسی قسم کی ایڈورٹائزنگ یا شخصی رائے دہی کی اجازت نہیں ہے ، اس پر یا اس کے درمیان میں یا کسی بھی صفحہ پر۔(۲) اس کتاب کا کسی بھی زبان میں ترجمہ کیا جاسکتا ہے واضح رہے کہ تمام زبانوں میں انگلش زبان سے اخذ کردہ ترجمہ ہی ہوناضروری ہے۔(۳) اور تمام ترجمے کئے گئے ان کی شائع کردہ کاپیاں اور انگلش کی اصل ٹائٹل ہمراہ ہوں، جملہ

حقوق کی معلومات کا صفحہ انگلش میں ہو اور اس کتاب کا پیش لفظ انگلش میں ہونا ضروری ہے۔

میں آپکی حوصلہ افزائی کرتاہوں کہ اس کتاب کی اصل کاپی(پی ڈی ایف فارمیٹ میں)اپنے خاندان،دوستوں،ساتھ کام کرنے والوں اور دوسروں کو بھیجیں جواس سے فائدہ اٹھاسکتے ہیں۔آپکواس کتاب کو پوسٹ کے ذریعے ارسال کرنے کی بھی اجازت ہے(بالکل اصل حالت میں جیسی ابھی دیکھی جاسکتی ہے) ۔اپنی ویب سائیٹ پر بھی شائع کرسکتے ہیں اور دوسرے میڈیا پر بھی جو ابھی سال رواں ۲۰۱۸ میں موجود نہیں ہیں۔

میری دورانِ حیات میں اس کتاب کی پی ڈی ایف فارمیٹ کی کاپی مندرجہ ذیل ویب سائیٹ پر مفت دستیاب کرتاہوں۔

http://www.dr-joseph-adam-pearson.com

اور

http://www.christevangelicalbibleinstitute.com

نوٹس

KJV جیسا کہ اس کتاب میں کنگ جیمز ورژن ترجمہ استعمال ہوا ہے۔ یہ اس عرفِ عام کا مخفف ہے جسکو کنگ جیمز ورژن کہا جاتا ہے۔

تمام کتاب میں اِن کی درستگی کو یقینی بنانے کے لیے ، بائبل مقدس کے ترجمہ عرفِ عام کنگ جیمز ورژن کو مندرجہ ذیل
یعنی (یہودیوں کی بائبل) کو تصدیق Tanakh حقائق کو مدِ نظر رکھتے ہوئے کیا ہے کہ (۱) عبرانی اور ارامی زبانوں کے اصل متن
کیا گیا ہے تاکہ فقروں اور کی صحت کو جو کہ
کنگ جیمز ورژن پرانا عہدنامہ میں سے لئے گئے ہیں تاکہ غلطی کا امکان نہ ہو۔(۲) اور یونانی زبان کے پہلے متن سے لئے گئے
ہیں تاکہ کنگ جیمز ورژن
کو قارئین کے درمیان پڑھنے کے لیے زیادہ KJV کے نئے عہدنامہ میں بھی غلطی کا امکان نہ ہو۔مزید یہ کہ عرفِ عام
کو نئے الفاظ میں تبدیل کر دیا گیا ہے۔ ye اور thou، hath فروغ دیا جاسکے۔جیسا کہ لفظ

بیشتر تبدیل شدہ الفاظ اس کتاب میں بطور حوالہ درج کیا گیا ہے اور ان کو بریکٹ کے اندر ترتیب "G" اور یونانی "H" عبرانی کو
وار اعداد کے ساتھ لکھا گیا ہے۔جو کہ Dictionary of the Hebrew Bible and the Dictionary of the
Greek Bible جن لئے گئے ہیں۔ عبرانی اور یونانی الفاظ ملتے ہیں Strong's Exhaustive Concordance of
the Bible میں جو کہ James Strong (Copyright ۱۸۹۰) Crusade Bible Publishers, Inc.,
Nashville کی اکثریت کو اعداد سے ظاہر کیا گیا ہے۔جو کہ باب چہارم کے دوسرے جدول میں دیئے گئے ہیں۔چند مزید
عبرانی اور یونانی الفاظ الگ سے دوسرے ابواب اور اپینڈکس اے میں واضح کئے گئے ہیں۔

اگرچہ خدا باپ (مثلاً خدا قادرِ مطلق) اور خدا بیٹا (مثلاً یسوع مسیح) خدائے ثالوث میں روح القدس کے ساتھ متحد ہیں، تاکہ خدا باپ اور خدا بیٹے میں فرق
ظاہر کرنے کے لیے انگلش زبان کا لفظ (بڑا ایچ) ضمیر شخصی کے لیے استعمال کیا گیا ہے۔جو کہ خاص طور پر خدا باپ کو ظاہر کرتا ہے۔اور انگلش زبان کا
(چھوٹا ایچ) خاص طور پر بیٹے کے لیے استعمال ہوا ہے۔(نوٹ یہ گردانیں صرف انگلش کی کتاب کے لئے ہیں)۔

اس کتاب میں جب بھی (بڑا جی) استعمال ہوا ہے قارئین کو سمجھ لینا چاہیے کہ وہ بائبل کے سچے خدا کی نشاندہی کر رہا ہے۔
جو کہ واحد سچا (YHWH) کے ذریعے تو اسکا مطلب کہ خدائے بائبل کو ظاہر کرتا ہے جو کہ خدا قادرِ مطلق ہے یا یہوواہ
خالق خدا ہے۔
کے ذریعے ظاہر کیا گیا ہے "g"
اس کے برعکس جب بھی (چھوٹا جی) استعمال ہوا ہے تو قارئین کو یہ سمجھ لینا چاہیے کہ یہ لفظ قرآن کے خدا کی طرف اشارہ کر رہا ہے۔جو کہ بائبل مقدس کا
خدا نہیں ہے۔ وہ قرآن (القرآن) کے خدا کو ظاہر کرتا ہے۔جو کہ بائبل مقدس کا خدا نہیں ہے۔) کیسے الگ ہیں وہ اس کتاب
میں واضح کیا گیا ہے۔

بیرونی الفاظِ مباحثہ درج ذیل ہیں

(ISIS) قرآن،القرآن، مخالفِ مسیح،٦٦٦،محمد قرآن ، القرآن ، مخالفِ مسیح (٦٦٦)، محمد، اسلامی ریاست، اسلامی مملکت عراق اور شام الدولہ، الاسلامیہ فی العراق، الشام، دعوۃ اسلامیہ فی العراق و (ISIL)، اسلامی ریاست عراق اور الشام، اسلامی مملکت عراق لیوانی الشام، داعش، نصرہ فرنٹ، القاعدہ، ہاماس،حرکۃ الاقوامہ الاسلامیہ، خلافت، مسلم بھائی چارہ، حزب اللہ۔

باب اوّل

تعارف

قرآن اور بائبل پڑھنے پر

قرآن جو کہ اسلام کی کتاب ہے ، نہ صرف جھوٹے نبی کی گواہی ہے بلکہ مخالفِ مسیح کی گواہی بھی دیتی ہے۔اب بھی بہتیرے ایسے ہیں جو اس پر ایمان رکھنے پر رضا مند ہیں۔اور اس کو اپنے دل سے قبول کرتے ہیں، اور اس پر قائم رہنے کو تیار ہیں۔اور حتیٰ کہ مرنے کو بھی تیار ہیں جیسا کہ یہ سچائی کی روح سے لکھی گئی ہے۔

کیا آپ نے کبھی قرآن(القرآن) پڑھا ہے؟یہ وہ کتاب ہے جس نے تقریباً اُتنے ہی لوگوں میں مقبولیت پائی ہے جتنی کہ بائبل مقدس نے۔یہ وہ کتاب ہے جس نے دُنیا کی تاریخ کو بنانے میں اپنا حصہ ڈالا ہے۔اور یہ وہ کتاب ہے جو اِن آخری ایام میں بھی اپنا کردار ادا کرے گی۔اگر آپ نے نہیں پڑھی تو، میں آپ کو مشورہ دیتا ہوں کہ ضرور پڑھیں۔لیکن بائبل مقدس کوپڑھنے کے بعد۔کیوں؟ تاکہ آپکو قرآن(القرآن) کے اندر موجود حماقتوں کا اندازہ ہوجائے، آپکو اسکے مضبوط دھوکے کے عناصر کا ٹھیک ٹھیک اندازہ تب تک نہیں ہوپائے گا جب تک آپ بائبل مقدس یعنی خدا کا حقیقی کلام نہیں سمجھیں گے۔(وضاحت کے لیے،بائبل مقدس ہی اصلی الہامی کتاب ہے)،یقیناً، یہ وقت لے گا کہ آپ دونوں کُتب کا مطالعہ کریں۔لیکن کیا آپ یہ نہیں سوچتے کہ آپکو یہ قربانی دینی ہے تاکہ آپ کو اپنی جان بچانے کے لیے سچائی کا اندازہ ہوجائے۔

اس کتاب کی بنیاد مکمل طور پر حماقت پر مبنی ہے، آپ کیا کہتے ہیں؟ پھر، سوچیں،کہ جو کچھ میں کھلے الفاظ میں اس توقع کے ساتھ لکھ رہا ہوں،تاکہ قرآن(القرآن) کی دھوکہ دہی اور من گھڑت کہانیوں سے پردہ فاش ہو ۔کتنے لوگ اس بات کی پرواہ کریں گے؟اور جو پرواہ کریں گے، اور کئی مسیحی ایماندار مجھے جسمانی طور پر چپ کروانے کی کوشش کریں گے۔گرچہ اُن میں سے کچھ زخم اور زیادتی کو محسوس کریں گے۔شائد مجھے نقصان پہنچانے کیلئے آزمائے جائیں۔میں ایمان رکھتاہوں کہ اُن میں سے بے ضرر گزرسکوں گا۔کیا میں مسلمان ایمانداروں کے متعلق بھی ایسی ہی قیاس آرائی کرسکتا ہوں اگر میں قرآن کو بدنام کرنے کی کوشش کروں؟ ہرگز نہیں، اِن کے خلاف بولنا ، انکے معاشرہ کے متعلق ، اور اُنکے "نبی" کے متعلق اور انکی نام نہاد کتاب مقدس کے متعلق بات کرنابہت خطرناک ثابت ہوسکتاہے۔چند اسلام نواز اپنے علاوہ کسی بھی دوسرے نظریہ کو در گزر کرسکتے ہیں اُنکو اکیلے ہی اختلافِ رائے کرنے

دیں۔وہ فراخدلی کے اصول سے نہیں چلتے۔جیسا کہ آج ساری دنیا میں ظاہر ہو چکا ہے، کہ اسلام جمہوریت کے ساتھ اور آزادی رائے دہی سے مطابقت نہیں رکھتا۔

اتحاد کی روح اور مذہبی رواداری کی بنیاد پر اور اس بات کی پرواہ کئے بغیر، آج بہت سے لوگوں نے روحانی عقیدوں کے حوالے سے جیو اور جینے دو کے اصول کو اپنالیا ہے۔میں بھی، اس بات کی حمایت کرتا ہوں کہ اس بات کی آزادی ہونی چاہیے کہ ہم اپنے خالق کو اپنے لئے کس طرح کا بتاتے ہیں اور کس طرح ہم اپنے خالق کی پرستش کرتے ہیں۔بہر حال ، ہمیں اس بات سے باخبر رہنے کی ضرورت ہے کہ اس طرح کے آزادانہ اور جمہوری نظریات ہر کوئی نہیں پیش کرتا۔دراصل، بہت ہی کم لوگ ایسا کرتے ہیں۔اور یہاں ایسے بھی موجود ہیں جو ہم سے یہ حق چھین لیں گے۔

حالیہ ہی ایسا ہوا، کہ مسیحی اس تشویش میں مبتلا ہوگئے کہ کمیونزم (اشتراکیت) مذہبی آزادی کا ڈھنگ دیتی ہے۔اُنکے لیے میں کہتا ہوں کہ آپ اصلی ایذارسانی کو تب تک نہیں جان سکتے جب تک اُمت محمدی آپ تک پہنچ نہ جائیں۔مسلمان اپنے مذہب کے علاوہ سب کے مخالف ہیں۔کیونکہ وہ یہ محسوس کرتے ہیں کہ دوسرے مذاہب اللہ کے کافر ہیں ۔اور اُنکو ایسے کافروں کو سزا دینا ضرور ہے۔

مکاشفہ کی کتاب کو سمجھتے ہوئے

بعض اوقات بائبل کے ماہرین بھی بائبل کے بنیادی اصولوں کو سمجھنے سے قاصر ہوجاتے ہیں کیونکہ اُنکا مرکز نگاہ معلومات کے پیغام کی جانب ہوتاہے۔دوسری جانب، بائبل مقدس کے لکھاری بسا اوقات تفصیلات میں درج پیغام کو سمجھنے سے قاصر ہوجاتے ہیں کیونکہ انکا مرکزِ نگاہ بنیادی اصولوں سے بالاتر ہوتا ہے۔یہ بات یقینی طور پر اُن لوگوں کے لئے سچ ہے جو لوگ اس کتاب کو پڑھنے کی کوشش کرتے ہیں تاکہ اسکے صحائف کے معنی سمجھ سکیں جو مکاشفہ کی کتاب میں درج ہیں۔

بائبل مقدس کے طالب علم اس وقت تک بائبل مقدس میں درج نبوتی صحیفوں کو پڑھتے اور دوبارہ پڑھتے ہیں، جب تک ان پر اس کے معنی ظاہر نہ ہوجائیں۔اور انکو دیگر معلومات سے واقفیت نہ ہوجائے یا پھر کچھ تفصیلات آشکارہ نہ ہوجائیں یا چند پہلو اپنے بنیادی اصولوں سے بالاتر ہوکر یاد نہ رکھے گئے ہوں۔(وضاحت کے واسطے، اُن تمام حقیقی مسیحی بائبل مقدس کے طالب علم رہتے ہیں، انکی زندگیاں کسی بھی طبقاتی فرق کے بغیر کہ وہ خدمت گزاری پر عمل کرنے والے ہیں یا پھر کلامِ مقدس کے اُستاد ہیں۔)

مکاشفہ کی کتاب میں مقدس یوحنا عارف نے کیا رقم کیا جو اُسے سلسلہ وار حصوں میں ملا۔اگرچہ اس نے اِن سلسلہ وار حصوں کو اُسی طور سے لکھا ہے جیسا کہ اسکو عطا ہوئیں۔تمام روئیتیں اس بات کا حوالہ یا منظر کشی نہیں کرتی کہ وہ کس تسلسل سے واقع ہونگی۔مگر مکاشفہ کی کتاب کی تقسیم۔یقیناً، تمام بائبل مقدس کااپنے ابواب میں تقسیم تیرھویں صدی میں حقیقی طورپر کیا گیا اسکو ابواب کی صورت میں مکمل کیا گیا۔تاکہ قارئین کو حصہ وار اور آسانی سے سمجھ آسکے۔اور اسی لئے کہ اُسے کامل طور پر قابلِ سمجھ بنایا جائے۔بیشتر تقسیم خود سے کی گئی ہیں، اور اس لیے یہ بات طالب علموں کوسوچنے پر مجبور کرسکتی ہے کہ سب واقعات ہر باب میں تسلسل سے دیئے گئے ہیں جبکہ ایسا نہیں ہے۔نتیجتاً، میں آپکو ایک طریقہ کا مشورہ دیتا ہوں کہ آپ اپنی تعلیم میں اس طرح بڑھیں کہ ہر ایک باب کو انفرادی حیثیت سے جانیں (۱) اُن ابواب کو جو واقعات کو ایک تسلسل میں بیان کرتے ہیں (۲) اور جو واقعات کو قلم بند کرتے ہیں ایک جیسے واقعات کوجو کہ حوالہ دیتے ہیں اُن ابواب کا جن میں واقعات کا تسلسل دِکھایاگیا ہے....واقعات کے اعادہ کے طور پر جن کا اندراج کہیں اور ہے۔تاکہ جائزہ لیا جاسکے اور وضاحت کی جاسکے کہ ایک واقعہ دوسرے واقعہ سے کیسے مماثلت پاتا ہے۔اور وہ کس تسلسل سے واقع ہوں گے یا انکے دو معنی ہیں۔بائبل مقدس مکاشفہ کے حوالہ سے مجھے مندرجہ ذیل باتیں سمجھ آئیں جو آپکے گوش گزار ہیں:

۱۔بائبل مقدس کو پڑھنا، اعادہ کرنا (دُہرانا) اورساری بائبل مقدس کا مطالعہ کرنا۔

۲۔نبوتوں کو سمجھنے کی خواہش رکھنا جو کہ مکاشفہ اور دانیال نبی کے صحیفہ میں درج ہیں۔

۳۔قادرِمطلق خدا سے علم اور فہم کے لئے دُعا کرنا۔

۴۔آسمانی آواز سننا جس نے میری مدد کی کہ میں درست طریقہ ءفہم حاصل کروں اوراس بات کا علم ہوا کہ " بدترین افسوس ان پر جوبھیڑوں کے خون سے اپنے غموں کاڈھیرلگاتے ہیں"

۵۔آخری وقت کے واقعات کے متعلق تخیل میں سوچنا۔

۶۔اس بات کی جستجو رکھتے ہوئے دھیان رکھنا کہ خدا نے میرے اندر جو روح ڈال رکھی ہے وہ کس طرح کی لگتی ہے۔

۷۔جوڈیکا کے لوکل کالج میں ریسرچ کرتے ہوئے میں نے سیکھا کہ روح کیسی ہوتی ہے۔

۸۔علم الاعداد ، اورعبرانی زبان کے حروفِ تہجی اور مختلف کوڈ کے ذریعے معلومات حاصل کرنا۔

۹۔محمد کے کوڈ کو سمجھنا کہ ۶۶۶ کا ہندسہ کیا ہے۔(جو کہ ایک کوڈ ہے) ۔

۱۰۔سچ کو ملحوظِ خاطر رکھتے ہوئے کہ مخالفِ مسیح کا آخری دور میں کیا کردار ہے اوراس کا تعلق۔

(الف) دُنیا کا مذہب جو کہ اسلام کے نام سے جانا جاتا ہے۔

(ب) اور جھوٹا خدا جو کہ (اللہ) کے نام سے جانا جاتا ہے۔

(ج) اور قرآن (القرآن) کی دھوکہ بازفطرت کو جاننا ، اور
(د) اور اس کے اصل جھوٹے نبی کی عیش و عشرت کا درجہ جاننا۔

مکاشفہ کی کتاب کے طالب علموں کا یہ فرض ہے کہ خدا کو اور دوسروں کی جانب بھی "کہ وہ تعلیم حاصل کریں کہ وہ خدا کی طرف سے منصوب کئے گئے ہیں"(۲۔ تیمیتھیس ۲:۱۵)

اُنکی خدا کیلئے یہ بھی ذمہ داری ہے کہ وہ اپنے آپکو خدا کے غضب سے بچائیں، اور مکاشفہ کی کتاب کے کسی شوشہ کو بھی تبدیل نہ کریں۔

اس لئے میں(یسوع) ہر اس شخص کے متعلق گواہی دیتا ہوں جو اس نبوت کے کلام کو پڑھتا ہے (مکاشفہ کی کتاب) اگر کوئی اس میں کوئی بات بڑھائے تو خدا اُس پر تمام وہ لعنتیں بڑھائے گا جو اس کتاب میں لکھی گئی ہیں (مکاشفہ کی کتاب) اور اگر کوئی شخص اس نبوت کی کتاب (مکاشفہ کی کتاب) میں سے کچھ نکال ڈالے تو خدا اسکا حصہ کتاب حیات اور پاک شہر سے نکال ڈالے گا،جو اس کتاب (مکاشفہ)میں لکھے گئے ہیں۔

(مکاشفہ ۲۲:۱۸-۱۹)

لہٰذا، مکاشفہ کے تعلق سے (۱) اگرچہ یہ درست ہے کہ جیسا آدمی کالفظ شخص یا پھر انسان میں بدل دیا جائے تو یہ اصل معنی بتا تاہے یاکیونکہ "شخص" اور "انسان" اصل متن کے ہم معنی ہیں اور (۲) اگرچہ یہ درست ہے کہ رسمی جملے یاتمثیلی محاورہ جات کو تبدیل کیا جاسکتا ہے جیسا کہ "دِلوں اور گردوں"، کو "دل و دماغ" کے طور پر تبدیل کیا جاسکتا ہے(اصل یونانی متن ،مکاشفہ ۲:۲۳) کیونکہ فقرہ جات جہاں پر کہ دل و دماغ وہ اصل متن کے فقرہ کی اصل صحت کو برقرار رکھتے ہیں اور (۳) اگرچہ یہ درست ہے کہ ہم اپنے ترجمہ کے عناصر کو حاشیہ یا بریکٹس میں درج کریں جو کہ اصل آیت سے منسلک ہو (جیساکہ مصنف نے پہلے دی گئی مثال میں کیا) کوئی بھی اسکے مطلب کو اپنی طرف سے نہیں ڈال سکتا یا مکاشفہ کی کتاب کے اصل معنی کو حذف نہیں کرسکتا جب تک کہ خدا کی دو لعنتوں کو نہ پالے جو کہ مکاشفہ کی کتاب کے حوالہ (مکاشفہ ۲۲:۱۸-۱۹) میں پڑھی جاسکتی ہیں۔

القرآن :مخالف مسیح کی گواہی

ایک اور پہلو کو مدِ نظر رکھتے ہوئے اس بات کو ملحوظِ خاطر رکھیں کہ میں نے جان بوجھ کر مکاشفہ کی کتاب کو موضوعِ بحث بنایا ہے چار مرتبہ(مکاشفہ۱۸:۱۹-۲۲) پہلے لکھا گیا ہے تاکہ دو لعنتیں خاص طور پر مکاشفہ کی کتاب سے منسلک ہیں نہ کہ ساری بائبل مقدس سے۔جیسا کہ بعض اس بات کی غلطی سے شکایت کرچکے ہیں۔

حتمی تجزیہ میں، آئیں ہم سب اس بات کو خاطر میں رکھیں کہ خدا کے لئے نہ بولیں یا خدا کے منہ میں کلام نہ ڈالیں، اور یہ نہ کہیں کہ جو اُس نے کہا ، وہ یہ نہیں تھا۔آئیں ہم احتیاط کریں کہ بائبل مقدس کے خدائے قدوس کے مخالف نہ بنیں۔

☆☆☆☆☆

باب دوم

اضحاق اور اسماعیل کے مابین فرق

قرآن میں ،محمد کے پیروکاروں کو ایسا کہنے پر زور دیاجاتا ہے کہ

قُلْ ءَامَنَّا بِٱللَّهِ وَمَآ أُنزِلَ عَلَيْنَا وَمَآ أُنزِلَ عَلَىٰٓ إِبْرَٰهِيمَ وَإِسْمَٰعِيلَ وَإِسْحَٰقَ وَيَعْقُوبَ وَٱلْأَسْبَاطِ وَمَآ أُوتِىَ مُوسَىٰ وَعِيسَىٰ وَٱلنَّبِيُّونَ مِن رَّبِّهِمْ لَا نُفَرِّقُ بَيْنَ أَحَدٍ مِّنْهُمْ وَنَحْنُ لَهُۥ مُسْلِمُونَ ﴿٨٤﴾

ہم اللہ پر ایمان لائے ہیں اور جو کچھ ہم پر اُتارا گیا ہے ، اور جو کچھ ابراہیم اور اسماعیل اور اسحاق اور یعقوب اور آپ کی اولاد پر اُتارا گیا ہے اور جو کچھ موسیٰ اور عیسیٰ اور جملہ انبیاءکو ان کے ربّ کی طرف سے عطا کیا گیا ہے (سب پر ایمان لائے ہیں) ہم اُن میں سے کسی پر بھی ایمان میں فرق نہیں کرتے اور ہم اِسی کے تابع فرمان ہیں۔سورۃ ۳۔۰۸۴ (۱)

بائبل مقدس کے قابل طالب علم اس بات کو یاد رکھیں گے یعنی اسماعیل کے ٹھیک ٹھیک ہوئے تعارف کو جانیں گے۔جنہوں نے خدا کے عہد کو حاصل کیا۔وہ اسماعیل کو ابراہام اور حاجرہ کا بیٹا پکاریں گے۔جو کہ سارہ (ابراہام کی بیوی کی) باندی یانوکرانی تھی۔وہ اس بات کوبطور اسماعیل یاد رکھیں گے۔جسکے متعلق خدا کے فرشتہ کے ذریعے یہ نبوت کی گئی تھی کہ وہ جنگلی آدمی ہوگا۔(اور عبرانی متن کے قریب، آدمی کا جنگلی گدھا) اُسکا ہاتھ ہمیشہ ہر ایک کے خلاف رہے گا، اور ہر کوئی اُس کے خلاف ہوگا (پیدائش۱۲:۶) اور وہ اس بات کو یاد رکھیں کہ صرف اور صرف اضحاق سے خدا کا عہد منسوب ہے نہ کہ اسماعیل سے۔ (دیکھیں،پیدائش۱۷:۱۸۔۲۲)

حقیقت میں حاجرہ اور اسماعیل نکالے اور فراموش کئے جاچکے تھے اور خدا کی ہدایت کے مطابق ابراہام کے ذریعے ردّکیے جاچکے تھے (پیدائش۲۱:۹۔۱۲) اور اسماعیل کا وراثت سے بے دخل ہونا قرار واقعی ہوگیا جب خدا نے بعد میں ابراہام کو حکم دیاکہ وہ صرف اپنے اکلوتے بیٹے "اضحاق" کو لے(پیدائش۲۲:۲،۱۲اور۱۶) بندش کے بعد اسماعیل کا تھوڑا سا ذکربطورنصب نامہ نسلِ ابراہام آتا ہے۔(پیدائش۲۵:۹۔۱۷اورا۔تواریخ۱:۲۸۔۳۱)اور اسی مد میں اضحاق کے بیٹے عیسو کا بھی ذکر پایا جاتا ہے جو وراثت سے بے دخل ہوگیا۔یہ اکٹھ عیسو کی شادی "مہلت" جو کہ اسماعیل کی بیٹی تھی سے کچھ زیادہ ظاہر ہوتا ہے۔ (پیدائش ۲۸:۹)

خدا نے صاف صاف کہاکہ : میں اپنا عہد اس(اضحاق) سے باندھوں گا،ایک دائمی عہد کے طور پر، اور اِس کی نسل جو اِس کے بعد ہوگی (پیدائش ۱۷:۱۹) لیکن میں اپناعہد اضحاق سے باندھوں گا۔(پیدائش ۱۷:۲۱) اور یہ تیرے(ابراہام) لئے دُکھ کا باعث نہ ہو کہ لڑکے اسماعیل کوجو کہ باندی کا بیٹا ہے ،کیونکہ اضحاق سے تیری نسل چلے گی۔(پیدائش ۲۱:۱۲)

بہر حال، باوجود کہ بائبل مقدس میں لکھا گیا ہے، محمد نے اسماعیل کے درجہ کوبتاتے ہوئے اپنے آپ کو درست ثابت کرنے کی کوشش کی ہے:

وَعَهِدْنَآ إِلَىٰٓ إِبْرَٰهِـۧمَ وَإِسْمَـٰعِيلَ

اور ہم (لفظ "ہم" قُرآن میں اکثر اللہ کی بات کرنے کو ظاہر کرنے کے لئے استعمال کیا گیا ہے) نے ابراہام اور اسماعیل کو تاکید فرمائی ......سورۃ۲۔۱۲۵ (۲)

وَٱذْكُرْ فِى ٱلْكِتَـٰبِ إِسْمَـٰعِيلَ ۚ إِنَّهُۥ كَانَ صَادِقَ ٱلْوَعْدِ وَكَانَ رَسُولًا نَّبِيًّا ﴿٥٤﴾

اور آپ کتاب میں اسماعیل کا ذکر کریں، بیشک وہ وعدہ کے سچے تھے، اور صاحب ِرسالت نبی تھے ، اور وہ اپنے گھروالوں کو نماز اور زکوٰۃ کا حکم دیتے تھے اور وہ اپنے ربّ کے حضور مقامِ مرضیہ پر تھے۔سورۃ ۱۹۔۰۵۴ (۳)

....

جب بھی کسی شخص یا انفرادیت کو جمع کے صیغہ "ہم" سے ظاہر کیا جاتا ہے تو اسکا مطلب ""شاہانہ ہم""، "" شاندار صیغہ جمع"" کے طور پر منسوب ہوتا ہے(لاطینی پلورلآئز میسٹریٹس) یا ""بلند رُتبہ کا صیغہ جمع"" (لاطینی پلورلآئز ایکسلینٹی) ۔مسلمان اس کی وضاحت کرسکیں گے کہ ، گرچہ اللہ ایک ہے ، اُن کی خدائی کو قرآن میں پہلے شخص اسمِ واحد ""میں"" کی بجائے اعلیٰ اختیار رکھنے والی حالت کو ظاہر کرنے کے لئے ""ہم"" (عربی نحن) کے طور پر تحریر کیا گیا ہے۔اس طرح، اگرچہ جمع کی قسم میں لفظ""ہم"" یہاں صیغہ جمع کرنے کیلیۓ اسے دُنیا کی مختلف زبانوں میں ، مشرقِ وسطیٰ کی زبانوں کو شامل کرتے ہوئے ، پایا جاسکتا ہے۔

مسیحی بادشاہوں کے لئے ، جن میں رومن کیتھولک پوپ شامل ہیں(خاص طور پر جان پال دوم سے پہلے) ، ""ہم"" کو بعض اوقات اس معنی میں استعمال کیا جاتا تھا کہ شخص""الٰہی راستی "" کے طور پر کئی معاملات کے لئے خدا کے ذہن میں ہے۔مزید برآں، انگلینڈ کے چند بادشاہوں نے اپنے آپ کو ناصرف ریاست کے سربراہ ہونے کو قیاس کیا بلکہ زمین پر خدا کے چُنے ہوئے نمائندگان کے طور پر کلیسیا کے سربراہ بھی قیاس کیا، اسی لیے، جب وہ کوئی فرمان جاری کرتے، تو ایسا کہتے۔""ہم نے یہ پایا...."" یا ""ہم نے یہ حکم دیا"".... ""اگرچہ بہت سے پروٹسٹنٹ سوچتے ہیں کہ پوپ ہمیشہ اپنی کلیسیا اور جماعت سے بے خطا کے طور قیاس کیا جاتا ہے، درحقیقت ایسا نہیں ہے۔پوپ صرف کسی خاص موقع پر بے خطا کے طور پر دُعا مانگتا ہے۔اور جب وہ ایسا کرتا ہے ، وہ شائد لاطینی نوز(ہم) کو یہ ظاہر کرنے کے لیے استعمال کرتا ہے کہ وہ یہاں زمین پر خدا کے نمائندے کے طور پر کام کررہا ہے۔

جیسا کہ قرآن کا مصنف ،شیطان دوسرے کا نام اختیار کررہا ہے ، اور حقیقی قادرِ مطلق خداوند خدا کا مذاق اُڑا رہا ہے جب وہ ""ہم"" کو استعمال کرتا ہے

آج ، قرآن(القرآن) کی ایسی تھوڑی سی جھوٹی معقولیت کی وجہ سے ، تمام مسلمان اسماعیل کے وسیلہ ابراہام کو فخر کے ساتھ اپنے بزرگ کے طور پر بُلاتے ہیں۔وہ محمد کی تعلیمات کو قبول کر چکے ہیں کہ:

مَا كَانَ إِبْرَٰهِيمُ يَهُودِيًّا وَلَا نَصْرَانِيًّا وَلَٰكِن كَانَ حَنِيفًا مُّسْلِمًا وَمَا كَانَ مِنَ الْمُشْرِكِينَ ﴿٦٧﴾

....ابراہیم نہ یہودی تھے اور نہ نصرانی وہ ہر باطل سے جُدا رہنے والے سچے مسلمان تھے

سورۃ۳۔۰۶۷ (۴)

وَجَٰهِدُوا فِي اللَّهِ حَقَّ جِهَادِهِ ۚ هُوَ اجْتَبَاكُمْ وَمَا جَعَلَ عَلَيْكُمْ فِي الدِّينِ مِنْ حَرَجٍ ۚ مِّلَّةَ أَبِيكُمْ إِبْرَٰهِيمَ ۚ هُوَ سَمَّاكُمُ الْمُسْلِمِينَ مِن قَبْلُ وَفِي هَٰذَا لِيَكُونَ الرَّسُولُ شَهِيدًا عَلَيْكُمْ وَتَكُونُوا شُهَدَاءَ عَلَى النَّاسِ ۚ فَأَقِيمُوا الصَّلَوٰةَ وَءَاتُوا الزَّكَوٰةَ وَاعْتَصِمُوا بِاللَّهِ هُوَ مَوْلَىٰكُمْ ۖ فَنِعْمَ الْمَوْلَىٰ وَنِعْمَ النَّصِيرُ ﴿٧٨﴾

اور اللہ کی راہ میں جہاد کرو جیسا حق ہے جہاد کرنے۔اس نے تمہیں پسند کیا۔اور تم پر دین میں کچھ تنگی نہ رکھی۔تمہارے باپ ابراہیم کا دین۔اللہ نے تمہارا نام مسلمان رکھا ہے اگلی کتابوں میں اور اس قرآن میں تاکہ رسول تمہارا نگہبان و گواہ ہو۔اور تم اور لوگوں پر گواہی دو۔تو نماز برپا رکھو۔اور زکوٰۃ دو اور اللہ کی رسی مضبوطی سے تھام لو۔وہ تمہارا مولیٰ ہے تو کیا ہی اچھا مولیٰ اور کیا ہی اچھا مددگار۔

سورۃ ۲۲۔۰۷۸(۵)

اب یہاں پولُس رسُول اضحاق اور اسماعیل کے متعلق کیا فرماتے ہیں:

یہ لکھا ہے کہ ابراہام کے دو بیٹے تھے۔ایک لونڈی سے۔دوسرا آزاد سے۔مگر لونڈی کا بیٹا جسمانی طور پر اور آزاد کا بیٹا وعدہ کے سبب سے پیدا ہوا۔اِن باتوں میں تمثیل پائی جاتی ہے۔اس لئے کہ عورتیں گویا دو عہد ہیں۔ایک کوہِ سینا کا جس سے غلام ہی پیدا ہوتے ہیں اور وہ ہاجرہ کا ہے۔اور ہاجرہ عرب کا کوہِ سینا ہے اور موجودہ یروشلیم اسکا جواب ہے کیونکہ وہ اپنے لڑکوں سمیت غلامی میں ہے۔مگر عالمِ بالا کی یروشلیم آزاد ہے اور وہی ہماری ماں ہے۔کیونکہ لکھا ہے کہ

قرآن کا مصنف ہوتے ہوئے، شیطان، اصل خدا قادرِ مطلق کی محض منفی طرزِ عمل، نقل سے مذاق کر رہا ہے۔جب وہ ہم (جمع) کا صیغہ استعمال کرتا ہے۔

اے بانجھ ! تُو جس کے اولاد نہیں ہوتی خوشی منا۔تو جو دردِ زہ سے ناواقف ہے آواز بلند کر کے چلا کیونکہ بیکس چھوڑی ہوئی کی اولاد شوہر والی کی اولاد سے زیادہ ہوگی۔پس اے بھائیو! ہم اضحاق کی طرح وعدہ کے فرزند ہیں۔اور جیسے اُس وقت جسمانی پیدائش والا روحانی پیدائش والے کو ستاتا تھا ویسے ہی اب بھی ہوتا ہے۔مگر کتابِ مقدس کیا کہتی ہے؟ یہ کہ لونڈی اور اُسکے بیٹے کو نکال دے کیونکہ لونڈی کا بیٹا آزاد کے بیٹے کے ساتھ ہرگز وارث نہ ہوگا۔پس اے بھائیو! ہم لونڈی کے فرزند نہیں بلکہ آزاد کے ہیں۔(گلتیوں۴:۲۲۔۳۱)

میں ایمان رکھتا ہوں کہ وہ مثال جو پولُس بیان کرتا ہے وہ قدرے عظیم تر ہے ان بیشتر افراد کے جو اس بارے میں سوچتے ہیں۔میں یقین رکھتا ہوں کہ یہ مثال ہمیں ناصرف روحانی آزادی اور روحانی غلامی اور ایذا رسانی اور روحانی لوگوں کو ضرور ہے کہ وہ بُرے لوگوں کے ہاتھوں دُکھ اُٹھائیں گے، کے بارے میں بتاتی ہے بلکہ مسیحیوں کو ''انسان کے بچوں '' (نسلِ انسانی)میں تقسیم کے لئے کنجی بھی فراہم کرتی ہے۔اُن لوگوں کے درمیان تقسیم جو کہ باپ کے نام سے آیا ہے (یسوع مسیح) اور اُن لوگوں کے درمیان تقسیم جو اُس پر ایمان رکھتے ہیں (۱) جو اپنے ہی نام سے آیا ہے (یعنی محمد) اورساتھ ساتھ (۲) یہ وہ نام ہے جو ہمارے حقیقی اور سچے خدا کا مخالف ہے۔(وہ دشمن خود شیطان ہے)۔

مکمل اسلام، سچ کی نقل ہے ایک ایسی نقل جس میں دونوں طریقوں سے یعنی لغوی اور تشبیہی طور پر ایسے خاکہ کو مکمل طور پر پھاڑ دینے کی کوشش پر ہے جس کو خدا نے خود بنایا اور اسکے اندر ایک اور جگہ یہ خاکہ بنانا چاہتا ہے۔کس واسطے؟اور جو بنیاد خدا نے کونے کے پتھر پر رکھی خدا نے خود تیار کی، تاکہ کھوئے ہوئے جانیں، اوراُسکے پاس واپس آسکیں۔اس وجہ سے اُن روحوں کے تخیلات دھندلے پڑ جائیں۔

اس بات کو گردانتے ہوئے کہ یروشلیم میں موریاہ کے پہاڑ پر کیا ہوا۔کوہِ موریاہ وہ مقام ہے جہاں پر حضرت ابراہام نے ،بطور انکے آزمائشِ ایمان، خدا نے اُنکو حکم دیا تھاکہ اپنے بیٹے اضحاق کوخدا کے لیے قربان کریں۔اور اس کے بجائے ایک مینڈھا جسکو قربانی کے طور پر نذر کیا گیا (دیکھیں پیدائش۲۲:۱۔۱۴) یہ وہی جگہ ہے جہاں پر داؤد بادشاہ کو فرشتہ نے پیغام دیا کہ ''یہاں پر ،اور یہ وہی مقام ہے جہاں ؛ خداوند کے لیے قربان گاہ بنائے''۔(پڑھیں ۱۔تواریخ۲۱:۱۸۔۳۰اور۲۲:۱۔۱۱:۲۔سموئیل۲۴:۱۸۔۲۵) پرسلیمان بادشاہ نے خدا کی ہیکل بنانا شروع کی۔(۲۔تواریخ ۳:۱)

اسلام نے دوطرح سے کوشش کی ہے کہ یروشلیم کے مقام پر ہیکل کی تعمیر کی جگہ کو تباہ اور برباد کرے۔پہلی، اسلامی روایات ابراہام کی اس آزمائش کو اضحاق کے بجائے اسماعیل سے مکہ میں منسوب کرتی ہیں۔(۶)اور آزمائش گزر جانے کے بعد وہ دونوں

مل کر کعبہ کو تعمیر کرتے ہیں، ایسا خاکہ جسکی شکل اسلام پیش کرتا ہے جہاں پر خدا کا پہلا گھر بنا تاکہ اسکی پرستش کی جائے۔اور یہ گھر خانہ کعبہ سعودی عرب کی ایک عظیم مسجد میں واقع ہے۔(بہر حال، سچے خدا کے لئے، جو کہ بائبل مقدس کا خدا ہے، اسکے سامنے یہ ناپاک لوگوں کے واسطے جھونپڑی کی حیثیت رکھتا ہے)۔دوسری، مسلمان حضرت سلیمان کی ہیکل کو اپنا پاک مقام ہونے کا دعویٰ کرتے ہیں۔در اصل، پتھر کا گنبد(نام نہاد عمر کی مسجد)جسکی تعمیر بعد از مسیح ۶۹۱۔۶۹۲ میں ہوئی۔یہ ایک چٹان پر بنائی گئی جس کے بارے میں خیال ہے کہ ایک عظیم قربانگاہ کا حصہ ہے جہاں پر پہلے یروشلیم کی ہیکل کی طرح قربانیاں گذرانی جاتی تھیں۔

جہاں تک خدا قادرِ مطلق کے گھر کی بات ہے، پولُس رسُول اس بات کو سمجھنے میں ہماری خاصی مدد کرتے ہیں تاکہ اسلام کے بنیادی ستونوں کو''برگشتگی'' کے حوالے سے سمجھاتے ہیں۔(۲۔ تھسلنیکیوں۲:۳) اس بات کو بیان کرتے ہوئے کہ آخری دنوں میں شیطان ایسے ظاہر ہوگا کہ جیسے''وہ اپنے آپ کوسب سے بڑا یعنی خدا کہلائے گا۔''تاکہ اسکی پرستش کی جائے؛ اور کہ وہ بطور خدا، خدا کی ہیکل میں ظاہر ہو۔اس بات کو ثابت کرنے کے واسطے کہ وہ خدا ہے۔(۲۔ تھسلنیکیوں۲:۴)۔ حقیقت میں، خدا کی ہیکل آج کل کی کلیسیا ہے اور اسکی کلیسیا مسیح کا بدن ہے، لیکن یہ بھی سچ ہے کہ تاریکی کی دُنیا سچ کو مٹانے کی ہر ممکن کوشش کرتی ہے۔وہ انسانوں کو متنفر کرنے کی تاک میں رہتی ہے کہ جتنا زیادہ مسئلہ کھڑا ہوسکے کیا جائے۔سلیمان بادشاہ کی ہیکل کا مقام شیطان کے لئے بہت اہمیت کا حامل ہے۔اس کی ایک اور وجہ یہ بھی ہے کہ یہاں پر تیسری یہودی ہیکل بمطابق بائبل کی پیشن گوئی موجود ہے۔(دانیال۹:۲۴۔۲۷)۔

یہ میرے لئے ایک بڑا ثبوت ہے کہ شیطان،اس دنیا کا خدا (شیطان) ہے(۲۔کرنتھیوں۴:۴) اس نے سچائی کی روشنی کوجو کہ نئے اور پرانے عہد نامہ میں پائی جاتی ہے ان کی تواریخ اور صحائف کو دوبارہ لکھ کر بجھانے کی کوشش کی ہے، محمد کا ظہور آخری ادوار میں مخالفِ مسیح کی تمہید باندھتا ہے۔

اسلام کے دعویٰ کے حوالہ سے کہ ابراہام نے اسماعیل کے ساتھ مکہ کی جانب سفر کیا۔الفریڈ گیولامے، جو کہ عربی اور اسلامی تعلیمات کے مستند پروفیسر ہیں بتایا کہ تاریخی اعتبار سے اس بات کا کہیں اور کوئی ثبوت نہیں ملتا کہ ابراہام اور اسماعیل کبھی مکہ میں گئے ہوں۔اگر ایسی کوئی روایت پائی بھی جاتی ہے تو اُسکی وضاحت کی جانی چاہیے تھی کہ پرانے سامی نام ''اسماعیل'' کا تاریخی پس منظر کیا ہے۔(جو کہ اپنی اصل عربی شکل میں عرب میں نہیں تھا جو کہ عربی حرفِ تہجی ''ی'' کے ساتھ لکھا جاتا

تھا) بالآخر گُم ہوچکا ہے۔اور جو کہ قرآن میں اس نام کی شکل لی گئی ہے اُسکو یا تو یونانی اور یا پھر سُریانی(ارامی) زبان سے لیا گیاہے۔(۷)

ڈاکٹر گیولامے مزید بتایا کہ قرآن کے خاصے الفاظ کوئی معنی ہی نہیں رکھتے جب تک کہ اُن الفاظ کی وضاحت انکے اصل شامی یا عبرانی ذرائع سے معلوم نہ کی جائے۔اور خاصی اہم بات ہے کہ قرآن اپنے تئیں واضح کرتا ہے کہ وہ خالص عربی جو کہ دھوکہ دہی کے لیے تبدیل نہیں کی جاسکتی۔

اور اس بات کو ثابت کرنے کےلئے کہ محمد نے صحائف کو دوبارہ لکھنے کی کوشش کی ہے، ہمیں بائبل مقدس کی چند مرکزی تعلیمات کاقرآن(القرآن) کے ساتھ موازنہ کرنے کی ضرورت ہے۔

ا۔یسوع مسیح نے اپنے ایمانداروں کو کہا:" تُم اس دُنیا میں مصیبت اُٹھاتے ہو"(یوحنا۱۶:۳۳) ۔محمد نے کہا "وہ جو ایمان لاتے اور خدا کا خوف رکھتے ہیں، ان کے لیے موجودہ زندگی میں اچھی خوش خبری ہے"۔(۸)۔اور موجودہ زندگی کچھ نہیں ہے بلکہ کھیل اور انحراف ہے۔" (۹)

۲۔پولُس رسُول نے لکھا: تم کو ایمان کے وسیلہ فضل ہی سے نجات ملی۔نہ اعمال کے سبب سے تاکہ کوئی فخر نہ کرے ...... (افسیوں۲:۹)۔جبکہ محمد نے لکھا کہ " اللہ نے اِس دُنیا کو پیدا کیا ، اُس نے شاید تمہارے لئے کوشش کی، تُم میں سے جو اعمال میں بے عیب ہے۔"(۱۰)۔

۳۔بائبل سکھاتی ہے کہ ہم اپنی ناکامیوں کے ذمہ دار ہیں۔محمد کہتا ہے:"میری مخلصانہ مشاورت تمہیں فائدہ نہیں پہنچائے گی، اگر میری مخلصانہ طور پر آپ کی مشورت کرنے کی خواہش ہے، اگر خدا آپ کو درہم بھرم کرنا چاہتا ہے۔(۱۱) [خدا انسانی مخلوق کو درہم برہم نہیں کرتا!]۔

۴۔بائبل کا قرآن سے موازنہ کرتے ہوئے"جب کوئی آزمایا جائے تو یہ نہ کہے کہ میری آزمائش خدا کی طرف سے ہوتی ہے:کیونکہ نہ تو خدا بدی سے آزمایا جاسکتا ہے اور نہ ہی وہ کسی کو آزماتا ہے۔"(یعقوب ۱:۱۳) ۔اور قرآن میں درج ہے" اللہ جسے چاہے گا گمراہی کی راہ پر ڈال دے گا (۱۲) اور "ہم تمہیں آزمائش کے لئے برائی اور اچھائی کے ساتھ کرنے کی کوشش کرتے ہیں۔(۱۳)

۵۔ مسیح یسوع کے کلام کا موازنہ کریں کہ جب زناکار عورت عین فعل کے وقت پکڑی گئی''جو تُم میں بے گناہ ہو وہی پہلے اِسے پتھر مارے''(یوحنا ۷:۸) جبکہ محمد کے الفاظ کے ساتھ موازنہ کرتے ہوئے:''زناکرنے والی اور زنا کرنے والا سزا کے طور پر ایک دوسرے کو سو کوڑے مارے، اور خدا کے مذہب کے معاملہ میں کچھ نرمی نہ برتی جائے اگر تُم خدا اور آخری دن پر ایمان (رکھتے ہو، اورایمانداروں کا گروہ) اُن کی سزا کا گواہ ہو۔''(۱۴)

۶۔یسوع مسیح نے کہا : ''میری بادشاہی دُنیا کی نہیں''(یوحنا۱۸:۳۶) ۔بہر حال محمد اُس نفسانی آسمان کی تصدیق کرتا ہے جہاں''حوریں'' ہیں۔خوبصورت حوریں جو وفادار مسلمانوں کو صلے میں ملتی ہیں۔اُس نے کہا: ''یقینا خدا سے ڈرنے والے حفاظت، انگور کے باغوں اور پھولی ہوئی چھاتیوں کے ساتھ دوشیزاؤں کا ، اور چھلکتے ہوئے پیالے کا انتظار کرتے ہیں۔''(۱۵)۔

۷۔آخر کار یسوع مسیح نے کہا کہ آسمان پر ہم ''بیاہ نہ کریں گے۔نہ بیاہ شادی ہوگی ،بلکہ لوگ آسمان پر فرشتوں کی مانند ہونگے''۔(متی ۲۲:۳۰) یسوع مسیح کی تردید کرتے ہوئے محمد نے کہا کہ،''جنت الفردوس میں رہنے والے آج اپنی شادمانی میں مصروف ہیں۔اُن کے پاس اُن کی بیویاں ہیں، جو اپنے آرام دہ پلنگ پر تکیہ لگاے بیٹھے ہیں۔''(۱۶) [جبکہ بائبل مقدس واضح کرتی ہے کہ آسمان پر شادی یا مباشرت نہیں کرتے]

☆☆☆☆☆

باب سوم

یسوع اور محمد کے مابین فرق

مسیحا کے طورپر یسوع کی پیدائش کی نبوت صحائف ِانبیا میں کی گئی تھی۔(جیسا کہ پہلے ہی بیان کیا جاچکا ہے صرف اور صرف بائبل مقدس ہی واحد خدا کا کلام ہے)۔اور محمد کا نام نہاد جنم ''نبوت کی مہر'' جس کے بارے کبھی نبوت نہیں کی گئی۔

بے شمار شواہد ملتے ہیں، کہ خدائے پاک روح کے وسیلہ سے یسوع پیدا ہوا۔(مثال کے طورپر، مسیحا، ہاماشیخ)ابراہام کی نسل سے جس سے اضحاق پیدا ہوااور اضحاق سے یعقوب پیدا ہوا اور یعقوب سے یہودہ کا قبیلہ اور داؤد کا گھرانہ پیدا ہوا۔پیدائش ۱۲:۳،۱۸:۱۸، ۲۱:۱۲،۲۲:۱۸،۲۸،۴:۲۶،۱۴،۹:۴۹،۱۰؛۲۔سموئیل ۷:۱۲۔۱۶، زبور۱۸:۵۰، ۸۹:۳ ۔۴، ۸۹:۲۰، ۱۳۲:۱۱، یسعیاہ ۹:۶۔۷،۱۱:۱،۱۱:۱۰، یرمیاہ ۲۳: ۵۔۶،۳۳:۱۴۔۱۵)۔مزید برآں یسعیاہ کے ذریعہ اس کی پیشن گوئی کی گئی تھی کہ مسیحا ایک کنواری سے پیدا ہوگا (یسعیاہ۷:۱۴)۔میکاہ نبی کے ذریعہ اس کی نبوت کی گئی تھی کہ وہ بیت الحم میں پیدا ہوگا۔(میکاہ۵:۲) اور زکریاہ کے تیسرے اور چھٹے ابواب میں نبوت کی گئی تھی کہ اُس کا

نام "یشوع" [H۳۰۹۱] Yehoshuah (جو کہ یونانی سے ماخوذ ایسوس [G۲۴۲۴] "Iesous") ہوگا۔

اور انگریزی ادب میںJesus جیزس ماخوذ ہے۔(اصل عبرانی اور یونانی الفاظ کواس کتاب کے باب چہارم کے جدول نمبر۲ میں درج کیا گیا ہے)۔

کس نے محمد کے سچے نبی ہونے اور اس کی پیدائش کی نبوت کی؟ کسی نے نہیں، سوائے خود محمد نے۔اُس نے لکھا:

وَإِذْ قَالَ عِيسَى ٱبْنُ مَرْيَمَ يَـٰبَنِىٓ إِسْرَٰٓءِيلَ إِنِّى رَسُولُ ٱللَّهِ إِلَيْكُم مُّصَدِّقًا لِّمَا بَيْنَ يَدَىَّ مِنَ ٱلتَّوْرَىٰةِ وَمُبَشِّرًۢا بِرَسُولٍ يَأْتِى مِنۢ بَعْدِى ٱسْمُهُۥٓ أَحْمَدُ ۖ فَلَمَّا جَآءَهُم بِٱلْبَيِّنَـٰتِ قَالُوا۟ هَـٰذَا سِحْرٌ مُّبِينٌ ﴿٦﴾

جب عیسیٰ بن مریم نے کہا''اے بنی اسرائیل! بے شک میں تمہاری طرف اللہ کا بھیجا ہوا رسُول ہوں، اپنے سے پہلی کتاب توریت کی تصدیق کرنے والا ہوں اور اُس رسُول کی بشارت سنانے والا ہوں،جن کا نام احمد ہے۔''سورۃ ا ٦۔٠٠٦ (١٧)

بمطابق بائبل مقدس اس قسم کے کوئی شواہد نہیں ملتے کہ یسوع مسیح نے کچھ اس طرح کہا ہو!

تمام قرآن میں محمد جھوٹ ثابت کرتا ہے کہ یسوع خدا کا بیٹا تھا۔

يَٰٓأَهۡلَ ٱلۡكِتَٰبِ لَا تَغۡلُواْ فِي دِينِكُمۡ وَلَا تَقُولُواْ عَلَى ٱللَّهِ إِلَّا ٱلۡحَقَّۚ إِنَّمَا ٱلۡمَسِيحُ عِيسَى ٱبۡنُ مَرۡيَمَ رَسُولُ ٱللَّهِ وَكَلِمَتُهُۥٓ أَلۡقَىٰهَآ إِلَىٰ مَرۡيَمَ وَرُوحٞ مِّنۡهُۖ فَـَٔامِنُواْ بِٱللَّهِ وَرُسُلِهِۦۖ وَلَا تَقُولُواْ ثَلَٰثَةٌۚ ٱنتَهُواْ خَيۡرٗا لَّكُمۡۚ إِنَّمَا ٱللَّهُ إِلَٰهٞ وَٰحِدٞۖ سُبۡحَٰنَهُۥٓ أَن يَكُونَ لَهُۥ وَلَدٞۘ لَّهُۥ مَا فِي ٱلسَّمَٰوَٰتِ وَمَا فِي ٱلۡأَرۡضِۗ وَكَفَىٰ بِٱللَّهِ وَكِيلٗا ﴿١٧١﴾

مسیح ،عیسیٰ بن مریم اللہ کا رسُول اور اسکا کلمہ ہے جسے اُس نے مریم کی طرف پہنچا دیا اور اس سے ایک روح ہے۔
(سورۃ ۴_۱۷۱)(۱۸)

مَّا ٱلۡمَسِيحُ ٱبۡنُ مَرۡيَمَ إِلَّا رَسُولٞ قَدۡ خَلَتۡ مِن قَبۡلِهِ ٱلرُّسُلُ وَأُمُّهُۥ صِدِّيقَةٞۖ كَانَا يَأۡكُلَانِ ٱلطَّعَامَۗ ٱنظُرۡ كَيۡفَ نُبَيِّنُ لَهُمُ ٱلۡأٓيَٰتِ ثُمَّ ٱنظُرۡ أَنَّىٰ يُؤۡفَكُونَ ﴿٧٥﴾

مسیح ابن مریم سوا پیغمبر ہونے کے اور کچھ بھی نہیں۔اس سے پہلے بھی بہت سے پیغمبر ہو چکے ہیں انکی والدہ ایک راست باز عورت تھیں دونوں ماں بیٹے کھانا کھایا کرتے تھے۔آپ دیکھئے کہ کس طرح ہم ان کے سامنے دلیلیں رکھتے ہیں پھر غور کیجئے کہ کس طرح وہ پھرے جاتے ہیں۔

(سورۃ ۵_۷۵)(۱۹)

بَدِيعُ ٱلسَّمَٰوَٰتِ وَٱلۡأَرۡضِۖ أَنَّىٰ يَكُونُ لَهُۥ وَلَدٞ وَلَمۡ تَكُن لَّهُۥ صَٰحِبَةٞۖ وَخَلَقَ كُلَّ شَيۡءٖۖ وَهُوَ بِكُلِّ شَيۡءٍ عَلِيمٞ ﴿١٠١﴾

وہی آسمانوں اور زمینوں کا موجد ہے۔بھلا اُس کی اولاد کیونکر ہوسکتی ہے حالانکہ اس کی بیوی نہیں ہے اور اسی نے ہر چیز کو پیدا فرمایا ہے اور وہ ہر چیز کو خوب جاننے والا ہے ؟(سورۃ ٦_١٠١)(٢٠)

وَقَالَتِ ٱلْيَهُودُ عُزَيْرٌ ٱبْنُ ٱللَّهِ وَقَالَتِ ٱلنَّصَٰرَى ٱلْمَسِيحُ ٱبْنُ
ٱللَّهِ ۖ ذَٰلِكَ قَوْلُهُم بِأَفْوَٰهِهِمْ ۖ يُضَٰهِـُٔونَ قَوْلَ ٱلَّذِينَ
كَفَرُوا۟ مِن قَبْلُ ۚ قَٰتَلَهُمُ ٱللَّهُ ۚ أَنَّىٰ يُؤْفَكُونَ ﴿٣٠﴾

اور یہود نے کہا " عزیز اللہ کے بیٹے ہیں"، اور نصاریٰ نے کہا ،"مسیح اللہ کے بیٹے ہیں۔" یہ اُن کا قول ہے جو اپنے منہ سے نکالتے ہیں، جو پہلے کفر کرچکے ہیں۔

(سورۃ۹۔۰۳۰)(۲۱)

قَالُوا۟ ٱتَّخَذَ ٱللَّهُ وَلَدًا ۗ سُبْحَٰنَهُۥ ۖ هُوَ ٱلْغَنِىُّ ۖ لَهُۥ مَا فِى
ٱلسَّمَٰوَٰتِ وَمَا فِى ٱلْأَرْضِ ۚ إِنْ عِندَكُم مِّن سُلْطَٰنٍۭ بِهَٰذَآ ۚ
أَتَقُولُونَ عَلَى ٱللَّهِ مَا لَا تَعْلَمُونَ ﴿٦٨﴾

قُلْ إِنَّ ٱلَّذِينَ يَفْتَرُونَ عَلَى ٱللَّهِ ٱلْكَذِبَ لَا يُفْلِحُونَ ﴿٦٩﴾

مَتَٰعٌ فِى ٱلدُّنْيَا ثُمَّ إِلَيْنَا مَرْجِعُهُمْ ثُمَّ نُذِيقُهُمُ ٱلْعَذَابَ ٱلشَّدِيدَ
بِمَا كَانُوا۟ يَكْفُرُونَ ﴿٧٠﴾

وہ (مسیح) کہتے ہیں،"اللہ نے بیٹا بنا لیا ہے۔وہ اس سے پاک ہے۔وہ بے نیاز ہے۔جو کچھ آسمانوں میں اور جو کچھ زمین میں ہے سب اُسی کی ملکیت ہے، تمہارے پاس اِس کی کوئی دلیل نہیں ہے، کیا تم اللہ پر وہ کہتے ہو جسے تم نہیں جانتے ؟فرمادیجئے !"بے شک جو لوگ اللہ پر جھوٹا بہتان باندھتے ہیں وہ فلاح نہیں پائیں گے۔دُنیا میں لطف اندوزی ہے پھرانہیں ہماری ہی طرف پلٹنا ہے پھر ہم انہیں سخت عذاب کا مزہ چکھائیں گے اِس کے بدلے میں جو کفر کیا کرتے تھے"۔

(سورۃ۱۰۔۰۶۸۔۰۷۰) (۲۲)

وَقُلِ ٱلْحَمْدُ لِلَّهِ ٱلَّذِى لَمْ يَتَّخِذْ وَلَدًا وَلَمْ يَكُن لَّهُۥ شَرِيكٌ فِى ٱلْمُلْكِ وَلَمْ يَكُن لَّهُۥ
وَلِىٌّ مِّنَ ٱلذُّلِّ ۖ وَكَبِّرْهُ تَكْبِيرًۢا ﴿١١١﴾

تمام تعریفیں اللہ کے لئے ہی ہیں، جس نے نہ تو کوئی بیٹا بنایا۔(سورة۱۷۔۱۱۱)(۲۳)

وَقَالُوا۟ ٱتَّخَذَ ٱلرَّحْمَٰنُ وَلَدًا ﴿٨٨﴾ لَّقَدْ جِئْتُمْ شَيْـًٔا إِدًّا ﴿٨٩﴾

تَكَادُ ٱلسَّمَٰوَٰتُ يَتَفَطَّرْنَ مِنْهُ وَتَنشَقُّ ٱلْأَرْضُ وَتَخِرُّ ٱلْجِبَالُ هَدًّا ﴿٩٠﴾

أَن دَعَوْا۟ لِلرَّحْمَٰنِ وَلَدًا ﴿٩١﴾ وَمَا يَنۢبَغِى لِلرَّحْمَٰنِ أَن يَتَّخِذَ وَلَدًا ﴿٩٢﴾

اور وہ کہتے ہیں، ''کہ رحمن نے لڑکا بنا لیا ہے'' بیشک تم بہت ہی سخت اور عجیب بات لائے ہو۔کچھ بعید نہیں کہ اِس سے آسمان پھٹ پڑیں اور زمین شق ہوجائے اور پہاڑ ریزہ ریزہ ہوکر گر جائیں۔کہ انہوں نے رحمٰن کے لیے لڑکے کا دعویٰ کیا ہے۔ اور رحمٰن کے شایانِ شان نہیں ہے کہ وہ لڑکا بنائے۔

(سورة۱۹:۰۸۸۔۰۹۲)(۲۴)۔

مَا ٱتَّخَذَ ٱللَّهُ مِن وَلَدٍ ﴿٩١﴾

اللہ نے کوئی اولاد نہیں بنائی (سورة۲۳۔۰۹۱)(۲۵)

وَلَمْ يَتَّخِذْ وَلَدًا

جس نے نہ کوئی اولاد بنائی ہے۔

(سورة۲۵۔۰۰۲)(۲۶)

أَلَآ إِنَّهُم مِّنْ إِفْكِهِمْ لَيَقُولُونَ ﴿١٥١﴾ وَلَدَ ٱللَّهُ وَإِنَّهُمْ لَكَٰذِبُونَ ﴿١٥٢﴾

وہ لوگ یقینا اپنی بہتان تراشی سے بات کرتے ہی،''کہ اللہ نے اولاد جنی اور بے شک یہ لوگ جھوٹے ہیں۔

(سورة۳۷۔۱۵۱۔۱۵۲)(۲۷)

وَلَمَّا ضُرِبَ ٱبْنُ مَرْيَمَ مَثَلًا إِذَا قَوْمُكَ مِنْهُ يَصِدُّونَ ﴿٥٧﴾

وَقَالُوٓاْ ءَأَٰلِهَتُنَا خَيْرٌ أَمْ هُوَ ۚ مَا ضَرَبُوهُ لَكَ إِلَّا جَدَلًۢا ۚ بَلْ هُمْ قَوْمٌ خَصِمُونَ ﴿٥٨﴾

إِنْ هُوَ إِلَّا عَبْدٌ أَنْعَمْنَا عَلَيْهِ وَجَعَلْنَٰهُ مَثَلًا لِّبَنِىٓ إِسْرَٰٓءِيلَ ﴿٥٩﴾

اور جب ابنِ مریم کی مثال بیان کی جائے تو اُس وقت آپ کی قوم اُس سے ہنستے ہیں، اور کہتے ہیں آیا ہمارے معبود بہتر ہیں یا وہ (مسیحی) آپ سے بات محض جھگڑنے کے لیے کہتے ہیں، بلکہ وہ لوگ بڑے جھگڑالو ہیں۔وہ محض ایک برگزیدہ بندہ تھے جن پر ہم نے انعام فرمایا اور ہم نے انہیں بنی اسرائیل کے لئے نمونہ بنایا تھا۔

(سورة۴۳_۵۷_۰۵۹_۰)(۲۸)

یہ محمد کا خود ساختہ مشتہر کردہ مشن تھا

وَيُنذِرَ ٱلَّذِينَ قَالُواْ ٱتَّخَذَ ٱللَّهُ وَلَدًا ﴿٤﴾

اُنکو خبردار کرنا جو کہتے ہیں کہ، خدا اپنے لئے بیٹے کو لے چکا ہے"(۲۹)

(سورة۱۸:۴)(۲۹)

بہر حال ، بہت سے لوگ مسیحا کے بیٹا ہونے کی گواہی دی چکے ہیں: داؤد بادشاہ کے ذریعہ روح القدس کے وسیلہ اس کی نبوت کی گئی تھی۔

"میں اس کا باپ ہونگا ، اور وہ میرا بیٹا ہوگا" (۲۔سموئیل۷:۱۴) یسعیاہ کے ذریعہ: ہمارے لئے ایک لڑکا تولد ہوا ، ہم کو ایک بیٹا بخشا گیا۔"(یسعیاہ۹:۶) ۔(مریم کے لئے) جبرائیل فرشتہ کے ذریعہ: وہ بزرگ ہوگا اور خدا تعالیٰ کا بیٹا کہلائے گا"(لوقا ۱:۳۲) اور "روح القدس تجھ پر نازل ہوگا: اور اس سبب سے وہ مولودِ مقدس خدا کا بیٹا کہلائے گا"(لوقا۱:۳۵) یوحنا بپتسمہ دینے والے نے قلمبند کیا کہ یسوع خدا کا بیٹا تھا (یوحنا ۱:۳۲۔۳۴) ۔خود خداوند نے دو مرتبہ یسوع کی گواہی دی: "یہ میرا پیارا بیٹا ہے جس سے میں خوش ہوں" (متی۳:۱۷،۱۷:۵مرقس۱:۱۱،۹:۷ورلوقا۳:۲۲؛۹:۳۵)

مقدس مرقس نے اپنی انجیل میں گواہی دی: یسوع مسیح، خدا کا بیٹا (مرقس ۱:۱) (مسیحی ایمان کے پختہ پتھر) مقدس پطرس کے (مسیح کے لئے دیے گئے بیان میں پایا گیا ہے کہ "تُو مسیح ہے، زندہ خدا کا بیٹا"(متی ۱۶:۱۶)

یہاں تک کہ ناپاک روحیں بھی پہنچانتی تھیں کہ یسوع خدا کا بیٹا تھا: ''اور دیکھو اُنہوں نے (ناپاک روحوں) نے چلا کر کہا اے خدا کے بیٹے ہمیں تُجھ سے کیاکام؟ کیا تُو اِس لئے یہاں آیا کہ وقت سے پہلے ہمیں عذاب (آخری عدالت) میں ڈالے؟''
(متی۸:۲۹)(۳۰)

عام نقادوں اور نام نہاد مسیحیوں کی نظر میں یہ ہے کہ محمد نے دعویٰ کیاکہ خدا کا کوئی بیٹا نہیں ہے، اس سے ہر گز یہ محسوس نہیں ہوتا کہ یسوع کو کوئی نقصان پہنچا۔ بہرحال، وہ سوچتے ہیں کہ، محمد نے اس بات کو قبول کیا کہ یسوع نبی تھا، خدا کا پیغمبر۔ ایسے لوگ یہ سمجھنے سے قاصر ہیں کہ محمد نے کہا کہ یسوع نبی نہیں ہے اُس نے کئی لوگوں کو اپنی اس جھوٹی تعلیم سے گمراہ کیا ہوگا۔اور انہوں نے جب محمد کے پیغام کو سنا ہوگا تو اُنکی عقلیں گُم ہوگئی ہونگی۔مزید برآں،یہ لوگ اس بات کو سمجھنے سے بھی قاصر ہیں کہ محمد نے اپنی تعلیم میں یسوع کو شامل رکھا ہے، ایسا لگتا ہے کہ وہ لوگوں کو اپنے اختیارات باور کروانا چاہتا ہے۔کیوں؟اسلئے کہ پہلے سے قائم شدہ ایمان کی سچی بنیاد کو جھٹلانا اور دھوکہ دینا آسان ہوتا ہے۔اپنے دشمن کو سمجھانا آسان ہوتا ہے کہ آپ اسکے دوست ہیں کہ اگرآپ بھی اس بات کو اپنائیں جو کہ وہ ایمان رکھتا ہے۔

اور سچائی کوایماندار کے ذہن سے تباہ کرنا آسان ترین ہے اگر آپ سچ کے وراثتی دعویدار ہوں:

إِنَّآ أَنزَلۡنَا ٱلتَّوۡرَىٰةَ فِيهَا هُدٗى وَنُورٞۚ يَحۡكُمُ بِهَا ٱلنَّبِيُّونَ ٱلَّذِينَ
أَسۡلَمُواْ لِلَّذِينَ هَادُواْ وَٱلرَّبَّٰنِيُّونَ وَٱلۡأَحۡبَارُ بِمَا ٱسۡتُحۡفِظُواْ مِن كِتَٰبِ
ٱللَّهِ وَكَانُواْ عَلَيۡهِ شُهَدَآءَۚ فَلَا تَخۡشَوُاْ ٱلنَّاسَ وَٱخۡشَوۡنِ وَلَا
تَشۡتَرُواْ بِـَٔايَٰتِي ثَمَنٗا قَلِيلٗاۚ وَمَن لَّمۡ يَحۡكُم بِمَآ أَنزَلَ ٱللَّهُ فَأُوْلَٰٓئِكَ هُمُ
ٱلۡكَٰفِرُونَ ٤٤

بے شک ہم نے توریت نازل فرمائی جس میں ہدایت اور نور تھا۔اس کے مطابق انبیاءجو فرمانبردار تھے یہودیوں کو حکم دیتے رہے اور اللہ والے اور علماءاس وجہ سے کہ وہ اللہ کی کتاب کے محافظ بنائے گئے تھے اور وہ اس پر نگہبان تھے....

سورۃ(۵) (۰۴۴) اور(۰۴۶)

وَقَالَتِ ٱلْيَهُودُ يَدُ ٱللَّهِ مَغْلُولَةٌ ۚ غُلَّتْ أَيْدِيهِمْ وَلُعِنُوا۟ بِمَا قَالُوا۟ ۘ بَلْ يَدَاهُ مَبْسُوطَتَانِ يُنفِقُ كَيْفَ يَشَآءُ ۚ وَلَيَزِيدَنَّ كَثِيرًا مِّنْهُم مَّآ أُنزِلَ إِلَيْكَ مِن رَّبِّكَ طُغْيَٰنًا وَكُفْرًا ۚ وَأَلْقَيْنَا بَيْنَهُمُ ٱلْعَدَٰوَةَ وَٱلْبَغْضَآءَ إِلَىٰ يَوْمِ ٱلْقِيَٰمَةِ ۚ كُلَّمَآ أَوْقَدُوا۟ نَارًا لِّلْحَرْبِ أَطْفَأَهَا ٱللَّهُ ۚ وَيَسْعَوْنَ فِى ٱلْأَرْضِ فَسَادًا ۚ وَٱللَّهُ لَا يُحِبُّ ٱلْمُفْسِدِينَ ﴿٦٤﴾

اور ہم نے اُن کے پیچھے اُن کے نقوشِ قدم پر عیسیٰ بن مریم کو بھیجا جو اپنے سے پہلے کی توریت کی تصدیق کرنے والے تھے اور ہم نے اُن کو انجیل عطا کی جس میں ہدایت اور نور تھا اور اپنے سے پہلے کی توریت کی تصدیق کرنے والی اور ہدایت تھی اور سورۃ(پرہیز گاروں کے لئے نصیحت تھی۔(سورۃ ۵۔۰۴۴ اور ۰۴۶)(۳۱)

محمد ہمیں قائل کرنے کی کوشش کرتا ہے کہ قرآن توریت(شریعتِ موسوی) اور اناجیل کی مانند کلام ہے۔وہ اِسے ایسے واضح کرنے کی کوشش کرتا کہ جیسے توریت اور اناجیل اور قرآن یہ تمام بنی نو انسان کے لئے الٰہی مکاشفہ کے تہائی منصوبے کے برابر حصہ ہے۔کیوں؟لوگوں کی سوچ کو جیتنے کا اچھاطریقہ ہے کہ، پہلے انہیں بتائیں کہ جس پر وہ ایمان رکھتے ہیں وہ سچ ہے(تاکہ آپ ان کواجنبی نہ سمجھیں) اور دوسراطریقہ یہ ہے کہ لوگوں کو آہستہ آہستہ قائل کریں کہ جسے وہ ابھی تک نہیں جانتے یا سمجھے اُسے اُن کے لئے مہیا کیا جاسکتا ہے، یا اِس جواب کے ساتھ ، آپکی تعلیم: یہ چرواہے کے روپ میں موثر بھیڑیا ہونے مترادف ہے۔یقیناًمذہب کے لبادہ میں جسکانام اسلام ہے۔شیطان نے اپنے آپ کو تخریب کارآقاثابت کر دیاہے تقریباًدُنیاکی ایک چوتھائی سادہ لوح آبادی کو پاگل بناکر کہ وہ شیطان کو تعظیم دیں بجائے بائبل مقدس کے خداکو۔

دونوں موسیٰ اور یسوع نے اپنے کلام کو کاموں ، اورنشانوں کے ذریعے بالترتیب ثابت کیا ہے۔اُنکے معجزات جو اس بات کو ثابت کرتے ہیں کہ جو وہ کہتے تھے اور انکی زندگیاں سچ اور حق تھیں۔یسوع مسیح نے کہا:

کیونکہ جو کام باپ نے مجھے پورے کرنے دیے یعنی یہی کام جو میں کرتا ہوں وہ میرے گواہ ہیں کہ باپ نے مجھے بھیجا ہے ....

(یوحنا۵:۳۶)

یسوع نے یہ بھی کہا:

تُم اس شخص سے جسے باپ نے مقدس کر کے دنیا میں بھیجا کہتے ہو، ’’تو کُفر بکتا ہے‘‘ اس لیے کہ میں نے کہا میں خدا کا بیٹا ہوں؟‘‘ اگر میں اپنے باپ کے کام نہیں کرتا تو میرا یقین کرو۔لیکن اگر میں کرتا ہوں تو گو میرا یقین کرو مگر اُن کاموں کا تو یقین کرو تاکہ تُم جانو اور سمجھو کہ باپ مجھ میں ہے اور میں باپ میں۔(یوحنا۱۰:۳۶۔۳۸)

محمد نے کاموں کے ذریعے اپنے الفاظ کو ثابت نہیں کیا۔اور وہ لگاتار دعوے کرتا ہے کہ قرآن کی سورتیں(اہم حصے یا ابواب) بذاتِ خود’’نشان ہیں، واضح نشان ‘‘ ہیں۔لیکن کوئی ایسے واقعات نہیں ملتے کہ محمد نے کوئی معجزات کئے ہوں ماسوائے اُن ناقابل اعتبار شمار کے جو اُس کے ساتھ اس کے حواریوں کے تصور اور ایجاد کے وسیلہ منسوب ہیں۔محمد نے ایسے ثبوتوں کی غیر موجودگی کو اِس طرح بیان کرنے کی کوشش کی ہے کہ:

أَوَلَمْ يَكْفِهِمْ أَنَّآ أَنزَلْنَا عَلَيْكَ ٱلْكِتَـٰبَ يُتْلَىٰ عَلَيْهِمْ ۚ إِنَّ فِى ذَٰلِكَ لَرَحْمَةً وَذِكْرَىٰ لِقَوْمٍ يُؤْمِنُونَ ﴿٥١﴾

قُلْ كَفَىٰ بِٱللَّهِ بَيْنِى وَبَيْنَكُمْ شَهِيدًا ۖ يَعْلَمُ مَا فِى ٱلسَّمَـٰوَٰتِ وَٱلْأَرْضِ ۗ وَٱلَّذِينَ ءَامَنُوا۟ بِٱلْبَـٰطِلِ وَكَفَرُوا۟ بِٱللَّهِ أُو۟لَـٰٓئِكَ هُمُ ٱلْخَـٰسِرُونَ ﴿٥٢﴾

اور کفار کہتے ہیں کہ ’’اِن پر اُن کے ربّ کی طرف سے نشانیاں کیوں نہیں اُتاری گئیں، آپ فرما دیجئے کہ نشانیاں تو اللہ ہی کے پاس ہیں اور میں تو محض صریح ڈر سُنانے والاہوں‘‘۔کیا اُن کے لیے یہ کافی نہیں ہے کہ ہم نے آپ پر کتاب [مطلب قرآن] نازل فرمائی جو اُن پر پڑھی جاتی ہے ، بیشک اِس میں رحمت اور نصیحت ہے اُن لوگوں کے لیے جو ایمان رکھتے ہیں۔

سورۃ۲۹۔۰۵۰۔۰۵۱ (۳۲)

هُوَ ٱلَّذِىٓ أَرْسَلَ رَسُولَهُۥ بِٱلْهُدَىٰ وَدِينِ ٱلْحَقِّ لِيُظْهِرَهُۥ عَلَى ٱلدِّينِ كُلِّهِۦ ۚ وَكَفَىٰ بِٱللَّهِ شَهِيدًا ﴿٢٨﴾

وہی ہے جس نے اپنے رسول کوہدایت اور دینِ حق عطا فرما کر بھیجا تاکہ اُسے تمام ادیان پر غالب کردے ، اوراللہ ہی گواہ کافی ہے۔

سورة۴۸_۰۲۸ (۳۳)

محمد نے دعویٰ کیا کہ یہ صرف اُس کے لئے تھا کہ وہ خدا کی جانب سے آخری کلام کو "پیغام کے طور پر عیاں کرے"۔(۳۴) اس نے لوگوں کو اِس سوچ کے جھانسے میں لانے کی کوشش کی کہ وہ یسوع مسیح کی جگہ زمین پر واپس آیا تھا۔ایسا کرنے سے ، ابلیس حقیقی نجات دہندہ کی طرف سے سکھائے گئے سلامتی، محبت اور معافی کے اصولوں کو اُلٹ دینے کا متلاشی رہتا ہے ، تاکہ یہ ثابت کرے کہ وہ(شیطان)حقیقی نجات دہندہ ہے۔

یسوع نے ہمیں اپنے دشمنوں سے محبت کرنا، لعنت نہ کرنا، جب وہ لعنت کریں،اور جو ہمیں نفرت سے استعمال کرتے ہیں اُن کو معاف کرنے اور کسی کی عدالت کرنے سے منع فرمایا ، یا اپنے ہم اثر کو سزا نہ دینے کی ہدایت کی ہے۔اوردھیان دیں کہ محمد نے اِن مضامین میں کیا کہا:

يَٰٓأَيُّهَا ٱلَّذِينَ ءَامَنُوا۟ كُتِبَ عَلَيْكُمُ ٱلْقِصَاصُ فِى ٱلْقَتْلَى ۖ ٱلْحُرُّ بِٱلْحُرِّ وَٱلْعَبْدُ
بِٱلْعَبْدِ وَٱلْأُنثَىٰ بِٱلْأُنثَىٰ ۚ فَمَنْ عُفِىَ لَهُۥ مِنْ أَخِيهِ شَىْءٌ فَٱتِّبَاعٌۢ بِٱلْمَعْرُوفِ وَأَدَآءٌ
إِلَيْهِ بِإِحْسَٰنٍ ۗ ذَٰلِكَ تَخْفِيفٌ مِّن رَّبِّكُمْ وَرَحْمَةٌ ۗ فَمَنِ ٱعْتَدَىٰ بَعْدَ ذَٰلِكَ فَلَهُۥ
عَذَابٌ أَلِيمٌ ﴿١٧٨﴾

كُتِبَ عَلَيْكُمْ إِذَا حَضَرَ أَحَدَكُمُ ٱلْمَوْتُ إِن تَرَكَ خَيْرًا ٱلْوَصِيَّةُ
لِلْوَٰلِدَيْنِ وَٱلْأَقْرَبِينَ بِٱلْمَعْرُوفِ ۖ حَقًّا عَلَى ٱلْمُتَّقِينَ ﴿١٨٠﴾

اے ایمان والو! تُم پر اُن کے خون کا بدلہ فرض کیا گیا ہے جو ناحق قتل کئے جائیں ، آزاد کے بدلے آزاد اور غُلام کے بدلے غُلام اور عورت کے بدلے عورت....اور تمہارے لئے قصاص میں ہی زندگی ہے اے عقلمند لوگو! تاکہ تُم بچو۔

(سورة۲:۱۷۸_۱۷۹)(۳۵)

وَٱقْتُلُوهُمْ حَيْثُ ثَقِفْتُمُوهُمْ وَأَخْرِجُوهُم مِّنْ حَيْثُ أَخْرَجُوكُمْ ۚ وَٱلْفِتْنَةُ أَشَدُّ مِنَ ٱلْقَتْلِ ۚ
وَلَا تُقَـٰتِلُوهُمْ عِندَ ٱلْمَسْجِدِ ٱلْحَرَامِ حَتَّىٰ يُقَـٰتِلُوكُمْ فِيهِ ۖ فَإِن قَـٰتَلُوكُمْ فَٱقْتُلُوهُمْ ۗ
كَذَٰلِكَ جَزَآءُ ٱلْكَـٰفِرِينَ ﴿١٩١﴾

اور اللہ کی راہ میں اُن سے جنگ کرو جو تُم سے جنگ کرتے ہیں....اور اُنکو جہاں بھی پاؤ مار ڈالو اور انہیں وہاں سے باہر نکال دو جہاں سے انہوں نے تمہیں نکالا تھا اور فتنہ انگیزی تو[دوسروں کے]قتل سے بھی زیادہ سخت ہے۔

(سورۃ۲_۱۹۱)(۳۶)

ٱلشَّهْرُ ٱلْحَرَامُ بِٱلشَّهْرِ ٱلْحَرَامِ وَٱلْحُرُمَـٰتُ قِصَاصٌ ۚ فَمَنِ ٱعْتَدَىٰ عَلَيْكُمْ فَٱعْتَدُوا۟ عَلَيْهِ
بِمِثْلِ مَا ٱعْتَدَىٰ عَلَيْكُمْ ۚ وَٱتَّقُوا۟ ٱللَّهَ وَٱعْلَمُوٓا۟ أَنَّ ٱللَّهَ مَعَ ٱلْمُتَّقِينَ ﴿١٩٤﴾

....پس اگر تُم پر کوئی زیادتی کرے تُم بھی اُس پر زیادتی کرو اُسی قدر جتنی اُس نے تم پر کی

(سورۃ۲_۱۹۴)(۳۷)

كُتِبَ عَلَيْكُمُ ٱلْقِتَالُ وَهُوَ كُرْهٌ لَّكُمْ ۖ وَعَسَىٰٓ أَن تَكْرَهُوا۟ شَيْـًٔا وَهُوَ خَيْرٌ
لَّكُمْ ۖ وَعَسَىٰٓ أَن تُحِبُّوا۟ شَيْـًٔا وَهُوَ شَرٌّ لَّكُمْ ۗ وَٱللَّهُ يَعْلَمُ وَأَنتُمْ لَا
تَعْلَمُونَ ﴿٢١٦﴾

قتل تُم پر فرض کردیا گیا ہے حالانکہ وہ تمہیں طبعاً ناگوار ہے۔

(سورۃ ۲_۲۱۶)(۳۸)

وَدُّوا۟ لَوْ تَكْفُرُونَ كَمَا كَفَرُوا۟ فَتَكُونُونَ سَوَآءً ۖ فَلَا تَتَّخِذُوا۟ مِنْهُمْ أَوْلِيَآءَ حَتَّىٰ
يُهَاجِرُوا۟ فِى سَبِيلِ ٱللَّهِ ۚ فَإِن تَوَلَّوْا۟ فَخُذُوهُمْ وَٱقْتُلُوهُمْ حَيْثُ وَجَدتُّمُوهُمْ ۖ
وَلَا تَتَّخِذُوا۟ مِنْهُمْ وَلِيًّا وَلَا نَصِيرًا ﴿٨٩﴾

تُم اُن میں سے دوست نہ بناؤ، یہاں تک کہ وہ اللہ کی راہ میں ہجرت کریں پھر اگر وہ روگردانی کریں اور انہیں پکڑ لو اور جہاں بھی پاؤ انہیں قتل کرڈالو اور اُن میں سے دوست نہ بناؤ اور نہ مددگار.....

(سورۃ۴_۰۸۹)(۳۹)

إِنَّمَا جَزَٰٓؤُاْ ٱلَّذِينَ يُحَارِبُونَ ٱللَّهَ وَرَسُولَهُۥ وَيَسۡعَوۡنَ فِي ٱلۡأَرۡضِ فَسَادًا أَن يُقَتَّلُوٓاْ أَوۡ يُصَلَّبُوٓاْ أَوۡ تُقَطَّعَ أَيۡدِيهِمۡ وَأَرۡجُلُهُم مِّنۡ خِلَٰفٍ أَوۡ يُنفَوۡاْ مِنَ ٱلۡأَرۡضِۚ ذَٰلِكَ لَهُمۡ خِزۡيٞ فِي ٱلدُّنۡيَاۖ وَلَهُمۡ فِي ٱلۡأٓخِرَةِ عَذَابٌ عَظِيمٌ ۝٣٣

بیشک جو لوگ اللہ اور اُس کے رسُول سے جنگ کرتے ہیں اور زمین میں فساد انگیزی کرتے پھرتے ہیں اُن کی سزا یہی ہے کہ وہ قتل کئے جائیں یا پھانسی دیے جائیں یا اُن کے ہاتھ اور اُن کے پاؤں مخالف سمتوں سے کاٹ ڈالے جائیں یا زمین سے دور کردیے جائیں۔یہ اُن کے لئے دُنیا میں رسوائی ہے۔

(سورۃ۵_۰۳۳)(۴۰)

وَقَٰتِلُوهُمۡ حَتَّىٰ لَا تَكُونَ فِتۡنَةٞ وَيَكُونَ ٱلدِّينُ كُلُّهُۥ لِلَّهِۚ فَإِنِ ٱنتَهَوۡاْ فَإِنَّ ٱللَّهَ بِمَا يَعۡمَلُونَ بَصِيرٞ ۝٣٩

اور تُم اُن (بے ایمانوں) کے ساتھ جنگ کرتے رہو، یہاں تک کہ کوئی فتنہ نہ رہ جائے اور سب دین اللہ ہی کا ہوجائے۔

(سورۃ۸_۰۳۹)(۴۱)

مَا كَانَ لِنَبِيٍّ أَن يَكُونَ لَهُۥٓ أَسۡرَىٰ حَتَّىٰ يُثۡخِنَ فِي ٱلۡأَرۡضِۚ تُرِيدُونَ عَرَضَ ٱلدُّنۡيَا وَٱللَّهُ يُرِيدُ ٱلۡأٓخِرَةَۗ وَٱللَّهُ عَزِيزٌ حَكِيمٞ ۝٦٧

کسی نبی کو یہ سزا وار نہیں کہ اس کے لئے قیدی ہوں جب تک کہ وہ زمین میں اُن کا اچھی طرح خون نہ بہالے۔

(سورۃ۸_۰۶۷)(۴۲)

فَإِذَا ٱنسَلَخَ ٱلْأَشْهُرُ ٱلْحُرُمُ فَٱقْتُلُوا۟ ٱلْمُشْرِكِينَ حَيْثُ وَجَدتُّمُوهُمْ وَخُذُوهُمْ
وَٱحْصُرُوهُمْ وَٱقْعُدُوا۟ لَهُمْ كُلَّ مَرْصَدٍ ۚ فَإِن تَابُوا۟ وَأَقَامُوا۟ ٱلصَّلَوٰةَ
وَءَاتَوُا۟ ٱلزَّكَوٰةَ فَخَلُّوا۟ سَبِيلَهُمْ ۚ إِنَّ ٱللَّهَ غَفُورٌ رَّحِيمٌ ٥

مشرکوں کو قتل کردو جہاں کہیں بھی تم اُن کو پاؤ اور اُنہیں گرفتار کرلو اور اُنہیں قید کردو اور اُنہیں ہر گھات کی جگہ اُن کی تاک میں بیٹھو۔

(سورۃ۹۔۰۰۵)(۴۳)

قَٰتِلُوا۟ ٱلَّذِينَ لَا يُؤْمِنُونَ بِٱللَّهِ وَلَا بِٱلْيَوْمِ ٱلْءَاخِرِ وَلَا يُحَرِّمُونَ مَا
حَرَّمَ ٱللَّهُ وَرَسُولُهُۥ وَلَا يَدِينُونَ دِينَ ٱلْحَقِّ مِنَ ٱلَّذِينَ أُوتُوا۟
ٱلْكِتَٰبَ حَتَّىٰ يُعْطُوا۟ ٱلْجِزْيَةَ عَن يَدٍ وَهُمْ صَٰغِرُونَ ٢٩

تُم اُن لوگوں کے ساتھ جنگ کرو جو نہ اللہ پر ایمان رکھتے ہیں نہ یوم آخرت پر۔

(سورۃ۹۔۰۲۹)(۴۴)

إِنَّ عِدَّةَ ٱلشُّهُورِ عِندَ ٱللَّهِ ٱثْنَا عَشَرَ شَهْرًا فِى كِتَٰبِ ٱللَّهِ يَوْمَ
خَلَقَ ٱلسَّمَٰوَٰتِ وَٱلْأَرْضَ مِنْهَآ أَرْبَعَةٌ حُرُمٌ ۚ ذَٰلِكَ ٱلدِّينُ ٱلْقَيِّمُ ۚ
فَلَا تَظْلِمُوا۟ فِيهِنَّ أَنفُسَكُمْ ۚ وَقَٰتِلُوا۟ ٱلْمُشْرِكِينَ كَآفَّةً
كَمَا يُقَٰتِلُونَكُمْ كَآفَّةً ۚ وَٱعْلَمُوٓا۟ أَنَّ ٱللَّهَ مَعَ ٱلْمُتَّقِينَ ٣٦

اور تُم تمام مشرکین سے اِسی طرح جنگ کیا کرو جس طرح وہ سب کے سب تُم سے جنگ کرتے ہیں اور جان لو کہ اللہ پرہیزگاروں کے ساتھ ہے۔

(سورۃ۹۔۰۳۶)(۴۵)

يَا أَيُّهَا الَّذِينَ آمَنُوا قَاتِلُوا الَّذِينَ يَلُونَكُم مِّنَ الْكُفَّارِ وَلْيَجِدُوا فِيكُمْ
غِلْظَةً ۚ وَاعْلَمُوا أَنَّ اللَّهَ مَعَ الْمُتَّقِينَ ﴿١٢٣﴾

اے ایمان والو تُم کافروں میں سے ایسے لوگوں سے جنگ کرو جو تمہارے قریب ہیں اور وہ تمہارے اندر سختی پائیں اور جان لو کہ اللہ پرہیزگاروں کے ساتھ ہے۔

(سورۃ۹۔۱۲۳)(۴۶)

وَجَزَاءُ سَيِّئَةٍ سَيِّئَةٌ مِّثْلُهَا ۖ فَمَنْ عَفَا وَأَصْلَحَ فَأَجْرُهُ عَلَى اللَّهِ ۚ إِنَّهُ لَا يُحِبُّ
الظَّالِمِينَ ﴿٤٠﴾

....اور بُرائی کابدلہ اسی برائی کی مِثل ہوتا ہے

(سورۃ۴۲۔۰۴۰)(۴۷)

فَإِذَا لَقِيتُمُ الَّذِينَ كَفَرُوا فَضَرْبَ الرِّقَابِ حَتَّىٰ إِذَا أَثْخَنتُمُوهُمْ فَشُدُّوا الْوَثَاقَ فَإِمَّا مَنًّا
بَعْدُ وَإِمَّا فِدَاءً حَتَّىٰ تَضَعَ الْحَرْبُ أَوْزَارَهَا ۚ ذَٰلِكَ وَلَوْ يَشَاءُ اللَّهُ لَانتَصَرَ مِنْهُمْ وَلَٰكِن
لِّيَبْلُوَ بَعْضَكُم بِبَعْضٍ ۗ وَالَّذِينَ قُتِلُوا فِي سَبِيلِ اللَّهِ فَلَن يُضِلَّ أَعْمَالَهُمْ ﴿٤﴾

پھر جب تمہارا مقابلہ کافروں سے ہوتو اُن کی گردنیں اُڑا دو، یہاں تک کہ جب تُم انہیں خوب قتل کر چکو تو مضبوطی سے باندھ لو۔پھر اُس کے بعد یا تو احسان کرکے یا فدیہ لے کر یہاں تک کہ جنگ اپنے ہتھیار رکھ دے یہی ہے۔

(سورۃ۴۷۔۰۰۴)(۴۸)

مُّحَمَّدٌ رَّسُولُ ٱللَّهِ ۚ وَٱلَّذِينَ مَعَهُۥٓ أَشِدَّآءُ عَلَى ٱلْكُفَّارِ رُحَمَآءُ بَيْنَهُمْ ۖ تَرَىٰهُمْ رُكَّعًا
سُجَّدًا يَبْتَغُونَ فَضْلًا مِّنَ ٱللَّهِ وَرِضْوَٰنًا ۖ سِيمَاهُمْ فِى وُجُوهِهِم مِّنْ أَثَرِ ٱلسُّجُودِ
ۚ ذَٰلِكَ مَثَلُهُمْ فِى ٱلتَّوْرَىٰةِ ۚ وَمَثَلُهُمْ فِى ٱلْإِنجِيلِ كَزَرْعٍ أَخْرَجَ شَطْـَٔهُۥ فَـَٔازَرَهُۥ
فَٱسْتَغْلَظَ فَٱسْتَوَىٰ عَلَىٰ سُوقِهِۦ يُعْجِبُ ٱلزُّرَّاعَ لِيَغِيظَ بِهِمُ ٱلْكُفَّارَ ۗ وَعَدَ ٱللَّهُ
ٱلَّذِينَ ءَامَنُوا۟ وَعَمِلُوا۟ ٱلصَّٰلِحَٰتِ مِنْهُم مَّغْفِرَةً وَأَجْرًا عَظِيمًۢا ﴿٢٩﴾

محمد اللہ کے رسُول ہیں اور جو لوگ آپ کی معیت اور سنگت میں ہیں کافروں پر بہت سخت اور زور آور ہیں، آپس میں بہت نرم دل اور شفیق ہیں۔

(سورۃ ۴۸-۰۲۹)(۴۹)

لَّا تَجِدُ قَوْمًا يُؤْمِنُونَ بِٱللَّهِ وَٱلْيَوْمِ ٱلْءَاخِرِ يُوَآدُّونَ مَنْ حَآدَّ ٱللَّهَ
وَرَسُولَهُۥ وَلَوْ كَانُوٓا۟ ءَابَآءَهُمْ أَوْ أَبْنَآءَهُمْ أَوْ إِخْوَٰنَهُمْ أَوْ عَشِيرَتَهُمْ ۚ
أُو۟لَـٰٓئِكَ كَتَبَ فِى قُلُوبِهِمُ ٱلْإِيمَـٰنَ وَأَيَّدَهُم بِرُوحٍ مِّنْهُ ۖ
وَيُدْخِلُهُمْ جَنَّـٰتٍ تَجْرِى مِن تَحْتِهَا ٱلْأَنْهَـٰرُ خَـٰلِدِينَ فِيهَا ۚ رَضِىَ ٱللَّهُ
عَنْهُمْ وَرَضُوا۟ عَنْهُ ۚ أُو۟لَـٰٓئِكَ حِزْبُ ٱللَّهِ ۚ أَلَآ إِنَّ حِزْبَ ٱللَّهِ هُمُ ٱلْمُفْلِحُونَ ﴿٢٢﴾

آپ اُن لوگوں کو جو اللہ پر اور یومِ آخرت پر ایمان رکھتے ہیں کبھی اُس شخص سے دوستی رکھتے ہوئے نہ پائیں گے جو اللہ اور اُس کے رسول سے دُشمنی رکھتا ہے۔

(سورۃ ۵۸-۰۲۲)(۵۰)

يَـٰٓأَيُّهَا ٱلنَّبِىُّ جَـٰهِدِ ٱلْكُفَّارَ وَٱلْمُنَـٰفِقِينَ وَٱغْلُظْ عَلَيْهِمْ ۚ وَمَأْوَىٰهُمْ جَهَنَّمُ
ۖ وَبِئْسَ ٱلْمَصِيرُ ﴿٩﴾

اے نبی آپ کافروں اور منافقوں سے جہاد کیجئے ، اور اُن پر سختی فرمایئے۔

(سورۃ ۶۶_۰۰۹)(۵۱)

یہ صاف ظاہر ہے کہ محمد کی تحریریں نفرت سے بھرپور ہیں، وہ دونوں طریقے سے لوگوں کی حوصلہ افزائی کرتا ہے کہ تلوار سے اور خوف سے ایک دوسرے کی عدالت کریں۔مندرجہ بالا تحریر شدہ ہدایات کا درج ذیل تحریر سے موازنہ کریں کہ یسوع ہمیں کس قسم کی ہدایات دیتا ہے:

لیکن میں تم سننے والوں سے کہتا ہوں کہ اپنے دشمنوں سے محبت رکھو۔جو تُم سے عداوت رکھیں اُنکا بھلا کرو۔جو تُم پر لعنت کریں اُن کے لئے برکت چاہو۔جو تمہاری تحقیر کریں اُن کے لئے دُعا کرو۔جو تیرے ایک گال پر طمانچہ مارے دوسرا بھی اُس کی طرف پھیر دے اور جو تیرا چوغہ لے اُسکو کُرتہ لینے سے بھی منع نہ کر۔جو کوئی تجھ سے مانگے اُسے دے اور جو تیرا مال لے لے اُس سے طلب نہ کر۔اور جیسا تُم چاہتے ہو کہ لوگ تمہارے ساتھ کریں تم بھی اُن کے ساتھ ویسا ہی کرو۔اگر تُم اپنے محبت رکھنے والوں ہی سے محبت رکھو تو تمہارا کیا احسان ہے؟ کیونکہ گنہگار بھی اپنے محبت رکھنے والوں سے محبت رکھتے ہیں۔اور اگر اُن ہی سے بھلا کروجو تمہارا بھلا کریں تو تمہارا کیا احسان ہے؟کیونکہ گنہگار بھی ایسا ہی کرتے ہیں۔اور اگر تُم اُن ہی کو قرض دو جن سے وصول ہونے کی اُمید رکھتے ہوتو تمہارا کیا احسان ہے؟ گنہگار بھی گنہگاروں کو قرض دیتے ہیں تاکہ پورا وصول کرلیں۔مگر تم دشمنوں سے محبت رکھو اور بھلا کرو اور بغیر نااُمید ہوئے قرض دو تو تمہارا اجر بڑا ہوگا اور تُم خدا تعالےٰ کے بیٹے ٹھہروگے، وہ ناشکروں اور بدوں پر بھی مہربان ہے۔جیسا تمہارا باپ رحیم ہے تم بھی رحمدل ہو۔عیب جوئی نہ کرو۔تمہار ی بھی عیب جوئی نہ کی جائے گی۔مجرم نہ ٹھہراؤ۔تم بھی مجرم نہ ٹھہرائے جاؤ گے۔خلاصی دو۔تم بھی خلاصی پاؤ گے۔دیا کرو۔تمہیں بھی دیا جائے گا۔اچھا پیمانہ داب داب کر اور ہلا ہلا کر اور لبریز کرکے تمہارے پلے میں ڈالیں گے کیونکہ جس پیمانہ سے تُم ناپتے ہو اُسی سے تمہارے لئے ناپا جائے گا۔

(لوقا ۲۷:۶_۳۸)

مندرجہ بالا بائبل مقدس کے حوالہ کا موازنہ قرآن کے حوالہ جات سے کرنے کے بعد ،آپ ان دونوں میں سے ....یسوع یا محمد، کس کو پیارے آسمانی باپ کی سچی گواہی سمجھتے ہیں؟

قرآن کا مطالعہ کرتے ہوئے ایک چھوٹی سی حیران کن بات سمجھ آنی چاہیے۔کہ کیوں بائبل مقدس کئی ممالک میں لے جانا ممنوع ہے جہاں پر علم اسلام لہراتا ہے۔اُن قوموں کے لوگ شاید اس کو پڑھنے کے قابل ہوں کہ:

خداوند یوں فرماتا ہے کہ :جو موت کے لیے ہیں وہ موت کی طرف جائیں اور جو تلوار کے لیے ہیں وہ تلور کی طرف اور جو کال کے لیے ہیں وہ کال کو اور جو اسیری کے لیے ہیں وہ اسیری میں۔(یرمیاہ۱۵:۲)

یسوع نے کہا: اپنی تلوار کو میان میں رکھ، کیونکہ جو تلوار کھینچتے ہیں وہ سب تلوار سے ہلاک کیے جائیں گے۔(متی۲۶:۵۲)

جس کو قید ہونے والی ہے وہ قید میں پڑے گا۔جو کوئی تلوار سے قتل کرے گا وہ ضرور تلوار سے قتل کیا جائے گا

(مکاشفہ۱۳:۱۰)

اے عزیزو! اپنا انتقام نہ لو،بلکہ غضب کو موقع دو کیونکہ، لکھا ہے: کہ خداوند فرماتا ہے انتقام لینا میرا کام ہے۔بدلہ میں ہی دونگا۔بلکہ اگر تیرا دُشمن بھوکا ہو تو اسکو کھانا کھلا، اگر پیاسا ہو تو اُسے پانی پلا، کیونکہ ایسا کرنے سے تُو اُس کے سر پر آگ کے انگاروں کے ڈھیر لگائے گا۔بدی سے مغلوب نہ ہو بلکہ نیکی کے ذریعہ سے بدی پر غالب آؤ۔ (رومیوں۱۲:۱۹-۲۱)

مختصراً یہ کہ (مثال کے طور پراُن قوموں کے لوگ جہاں پرعلمِ اسلام لہراتا ہے) انکو ابراہام اور اضحاق اور یعقوب کا خدا ملے گا۔ جس کی گواہی دینے کے لیے خداوند یسوع مسیح آیا، وہ خدا کی محبت اور امن کاخداہےنہ کہ وہ جنگ ،دہشت اور نفرت کا دیوتا ہے۔مزید برآں ، وہ مزید سیکھیں گے لاوی کاہنِ اعظم کے بارے اور اسرائیل کے بچوں کے کردار کے بارے میں جیسا کہ وہ اپنے گناہوں کی معافی کے لیے ہر سال قربانی چڑھایا کرتے تھے۔یسوع مسیح کو ہمارے لئے دائمی قربانی ہونے کےلئے کیسے بھیجا گیا۔"ایک بار سب کے لیے"۔(عبرانیوں۱۰:۱۰)۔وہ پُرانے عہدنامہ کے واقعات ، قوائد و قوانین کے بارے جانیں گے کہ وہ تھے تو لیکن وہ آنے والے وقت کی نشاندہی کرتے تھے۔وہ خدا کے بارےبطور برّہ اسکاکردار جانیں گے،جو یسوع مسیح ہے تمام قومیں جو سورج کے نیچے بستی ہیں کی شفاعت کرنے والے کے طور پر۔اور حتمی طور پروہ یسوع مسیح کے ساتھ اپنا تعلق، کو جانیں گے کہ: آسمان کےتلے آدمیوں کو کوئی دوسرا نام نہیں بخشا گیا جس کے وسیلہ ہم نجات پاسکیں"۔(اعمال۴:۱۲)

پورے قرآن میں، محمد یسوع مسیح کو خدا کے اکلوتے بیٹے ہونے اورمولودِواحد اور اس دُنیا کا نجات دہندہ ہونے سے قاصر قرار دیتا ہے۔وہ اس بات کو متنازعہ کرنے کی کوشش کرتا ہے کہ پاک برّہ نے بہتوں کے گناہ اُٹھا لئے اور خطا کاروں کی شفاعت کی۔ (یسعیاہ۵۳:۱۲)اور یہ کہ، "وہ اُن کی شفاعت کے لیے ہمیشہ زندہ ہے"۔(عبرانیوں۷:۲۵)

إِنَّ رَبَّكُمُ ٱللَّهُ ٱلَّذِى خَلَقَ ٱلسَّمَٰوَٰتِ وَٱلْأَرْضَ فِى سِتَّةِ أَيَّامٍ ثُمَّ ٱسْتَوَىٰ عَلَى
ٱلْعَرْشِ ۖ يُدَبِّرُ ٱلْأَمْرَ ۖ مَا مِن شَفِيعٍ إِلَّا مِنۢ بَعْدِ إِذْنِهِۦ ۚ ذَٰلِكُمُ ٱللَّهُ
رَبُّكُمْ فَٱعْبُدُوهُ ۚ أَفَلَا تَذَكَّرُونَ ﴿٣﴾

اُس کی اجازت کے بغیر کوئی سفارش کرنے والا نہیں۔

(سورۃ۱۰_۰۰۳)(۵۲)

وَلَمْ يَكُن لَّهُم مِّن شُرَكَآئِهِمْ شُفَعَٰٓؤُا۟ وَكَانُوا۟ بِشُرَكَآئِهِمْ
كَٰفِرِينَ ﴿١٣﴾

اُن کے شریکوں میں سے اُن کے لئے سفارشی نہیں ہونگے، اور وہ اپنے شریکوں کے ہی منکر ہوجائیں گے۔

(سورۃ۳۰_۰۱۳)(۵۳)

وَلَا تَنفَعُ ٱلشَّفَٰعَةُ عِندَهُۥٓ إِلَّا لِمَنْ أَذِنَ لَهُۥ ۚ حَتَّىٰٓ إِذَا فُزِّعَ عَن قُلُوبِهِمْ قَالُوا۟
مَاذَا قَالَ رَبُّكُمْ ۖ قَالُوا۟ ٱلْحَقَّ ۖ وَهُوَ ٱلْعَلِىُّ ٱلْكَبِيرُ ﴿٢٣﴾

اور اُس کی بارگاہ میں شفاعت نفع نہ دے گی سوائے جس کے حق میں اُس نے آذان دی ہوگی۔

(سورۃ ۳۴_۰۲۳)(۵۴)

قُل لِّلَّهِ ٱلشَّفَٰعَةُ جَمِيعًا ۖ لَّهُۥ مُلْكُ ٱلسَّمَٰوَٰتِ وَٱلْأَرْضِ ۖ ثُمَّ إِلَيْهِ
تُرْجَعُونَ ﴿٤٤﴾

سب شفاعت اللہ ہی کے اختیار میں ہے۔ (سورۃ۳۹_۰۴۴) (۵۵)

وَأَنذِرْهُمْ يَوْمَ الْآزِفَةِ إِذِ الْقُلُوبُ لَدَى الْحَنَاجِرِ كَاظِمِينَ ۚ مَا لِلظَّالِمِينَ مِنْ حَمِيمٍ وَلَا شَفِيعٍ يُطَاعُ ﴿١٨﴾

ظالموں کے لیے(وہ جو محمد اور قرآن پر ایمان نہیں رکھتے) نہ کوئی مہربان دوست ہوگا اور نہ کوئی سفارشی جس کی بات مانی جائے۔(سورۃ۴۰۔۰۱۸)(۵۶)

أَلَّا تَزِرُ وَازِرَةٌ وِزْرَ أُخْرَىٰ ﴿٣٨﴾

کوئی بوجھ اٹھانے والا کسی دوسرے کا بوجھ نہیں اُٹھائے گا۔(سورۃ۵۳۔۰۳۸)(۵۷)

وَإِذَا قِيلَ لَهُمْ تَعَالَوْا يَسْتَغْفِرْ لَكُمْ رَسُولُ اللَّهِ لَوَّوْا رُءُوسَهُمْ وَرَأَيْتَهُمْ يَصُدُّونَ وَهُم مُّسْتَكْبِرُونَ ﴿٥﴾

اور جب اُن سے کہا جاتا ہے کہ اور رسُول اللہ[مطلب محمد] تمہارے لئے مغفرت فرمائیں۔(سورۃ۶۳۔۰۰۵)(۵۸)

یہ واضح ہے کہ محمد نے یسوع کی جگہ اپنے آپ کو اونچا کرنے کی کوشش کی۔مصلوب کئے جانے کے بارے کیا ہے؟محمد انکار کرتا ہے کہ یسوع مصلوب ہونے کے وقت جسمانی بدن میں تھا:

وَقَوْلِهِمْ إِنَّا قَتَلْنَا الْمَسِيحَ عِيسَى ابْنَ مَرْيَمَ رَسُولَ اللَّهِ وَمَا قَتَلُوهُ وَمَا صَلَبُوهُ وَلَٰكِن شُبِّهَ لَهُمْ ۚ وَإِنَّ الَّذِينَ اخْتَلَفُوا فِيهِ لَفِي شَكٍّ مِّنْهُ ۚ مَا لَهُم بِهِ مِنْ عِلْمٍ إِلَّا اتِّبَاعَ الظَّنِّ ۚ وَمَا قَتَلُوهُ يَقِينًا ﴿١٥٧﴾

.....انہوں نے نہ اُن کو قتل کیا اور نہ اُنہیں سُولی چڑھایا مگراُن کے لیے ہم شکل بنا دیا۔

(سورۃ۴۔۱۵۷)(۵۹)

القرآن: مخالف مسیح کی گواہی

خدا کے خلاف سب سے بڑے گناہ کے مجرم وہ ہیں جو ثابت قدمی سے اس بات پر قائم رہتے ہیں کہ یسوع خدا کا اکلوتا بیٹا نہیں ہے اور یہ کہ وہ ہمارے گناہوں کے لیے نہیں موا۔ محمد اپنے آپکو اور اپنے پیروکاروں کو سزاوار ٹھہراتا ہے صرف اسی ایک وجہ کی بنیاد پر۔ (تاکہ اسکے پیروکار اسکے ساتھ ساتھ رہیں) خداوند یسوع نے کہا:

کیونکہ خدا نے دُنیا سے ایسی محبت رکھی کہ اُس نے اپنا اکلوتا بیٹا بخش دیا تاکہ جو کوئی اُس پر ایمان لائے ہلاک نہ ہو بلکہ ہمیشہ کی زندگی پائے۔ کیونکہ خدا نے بیٹے کو دُنیا میں اس لئے نہیں بھیجا کہ دُنیا پر سزا کا حکم کرے بلکہ اس لئے کہ دُنیا اُس کے وسیلہ سے نجات پائے۔ جو اُس پر ایمان لاتا ہے اُس پر سزا کا حکم نہیں ہوتا۔ جو اُس پر ایمان نہیں لاتا اُس پر سزا کا حکم ہو چکا۔ اِس لئے کہ وہ خدا کے اکلوتے بیٹے کے نام پر ایمان نہیں لایا۔

(یوحنا ۳: ۱۶۔۱۸)

میں اپنے باپ کے نام سے آیا ہوں اور تم مجھے قبول نہیں کرتے۔ اگر کوئی اور اپنے ہی نام سے آئے تو اسے قبول کرلو گے۔ (یوحنا ۵: ۴۳)

اگر میں نہ آتا اور اُن سے کلام نہ کرتا تو وہ گنہگار نہ ٹھہرتے لیکن اب اُنکے پاس گناہ کا عُذر نہیں۔ جو مجھ سے عداوت رکھتا ہے میرے باپ سے بھی عداوت رکھتا ہے۔ اگر میں اُن میں وہ کام نہ کرتا جو کسی دوسرے نے نہیں کئے تو وہ گنہگار نہ ٹھہرتے مگر اب تو انہوں نے مجھے اور میرے باپ دونوں سے عداوت رکھی۔ (یوحنا ۱۵: ۲۲۔۲۴)

اِس دُنیا میں سب سے بڑا جھوٹ یہ ہے کہ یسوع مسیح خدا کا اکلوتا بیٹا نہیں ہے۔

کون جھوٹا ہے سوا اُس کے جو یسوع کے مسیح ہونے کا انکار کرتا ہے؟ مخالفِ مسیح وہی ہے جو باپ اور بیٹے کا انکار کرتا ہے۔ (۱۔یوحنا ۲: ۲۲)

ایسے جھوٹوں کا کیا ٹھکانہ ہے؟

سب جھوٹوں کا حصہ آگ اور گندھک سے جلنے والی جھیل میں ہوگا۔ یہ دوسری موت ہے۔ (مکاشفہ ۸: ۲۱)۔

سادگی سے بیان کیا گیا ہے، یسوع مسیح کے بغیر خدا باپ کے حضور کوئی وکیل نہیں۔ اگر ہم خدا کے بھیجے ہوئے کو قبول نہیں کرتے، ہم اس رحم کو ردّ کرتے ہیں جو اُس کے وسیلہ سے آتا ہے۔

مسلمان شائد بحث کریں کہ یسوع مسیح بھی اسی طرح خدا کا بیٹا ہے جیسے دیگر انسان '' خدا کے بیٹے ہیں''(مثال کے طور پر خدا کے بچے)۔وہ اس بات کو سمجھنے سے قاصر رہ جاتے ہیں کہ خدا کا اکلوتا بیٹا (یوحنا۳:۱۶) ، تاریخ میں یسوع مسیح تمام نسلِ انسانی میں اسکا ایک واحد منفرد اور اعلیٰ مقام ہے۔(چاہے وہ ماضی،حال یا پھر مستقبل ہو) کیونکہ صرف وہی واحدِ مولود ہے جو خدا کے پاک روح کی قدرت سے پیدا ہوا۔جسکی ماں انسان تھی۔باالفاظِ دیگر کوئی انسان (باپ) بلواسطہ یا بلاواسطہ یسوع مسیح کی شخصیت میں شامل نہیں ہے۔بائبل مقدس کی زبان میں کسی انسان(باپ) نے اُسے متولد نہیں کیا (یعنی وہ نطفہ سے پیدا نہیں ہوا)۔

یسوع مسیح باپ کا اکلوتا بیٹا ہے۔اور اگر آپ کو اور مجھے کبھی اس بات میں امتیاز کرنے کا موقع ملے کہ یسوع خدا کا اکلوتا بیٹا ہے یا ہماراسرتن سے جدا ہو۔(مکاشفہ۲۰:۴) میں دُعا کرتا ہوں کہ ہمارے خداوند کی قوت ہمیں حاصل ہو اور کبھی اس سراسر ،صریح اور ابدی سچائی کا انکار نہ کریں۔اگرچہ ہمارے سر ہمارے تن سے جدا ہوجائیں، مضبوط مسیحی ایماندار کبھی مسیح کے بدن سے جدا نہیں ہوسکتے اگر وہ خدا کے اکلوتے بیٹے کے ساتھ وفادار رہتے ہیں۔

شیطان کے لئے یہ کیوں اہم ہے کہ وہ بنی نوع انسان کو اس سمجھ سے دُور رکھے کہ یسوع مسیح خدا کا اکلوتا بیٹا ہے؟ شیطان انہیں ابدی نجات کے اپنانے سے دور رکھتا ہے۔کیوں شیطان مسیحیوں کے خلاف آگ بگولہ ہوتا ہے؟شیطان اس لیے طیش میں آتا ہے کیونکہ وہ خدا قادرِ مطلق کی عداوت میں بھرا ہوا ہے۔اوراُسکواسکی مخلوق سے چرانا چاہتاہے۔ اگرچہ شیطان (بندر کی طرح)بہت سے طریقوں سے سچے اور حقیقی خدا کی ''نقل کرسکتا ہے، شیطان ہی صرف شعبدہ باز ہے۔اگرچہ شیطان اپنی مکاری، بُرائی اور نفرت سے اپنے جیسے اشخاص کو حامی بنا سکتا ہے، وہ کبھی انسانی مخلوق کو اپنے بس میں نہیں کرسکتا۔وہ تخلیق نہیں کرسکتا۔شیطان صرف روحانی طور پر مردہ لوگوں سے عجیب الخلقت(ڈرادینے والی بلائیں) بنا سکتا ہے۔مزید یہ کہ ، شیطان بنی نوع انسان سے ابدی نجات کا انکار کروانے کی تلاش میں رہتا ہے کیونکہ ابدی نجات وہ خود حاصل نہیں کرسکتا۔

بدقسمتی سے شیطان بہت سے مسلمانوں کو یسوع مسیح کو قبول کرنے سے روکتا ہے کہ وہ خدا کا اکلوتا بیٹا ہے کیونکہ شیطان اُنکو قرآن سے قائل کرتا ہے:

ا۔خدا اکیلا ہی کافی ہے اور اُسے اکلوتے بیٹے کی ضرورت نہیں۔

۲۔"خدا باپ ، خدا بیٹا اور خدا روح القدس" کا مسیحی تصور مشرکانہ ہے اور اسی لئے ، خدا کی واحدقدرت کے خلاف ہیں۔ (مضبوط مسیحی ایماندار جو طرزِ تحریر کو گلے لگاتے ہیں کہ، "خدا باپ ، خدا بیٹا اور خدا روح القدس" ، وہ "تین خداؤں " پر یقین نہیں رکھتے۔وہ ایک خدا پر یقین رکھتے ہیں۔)

۳۔کیونکہ خدا سب سے زیادہ زورآور ہے(قادرِ مطلق) ، خدا کو انسانی خلق کو بچانے کے لئے اکلوتے بیٹے کی ضرورت نہیں ہے اگر وہ اُن کو بچانے کی خواہش رکھتا ہے۔

محمد نے یقینا سوچا کہ فرشتہ جبرائیل (خدا کا حقیقی پیام رساں) اُس پر ظاہر ہوا ہے اور قرآن کو اس پر ظاہر کیا ہے۔محمد نہیں جانتا تھا کہ شیطان خود اُس پر ظاہر ہوا ہے "نور کے فرشتہ کی صورت میں"۔(۲۔کرنتھیوں۱۱: ۱۴) اور وہ حقیقی فرشتہ جبرائیل نہ تھا۔

محمد شیطان کا نبی ہونے کے لیے مندرجہ ذیل وجوہات کی بنا پر کامل انتخاب تھا۔

۱۔محمد مسیحی نہیں تھا اسلیئے ، اُس کے اندر خدا کا پاک روح نہیں تھا۔خدا کے پاک روح کے بغیر محمد اس بات میں تمیز نہیں کر پایا کہ کیا بُرا ہے اور کیا بھلا ہے۔اُس کے پاس کوئی راستہ نہ تھا کہ وہ جان پاتا کہ فرشتہ جبرائیل نہیں بلکہ شیطان ہے۔

۲۔محمد اس بات کو نہ سمجھ پایا کہ بائبل مقدس ہی اصل کلامِ حق ہے۔اس لئے محمد اس بات کو نہیں جان پایا کہ وہ جو اسکے سامنے بولا اور لکھوایا جارہا ہے وہ ایک جھوٹ کامنبہ ہے۔اور یہ سب شیطان نے لکھوایا۔کیونکہ وہ روحانی سچ کو نہیں جانتا تھا، وہ روحانی جھوٹ کو بھی جان نہ سکا۔اور جو سب کچھ محمد جانتا تھا وہ یہ تھا کہ ایک خوبصورت نورانی مخلوق اسکے سامنے کھڑے ہوتی اور اس سے بولتی تھی۔

۳۔محمد نفسیاتی طور پر بھی کچھ ٹھیک نہ تھا۔وہ چاہتا تھا کہ وہ ایک نبی ہو جبکہ وہ نہیں تھا۔وہ اپنے آپ کو نبی کہلوانے کا شوقین تھا۔بد قسمتی سے، وہ نہیں جان پایا کہ وہ صرف ایک جھوٹا نبی ہے۔وہ ایک کٹھ پتلی تھا اور ایسا شخص تھا جسکو شیطان استعمال کررہا تھا۔اور محمد صرف اس دھوکہ میں تھا کہ وہ حقیقی خدا کی نظر میں چنا گیا ہے۔وہ یہ نہیں جان سکا کہ شیطان قادرِ مطلق خدانہیں ہے۔جس نے اُسے چنا ہے۔کیونکہ یہ چند اعلیٰ طرز کے مافوق الفطرت واقعات تھےجو محمد کی زندگی میں رونما ہوئے۔اور کیونکہ اُن تمام واقعات کی بنیاد خدا کے کلام یعنی بائبل مقدس پر نہ تھی۔محمد شیطان کے جھوٹے الفاظ سے بے حدپُرجوش اور سرگرم ہوگیا۔کہ وہ اس کلام کو جو شیطان نے اس کو دیا وہ ساری دنیا میں پھیلا دے۔اسکے اس سر چڑھے جوش نے اس جھوٹ کو

پھیلانے میں مدد کی جس کو قرآن(القرآن) کے نام سے جانا جاتا ہے۔اسکا یہ سر چڑھا جوش ابھی تک اُس کے حواری جہادیوں، اسلام پرستوں اور تبلیغی جماعتوں میں جاری ہے۔اِس کی زندہ مثال آج کل اسلامی ،جہادی ،فدائی کالعدم تنظیموں اوران سے منسلک دیگر تنظیموں میں دیکھی جاسکتی ہیں۔

جبکہ محمد نہیں جانتا تھا کہ شیطان جھوٹا اور مکار ہے ، اور وہ تمام جھوٹوں کا باپ ہے، اور شیطان کی جو زبان ہے وہ جھوٹ ہے۔(یوحنا۸:۴۴)۔محمد یہ نہیں جانتا تھا کہ شیطان صرف اور صرف جھوٹ بول سکتا ہے۔شیطان ہمیشہ سچ کو چھپاتا اور برائی کو سامنے لاتا ہے دراصل شیطان جھوٹ، بطلان، غلط فہمی، جھوٹی افواہوں اور بھٹکا دینے والوں کا باپ ہے۔سب کچھ خراب کرنے کی کوشش کی تا کہ نجات کی خوشخبری جو کہ یسوع مسیح ہے سے غیر نجات یافتہ لوگوں کو غلط رستہ پر ڈال دیا جائے اور انجیل کے پیغام کو قبول کرنے سے انکو بہکا دیا جائے۔

محمد نہیں جانتا تھا کہ شیطان یہ سچ ہر گز برداشت نہیں کر سکتا کہ یسوع مسیح خدا کا اکلوتا بیٹا ہے۔محمد کو شیطان کے کمینہ صفت ہونے اور دھوکہ باز خصلت کا اندازہ نہیں تھا۔

یقین جانیے! محمد نے قرآن نہیں بنایا۔یہ شیطان تھا جس نے قرآن کی تمام تحریر اسکو لکھوائی۔اس بات سے بالاتر ہو کر کہ محمد پڑھا لکھا تھا یا نہیں کہ اس نے خود تمام تحریریں لکھیں یا کسی سے لکھوائیں۔محمد حقیقی طور پر ''احمق'' تھا کہ جان نہ سکا کہ وہ اصل کلام نہیں تھا۔محمد نے سب سے بڑے زمانوں کے فریبی شیطان سے دھوکہ کھاگیا۔

آج کل پوری دُنیا میں، شیطان، تمام قرآن کے نقطہ چینوں کے منہ کو بند کروانے کی کوشش میں ہے۔وہ ڈرتا ہے کہ اگر یسوع مسیح کی انجیل کی خوشخبری کی روشنی پھیل گئی تو وہ اسلام کی تاریکی کو تباہ کردیگی۔اور اس میں موجود تمام جھوٹ کا پردہ چاک کردے گی، کہ وہ حقیقی طور پر کیا ہیں۔دلچسپ بات ہے کہ شیطان ہی اس حقیقت سے دہشت زدہ ہو چکا ہے۔اسی وجہ سے ، شیطان نہیں چاہتا کہ لوگ بائبل مقدس کے پیغامِ نجات کو پڑھیں اور سمجھیں۔

مسلمانوں کے ساتھ یہوواہ کے اکلوتے بیٹے کے بارے میں بحث کے دوران

μονογενής [G۳۴۳۹]

مونوجینیز تلفظ ہے یونانی زبان میں نئے عہد نامہ کا بے حد اہم لفظ ہے جب یہ یسوع مسیح یہوواہ کے بیٹے کی جسمانی لحاظ سے پیدائش سے کے بارے میں استعمال ہوتا ہے۔بائبل مقدس کا خدا، مونوجینیز، دو الفاظ کا مرکب ہے جس کی دو بنیادیں ہیں (مونوس) اور (جینو) ،مونوس کا مطلب ہے ایک، صرف ایک، اکلوتا، تنہا اور منفرد اور جینو کا مطلب ہے پیدا ہونا یا پیدائش (رحم سے پیدا ہونا)، پیدا کرنا، تولد ہوا، پیٹ میں پڑا ہوا، پیدا کیا ہوا اور جائز۔

کیونکہ لفظ مونوجینیز دو الفاظ کا مرکب ہے اور اسکے مکمل معنی اپنے انفرادی معنی بھی رکھتے ہیں نا کہ صرف ایک ہی کے۔ بالفاظِ دیگر، مونوجنیز کی مکمل تعریف، اکلوتا بیٹا، صرف ایک جسمانی متولد، ایک جائز، منفرد الوجود اور جائز بلحاظ تولید۔ اگرچہ بائبل کے کچھ مفکرین نے مونوجینیز کو بیان کرنے کے واسطے "اکلوتے" کے لفظ کو چنا ہے، "متولد" کو انہوں نے کار آمد نہیں جانا، چھپا ہوا، قدیم اور یا جدید زبان سے بے تعلق، "اکلوتے" کی ابھی تعریف بغیر "بیٹے" کے ابھی زیرِ ترجمہ ہے کیونکہ اس لفظی مرکب کا ایک حصہ اب تک حذف ہے کہ وہ اپنا مکمل ترجمہ دے۔ یقینی طور پر، مونوجینیز کا استعمال صرف اکلوتے کے لیے اسکے معنی کو تبدیل یا توڑتا نہیں ہے۔

کئی لوگ "بیٹے" کے معنی کو نہیں سمجھ پاتے بطور خدا کے اکلوتے بیٹے کے۔ اس لیے، معنی کو شفاف بنانے کے لیے، یہاں پر بیٹے (یعنی متولد) کا لگانا بھی ضروری ہے جو کہ پرانی انگلش سے ماخوذ ہے جو کہ فعل ماضی صفت ہے "بی گیٹ" جسکو زمانہ ماضی میں "بیگاٹ"

(beget, begat, begotten) اسکا مطلب پیدا کرنا ہے جسکو

(bear, bore, born)

سمجھا جا سکتا ہے، اسکا مطلب ہے جنم دینا، اور اولاد کا ہونا۔ لٰہذا لفظ بیگاٹن کا مطلب ہے کہ پیدا ہونا، پیٹ میں پڑنا، یا رحم سے جسمانی طور پر باہر نکلنا

پہلا انسان آدم بائبل مقدس کے خدا سے پیدا نہیں ہوا تھا نہ تو مدغم انڈے سے اور نہ ہی زچگی سے پیدا ہوا اور کیونکہ پہلا انسان آدم خود ہی وجود میں نہیں آیا نہ ہی اس طرح کے کسی اور طریقہ سے جو کہ خالق خدا کا ہے۔ بہر حال یسوع مسیح خود ساختہ اور اس طرح سے خدا خالق ہے (یوحنا ۱:۱) ۔ محض یسوع مسیح ہی خدا کا اکلوتا بیٹا ہے۔ اگرچہ آدم جو کہ پہلا آدمی تھا وہ خدا کا بیٹا تھا (لوقا ۳:۳۸) ، جو پہلا آدم تھا وہ تخلیق کردہ مخلوق تھا اور لیکن خدا کا تجسم نہ تھا جیسا کہ یسوع مسیح مجسم ہوا (یوحنا ۱:۱۴)

(مزید وضاحت کے لیے God-in-flesh + God-Incarnate ہم معنی ہیں۔

یسوع مسیح کے مسئلہ میں، "خدا سے پیدا ہوا" اور "خدا سے پیدا ہو چکا ہوا" کا مطلب) کہ خدا نے خود مریم کو نطفہ دیا اور مریم سے انڈہ ملا تا کہ یسوع کا وجود ممکن ہو۔ ۲) اور یہ کہ یسوع مسیح جسمانی طور پر مریم کے رحم سے بر آمد ہوا اور ۳) اور کہ یسوع مسیح اُسی خاص روحانی عنصر کا مرکب ہے تا کہ خدا مزید انسانی تجسم پا سکے۔ یہ بات واضح ہے کہ یسوع مسیح کسی جنسی مباشرت کا نتیجہ نہ تھے بلکہ خدا خالق کا پاک روح مریم پر سایہ کرتا ہے (لوقا ۱:۳۵)۔

مریم جو کہ ماں تھی وہ ایک بھرپور حصہ دار تھیں کہ اُنکے بطن سے یسوع مسیح متولد کی پیدائش ہو۔ اور انہوں نے اپنا تولیدی مواد، اپنا رحم اور بچہ کی افزائش کی جگہ میں اپنا کردار ادا کیا۔ مریم صرف ایک انکیوبیٹر کی طرح نہیں تھی کہ جس میں دوسرا آدم رکھا اور بنایا گیا، اگرچہ یہوواہ باپ ہے اور مریم یسوع مسیح کی ماں ہے، اور یسوع مسیح انسانی روپ میں خدا کا مجسم ہے۔ مریم نہ تو خدا کی بیوی ہیں اور نہ ہی خدا کی ماں۔ یسوع مسیح ایک منفرد ملاپ ہے خدائے خالق کے پاک روح اور مریم کی جسمانیت (مثال کے طور پر مریم کے جسمانی مادہ کے)

اگرچہ کہ پہلا آدم خدائے خالق کے کامل شبیہ پر بنایا گیا تھا۔ لیکن آدم بالکل خدائے خالق کے برابر نہ تھا۔ دوسرے الفاظ میں، پہلا آدم خدا نہ تھا۔ اس کے برعکس یسوع مسیح اُسی خود ساختہ عنصر سے جو کہ خدا جیسا ہے مرکوب ہوا۔ جو کہ ایک منفرد التخلیق، اور خدائے خالق سے روحانی مماثلت کا حامل ہے۔ دوسرے الفاظ میں یسوع مسیح، تھا، ہے اور ہمیشہ خدا کی طرح رہے گا کیونکہ وہ، دراصل، خود خدا ہے۔ پہلا آدم صرف خود ساختہ عنصر سے بنا تھا، برعکس یسوع مسیح اُسی خود ساختہ عنصر سے بطور خدا مرکوب ہوا، جو کہ منفرد انداز میں تجسم پذیر ہوا۔ (یسوع مسیح جو تھا جو ہے اور ہمیشہ خدا رہے گا۔ بے بہرہ کہ اُسکی ہستی کی حالت و کیفیت کیا تھی، کیا ہے اور کیا ہو گی)

یسوع مسیح کے اکلوتے بیٹے ہونے کی درست طریقہ سے وضاحت کرنے کے لیے یوحنا رسُول کی تحریروں کے سیاق وسباق میں لفظ مونوجینیز کو سمجھنا نہایت اہم ہے۔ یسوع مسیح کو بطور "خدا کا کلمہ" بھی جانا جاتا ہے صرف مکاشفہ ۱۹: ۱۳ میں ہی نہیں (یوحنا رسُول نے لکھا) بلکہ یوحنا کی انجیل کے مطابق بھی۔

(۱) ابتدا میں کلام تھا اور کلام خدا کے ساتھ تھا اور کلام خُدا تھا۔ (۲) یہی ابتدا میں خدا کے ساتھ تھا۔ (۳) سب چیزیں اُس کے وسیلہ سے پیدا ہوئیں اور جو کچھ پیدا ہُوا ہے اُس میں سے کوئی چیز بھی اُس کے بغیر پیدا نہیں ہوئی۔ (۴) اُس میں زندگی تھی اور وہ زندگی آدمیوں کا نُور تھی۔ (۵) اور نور تاریکی میں چمکتا ہے اور تاریکی نے اُسے قبول نہ کیا۔ (۱۰) وہ دُنیا میں تھا اور دُنیا اُس کے وسیلہ سے پیدا ہوئی اور دُنیا نے اُسے نہ پہچانا۔ (۱۴) اور کلام مُجسم ہوا اور فضل اور سچائی سے معمور ہو کر ہمارے درمیان رہا اور ہم نے اُس کا ایسا جلال دیکھا جیسا باپ کے اِکلوتے (مونوجینیز) کا جلال۔ (۱۸) خدا کو کسی نے کبھی نہیں دیکھا۔ اِکلوتا بیٹا (مونوجینیز) جو باپ کی گود میں ہے اُسی نے ظاہر کیا۔ (۳۴) چنانچہ میں نے دیکھا اور گواہی دی ہے کہ یہ خدا کا بیٹا ہے۔ (۴۹) نتن ایل نے اُس کو جواب دیا اَے ربی! تو اسرائیل کا بادشاہ ہے۔ (یوحنا ۱: ۱-۵، ۱۰، ۱۴، ۱۸، ۳۴، اور ۴۹)۔

خلاصہ بالعین الوقت کرنے کے واسطے:

۱۔ یسوع مسیح "خدا کا کلمہ" (مکاشفہ ۱۹: ۱۳)
۲۔ خدا کا کلمہ خدائے خالق ہے (یوحنا ۱: ۱)
۳۔ اور کلمہ مجسم ہوا بطور یسوع مسیح خدا کے اکلوتے بیٹے کی صورت میں۔ (یوحنا ۱: ۱۴، ۱۸، ۳۴، ۳۵)
۴۔ یسوع مسیح خدائے مجسم ہے (خدا مجسم)
۵۔ خدا اِس دُنیا میں تھا جس نے دنیا کو بنایا تھا، لیکن دنیا اُسکے عجیب جلال کو تاریکی کی وجہ سے پہچان نہ سکی۔ وہ جلال، جسکی یوحنا، یہوداہ، اور پطرس نے گواہی دی ہے اُس مقام پر جہاں پر ایلیاہ اور موسیٰ پہاڑ پر انکو نظر آئے۔ (یوحنا ۱: ۴، ۵، ۱۰، ۱۴)

اُسکے منفرد تصور بطور خدا کے اکلوتے بیٹے ہونے کی وجہ سے، یسوع مسیح کامل خدااور کامل انسان ہے۔ کوئی اور یہ دعویٰ نہیں کر سکتااور نہ ہی کرنے کے قابل ہوگا، کہ اس واحد درجہ کا حامل ہو۔

قرآن (القرآن) کافی واضح ہے جو اللہ کے خالق ہونے کا مطلب بتاتی ہے (مثال اللہ) اس میں مولودِ واحد (یسوع مسیح) شامل نہیں ہے (قرآنی آیات ملاحظہ فرمائیں جنکو ۱۸اور ۲۹ نمبر دیئے گئے ہیں اِسی باب میں حوالہ کے طور پر)۔ بہر حال، کچھ پڑھے لکھے مسلمان اس بات کو تسلیم کرتے ہیں کہ یسوع مسیح بھی خدا کا بیٹا ہے لیکن اُسی درجہ کا جسکے حامل بائبل مقدس میں موجود دوسرے لوگ ہیں جنکو خدا کے بیٹوں کے نام سے جانا جاتا ہے جن کی تین مثالیں درج ذیل ہیں:

مثال نمبر ا

ا۔ پہلا، کچھ تعلیم یافتہ مسلمان یسوع مسیح پر ایمان رکھتے ہیں کہ وہ خدا کا بیٹا ہے لیکن وہ آدم سے مختلف نہیں ہے، کیونکہ یسوع کو واضح طور پر "خدا کا بیٹا کہا گیا ہے" (لوقا۳:۳۸)

بہر حال، بحث کے جواب میں کہ آدم خدا کا بیٹا تھا، یہ جاننا نہایت ضروری ہے کہ آدم خدا سے پیدا نہیں ہوا تھا، آدم کو خدا نے بنایا تھا بے شکل مادے کیساتھ یا مٹی کے ساتھ (پیدائش ۲:۷)۔ آدم ماں سے پیدا نہیں ہوا تھا۔ یسوع مسیح ہی خدا کا اکلوتا بیٹا ہے۔ اسکا مطلب ہے کہ یسوع مسیح ہی واحد مولودِ مقدس ہے جو خدا کے پاک روح کی رفاقت میں خاتون سے پیدا ہوا۔ خدائے بائبل اُسکا باپ اور مریم اُسکی ماں تھی۔ خدا باپ اور ماں مریم دونوں یسوع مسیح کی پیدائش میں برابر کے حصہ دار تھے۔ یسوع مسیح متجسم بیج سے پیدا ہوئے (مثال کے طور پر نطفہ) جو کہ خدا باپ کی جانب سے فراہم ہوااور رحم (یعنی انڈہ) مریم کی جانب سے فراہم ہوا، اگرچہ نطفہ ہو سکتا ہے کہ وہ متجسم ہو: ۱) بے شکل مادہ سے تھا (مثال " ڈی نوو" لاطینی زبان کا لفظ ہے نئے سرے سے) جسکا مطلب ہے افراتفری سے ہٹ کر (مثال "ایکس نی ہیلو" لاطینی زبان کا لفظ اسکا مطلب تخلیق بغیر المواد) یا۳) جینیاتی مجسم سازی سے، صرف انڈہ ہی مریم سے فراہم ہوا۔ یسوع مسیح کسی عجیب التولید طریقہ سے مریم کے رحم میں داخل نہیں ہوئے۔ اور یسوع مسیح مریم کی یک تولیدی حصہ داری کے بغیر پیٹ میں نہیں پڑے۔

کیونکہ مسیحیت کے بارے میں محمد کی سمجھ رومن کیتھولک ازم کی سطحی نمائش کے جانب سے آئی تھی، مشرقی آرتھوڈوکس ازم، اور مصری مسیحیوں سے ماخذ تھی۔ محمد مکمل طور پر پاک تثلیث کے تین اقنوم سے ناواقف تھا (یعنی خدا باپ، خدا بیٹا اور خدا روح القدس)۔ کیونکہ وہ غیر قوم کی مریم کی بت پرستی موجود تھی، اور ابھی رومن کیتھولک ازم میں موجود ہے، مشرقی آرتھوڈوکس ازم میں اور مصری مسیحیت میں، اور محمد غلطی سے اس نتیجہ پر پہنچا کہ مریم بائبل مقدس میں موجود پاک تثلیث کا تیسرا اقنوم ہے یعنی "خدا ماں" ---خدا باپ اور خدا بیٹا میں مزید اضافہ کرتے ہوئے محمد نے مریم کی تصویر کشی

پاک تثلیث جو کہ مسیحیوں کا خدا ہے کے تیسرے اقنوم کے طور پر کرنے کی کوشش کی۔ جسکاذِکر سورۃ المائدہ(۵) کی ۱۱۶ آیت کے پہلے حصہ میں ملتا ہے۔

وَإِذْ قَالَ ٱللَّهُ يَـٰعِيسَى ٱبْنَ مَرْيَمَ ءَأَنتَ قُلْتَ لِلنَّاسِ ٱتَّخِذُونِى وَأُمِّىَ إِلَـٰهَيْنِ مِن دُونِ ٱللَّهِ ۖ قَالَ سُبْحَـٰنَكَ مَا يَكُونُ لِىٓ أَنْ أَقُولَ مَا لَيْسَ لِى بِحَقٍّ ۚ إِن كُنتُ قُلْتُهُۥ فَقَدْ عَلِمْتَهُۥ ۚ تَعْلَمُ مَا فِى نَفْسِى وَلَآ أَعْلَمُ مَا فِى نَفْسِكَ ۚ إِنَّكَ أَنتَ عَلَّـٰمُ ٱلْغُيُوبِ ﴿١١٦﴾

اور جب اللہ فرمائے گا۔اے مریم کے بیٹے عیسیٰ کیا تو نے لوگوں سے کہہ دیا تھا کہ مجھے اور میری ماں کو دو خدا بنالو اللہ کے سوا۔ عرض کرے گا ناپاکی ہے تجھے۔ مجھے روا نہیں کہ وہ بات کہوں جو مجھے پہونچتی۔ اگر میں نے ایسا کہا ہو تو ضرور تجھے معلوم ہو گا تو جانتا ہے جو میرے جی میں ہے اور میں نہیں جانتا جو تیرے علم میں ہے بے شک تو ہی ہے سب عیبوں کا خوب جاننے والا۔

تصدیق کے واسطے، مریم پرستی (یعنی مریم کی بت پرستی) سے بے بہرہ، جو کہ رومن کیتھولک، مشرقی آرتھوڈکس، اور مصری کلیسیاؤں میں ابھی بھی موجود ہے، مریم کو "خداماں" نہیں سمجھا جاتا یا مسیحیت میں کسی بھی جگہ مریم کو پاک تثلیث کا تیسرا اقنوم بھی نہیں سمجھا جاتا۔ تمام مضبوط مسیحی جانتے ہیں کہ مریم ایک انسان تھی، اور خدا کی بیوی نہیں تھی۔ اور یقیناوہ کبھی بھی خدا کا حصہ نہیں تھی۔ محمد کو یہ بات سمجھ نہیں آئی (اگرچہ محمد کو یہ بات سمجھ نہ آئی، لیکن شیطان جان چکا تھا اور، نتیجتاً، قرآن (القرآن) کو تشکیل دیا تاکہ مسلمانوں کو اور ممکنہ مسلمانوں کو اُلجھانے کے لئے کیا، تاکہ مریم کی حالت اور کردار کو اندھیرے میں رکھا جائے، یسوع کے نظریہ کے بارے میں۔

مثال نمبر ۲

(۲) دوسرے، کئی پڑھے لکھے مسلمان بھی ایمان رکھتے ہیں کہ یسوع مسیح خدا کا بیٹا ہے اور داود بادشاہ میں کوئی فرق نہیں ہے کیونکہ انہوں نے غلطی سے سمجھ لیا کہ زبور ۲:۷ میں جیسا حوالہ ہے داود بادشاہ کو خدا کا بیٹا کہا گیا ہے۔

"میں تو اپنے بادشاہ کو اپنے مقدس پہاڑ پر بٹھا چکا ہوں۔ میں خداوند کے فرمان کا اعلان کروں گا؛ اُس نے مجھ سے کہا؛ تو میرا بیٹا ہے؛ آج تو مجھ سے پیدا ہوا۔ مجھ سے مانگ، اور میں قوموں کو تیری میراث، اور ساری زمین کو تیری ملکیت بنادونگا۔ تو لوہے کے شاہی عصا کی مدد سے اُن پر حکومت کرے گا؛ اور انہیں مٹی کے برتنوں کی مانند چکناچور کر دیگا۔(زبور ۲:۶۔۹)

وہ مسلمان جو سوچتے ہیں کہ زبور ۲ داؤد بادشاہ کا حوالہ دیتا ہے تو وہ غلطی پر ہیں۔ وہ نہیں سمجھتے کہ زبور ۲ جو ہے وہ بادشاہوں کے بادشاہ کے بارے میں نبوتی صحیفہ ہے۔ (یعنی مسیحا کے بارے) یہ داود بادشاہ کے لیے نہیں ہے۔ بالفاظِ دیگر، بادشاہ نے زبور ۲: ۶ میں یسوع مسیح کا حوالہ دیا ہے، اور ۲: ۷ میں اکلوتے بیٹے کا حوالہ دیتا ہے نہ کہ داؤد بادشاہ کا۔ خدا قادرِ مطلق واضح بیان کرتا ہے زبور ۲: ۸، " مجھ سے مانگ، اور میں قوموں کو تیری میراث، اور ساری زمین کو تیری ملکیت بنادونگا۔" عبرانی زبان میں میراث کا مطلب "قومیں" ہیں۔ (دوسری بائبل کے ترجموں میں) "گوتم"، جسکا مطلب "غیر قوم"۔ داود بادشاہ نے پوری دنیا میں غیر قوموں پر حکومت نہیں کی (جو کہ زمین کا خاص حصہ ہے)؛ داود بادشاہ وعدہ کی سرزمین اسرائیلیوں پر حاکم تھا۔ دُنیا کا ایک ہی بچانے والا ہے اور وہ ہے "یسوع مسیح"، جو کہ ساری دُنیا میں آج بھی غیر قوموں پر حکومت کرتا ہے۔ زبو ۲: ۹ اس بات کو یقینی بناتا ہے کہ زبور ۲ سارے کا سارا نجات دہندہ کے بارے میں ہے جو کہ پوری دُنیا میں اُسکی حاکمیت کا حوالہ "لوہے کا عصا" سے ملتا ہے۔ (دیکھئے مکاشفہ ۱۲: ۵ اور ۱۹: ۱۵)۔ مزید سمجھنے کے لیے، جب بھی زبور ۷: ۲ میں بیٹے کا حوالہ آتا ہے جسکا حوالہ (اعمال ۱۳: ۳۳، عبرانیوں ۱: ۵، اور ۵: ۵)، اور یہ یسوع مسیح کے متعلق ہے نہ کہ داود بادشاہ کے متعلق۔

مثال نمبر ۳

(۳) تیسرا، کچھ پڑھے لکھے مسلمان بائبل مقدس کی کئی آیات کی طرف اشارہ کرتے ہیں، تاکہ اس بات کو ثابت کیا جائے کہ یسوع کے علاوہ اور بھی "خدا کے بیٹے" ہیں:

۔۔۔ تو خدا کے بیٹوں نے دیکھا کہ آدمیوں کی بیٹیاں خوبصورت ہیں اور انہوں نے جن جن کو چُنا، اُن سے بیاہ کر لیا۔ (پیدائش ۶: ۲)

مسلمان "خدا کے بیٹوں" کے جملے کا مطلب نہیں سمجھتے یہاں فرشتوں کی بات کی گئی ہے، جنہوں نے پہلے اپنی جنت کی میراث چھوڑی، تاکہ انسانوں سے جنسی مباشرت کریں۔ (یہودہ کے خط اور اُسکی ۶ آیت میں دیکھیں)۔ وہ یہ بات سمجھنے سے قاصر ہیں کہ "خدا کے بیٹوں" کا جملہ نئے عہد نامہ میں (یوحنا ۱: ۱۲؛ رومیوں ۸: ۱۴ اور ۱۹؛ فلپیوں ۲: ۱۵ اور ا۔ یوحنا ۳: ۱ اور ۲)۔ اُن لوگوں کا حوالہ دیتے ہیں جو کہ یسوع مسیح کے "وارث" ہیں۔ (یا اُس کے ہم میراث ہیں) اپنے ایمان کے وسیلہ سے اُسکے کفارہ دینے والی قربانی سے۔

عقلمند لوگوں کے لیے جو مسلمانوں سے "خدا کے بیٹے" کے بارے بحث کریں گے:

آپ میں سے کچھ مسلمانوں کے ساتھ اس بحث میں پڑ جائیں گے بغیر یاد رکھے کہ آپکو اُن لوگوں سے طعنہ ملے گا جو سمجھتے ہیں کہ اُنکو سب کچھ معلوم ہے۔ مہربانی فرما کر سمجھیں کہ، بیشتر مسئلوں میں، آپ کو اُنکے ذہن بدلنے میں کامیابی نہ ملے گی۔ بد قسمتی سے، آپ کی بحث ایک مایوس کن فکری بحث کے

طور پر ختم ہو جائے گی۔ بیشتر پڑھے لکھے مسلمان جو کہ جنگجو اور محلق ہیں آپ سے ایسے سوالات پوچھیں گے اس اُمید کے ساتھ کہ آپ اُن صرف ایک نقطہ الوہیت پر اُنکے ایمان کے نظام میں متفق ہو جائیں۔ تا کہ وہ حتمی طور پر آپ کو اپنے مکمل سوچنے اور سمجھنے کے طریقہ سے جیت سکیں۔

اگر آپ اپنے مباحثہ (مناظرہ) کے فن کو مزید نکھارنا چاہتے ہیں اور مسیحی جواب دینے کی خاصیت کو بڑھانا چاہتے ہیں، جو کافی اچھی وجوہات کے حامل ہیں کہ مسلمانوں کے ساتھ مناظرہ کر سکیں۔ بہر حال، (مندرجہ ذیل کے بارے میں بھولے بھالے نہ رہیں۔۱) مسلمانوں کا یسوع مسیح کی حقیقی فطرت کے بارے سیکھنے کے بارے رضامند نہ ہونا؛اور ۲) شائد آپ کے وقت، کوشش اور توانائی کی ممکنہ نتائج حاصل ہوں۔
بچائے جانے کے لئے، لوگوں کو صرف یہ ایمان نہیں لاسکتے کہ یسوع مسیح موجود تھا۔ لوگوں کو ضرور ہے کہ یسوع مسیح خدا کا اکلوتا بیٹا ہے اور چاہیے کہ اُسے اپنا شخصی نجات دہندہ قبول کریں۔ اسی لئے "کفر کے نام" مکاشفہ ۱۳ باب میں لکھے ہیں۔ (اس کتاب کا پانچواں باب دیکھیں) بائبل کے خدا کے خلاف کفر کرنے کے مترادف ہے۔ اسکو یہ بتانا کہ اسکا اکلوتا بیٹا نہیں ہو سکتا۔ بائبل مقدس کے خدا کا غضب اُن پر آجاتا ہے جو اُسکو کہتے ہیں کہ اُسکا اکلوتا بیٹا نہیں ہو سکتا اور اُن پر جو یہ کہتے ہیں کہ یسوع مسیح خدا کا اکلوتا بیٹا نہیں ہے۔

باپ بیٹے سے محبت رکھتا ہے اور اس نے سب کچھ بیٹے کے حوالہ کر دیا ہے۔ جو بیٹے پر ایمان لاتا ہے وہ ہمیشہ کی زندگی پاتا ہے۔ لیکن جو بیٹے کو رد کرتا ہے وہ زندگی سے محروم ہو کر خدا کے غضب میں مبتلا رہتا ہے۔ (یوحنا ۳: ۳۵۔۳۶)

جہاں تک اُن لوگوں کی بات ہے جو شعوری طور پر یسوع مسیح کو رد کرتے ہیں اور اسے یہوواہ خدا کا اکلوتا بیٹا ہے اور خدائے مجسم ہے، وہ اپنے آپ کو یہوواہ خدا کے غضب کی لعنت کے زیرِ اثر لاتے ہیں۔ (اسکا غضب برحق) نہ صرف جب تک وہ زمین پر ہیں بلکہ ابدیت میں بھی۔ بہر حال، اُس دوران جب تک روحیں جسمانی حالت میں ہیں۔ (مثال کے طور پر انسانی جسم) اُنکے پاس ابھی بھی موقع ہے (صرف ایک موقع ہی نہیں) بلکہ وہ اپنے اوپر سے یہوواہ کی لعنت کو ختم کر سکتے ہیں ۱) یسوع مسیح کو یہوواہ کے اکلوتے بیٹے اور خدائے مجسم کو قبول کر کے۔ اور ۲) کلوری میں صلیب پر اُسکی قربانی کو قبول کر کے واحد قربانی جو خدا باپ کے حضور اُنکی بدی اور گناہوں کیلئے قابلِ قبول کفارہ ہے۔ تا کہ وہ اِن کی بدکرداری اور گناہوں کا کفارہ جو واجب الادا قرض کی معافی کی صورت میں ادا ہو۔

شیطان اور اسکے موکلات اس بات کو بُرا نہیں سمجھتے کہ وہ ۱) یسوع کو دیگر نبیوں میں سے ایک نبی مانیں؛ ۲) کہ یسوع مسیح کنواری (مریم) سے پیدا ہوا؛ ۳) یسوع مسیح اسرائیل کا نبوت شدہ مسیحا ہے؛ ۴) یسوع مسیح معجزات کا کرنے والا ہے اور ۵) یسوع مسیحا اپنی آمدِ ثانی پر مخالفِ مسیح کو شکست دے گا، یا جھوٹے مسیحا کو (دجال) ۔ بہر حال شیطان اور اسکے موکلات یہ نہیں چاہتے کہ زمین پر لوگ اس بات کو سیکھیں ۱) یسوع مسیح خدا کا اکلوتا بیٹا ہے؛ ۲) یسوع مسیح خدا کا واحد بدن میں مجسم ہے۔ ۳) یسوع مسیح کل عالم کے لیے نجات دہندہ ہے؛ اور ۴) یسوع مسیح ہمارا شخصی نجات دہندہ ہے۔۔۔۔ یہ چاروں نظریات ظاہراً و باطناً بار بار نئے عہد نامہ میں بیان کئے گئے ہیں۔

پچھلے پیرا گراف میں دیئے گئے چار نظریات سے انکاری انسانوں سے رابطہ کرتے ہوئے، شیطان مسیحیوں کو پختہ کرنے میں مدد دیتا ہے کہ علمِ الوہیت کے تمام نظریات، جو کہ یہ چار نظریات ہیں بے حد مضبوط ہیں اُن لوگوں کے لیے جو زمین پر جانناچاہتے ہیں۔ یہ کیوں اتنے طاقتور اور مضبوط ہیں؟ وہ شیطان کو اُسکے عزم سے دھمکاتے ہیں کہ وہ انسانوں کی نجات کو اُن سے چھپا کر نہ رکھے۔ اور اسطرح یہوواہ کی بحالی کو اُن سے چُرا نہ سکے جو گرائے گئے فرشتوں (مخلوق) سے چرا سکے۔

یقیناً اگرچہ شیطان تمام انسانیت کا دشمن ہے، شیطان ہی ہمارا ابلا واسطہ دشمن بھی ہے؛ شیطان کا سچ یہ ہے کہ وہ یہوواہ جو کہ بائبل کا خدا ہے اسکا دشمن ہے۔ اسی وجہ سے کہ شیطان یہوواہ کو اُسکی مخلوق سے چرانا چاہتا ہے، اور شیطان، یہوواہ خدا کو اُسکے تخت سے ہٹانا چاہتا ہے اسکے کائناتی تخت سے اُسے ہٹانا چاہتا ہے جہاں اسکا اقتدارِ اعلیٰ ہے۔

سب کچھ جو شیطان نے اپنے گرائے جانے کے بعد کیا وہ صرف یہ خواہش تھی کہ وہ یہواہ خدا، خدائے خالق کو اسکی مخلوق سے چرا لے۔ اور خدائے قدوس کو اُسکے تخت سے ہٹا دے۔ اور خدائے خالق کو اُسکے کائناتی اختیار سے معذول کر دے۔ حتمی طور پر، شیطان ساری تاریخ میں وہ کوشش کرتا رہا ہے کہ ۱) سارے یہودیوں کو مار ڈالے، ۲) تمام مسیحیوں کو مار ڈالے، ۳) مسیحی اور یہودیوں کی گواہیوں کو جھٹلا دے، ۴) اور مضبوطی سے مخالفِ مسیح کے مذہب اسلام کو ساری دنیا میں کو فروغ دے اور ۵) دُنیا کے تمام لوگوں کو شک میں ڈالے کہ نیا اور پرانا عہد نامہ تبدیل شدہ ہے۔ اور یسوع مسیح کے وسیلہ سے نجات کے پیغام یعنی انجیل کو جھٹلا سکے۔ کہ یسوع مسیح خدا کا اکلوتا بیٹا ہے اور خدائے مجسم ہے۔

اگلے باب میں داخل ہوتے ہوئے، قارئین کے لئے یہ یاد رکھنا انتہائی ضروری ہے کہ یسوع مسیح ہی خدائے مجسم ہے۔ اسی لئے یسوع مسیح کی پرستش ہوتی ہے، یسوع نے کہا، "میں الفا اور اومیگا ہوں، شروع اور آخر، ابتدا اور انتہا" (مکاشفہ ۲۲:۱۳)۔ بائبل متفقہ زبان میں کہنا "میں اوّل اور آخر ہوں" یہ کہنے کے برابر ہے کہ "میں خدا ہوں"۔ مثال کے طور پر (یسعیاہ ۴۱:۴)، بائبل کا خدا فرماتا ہے: یہ کس نے کیا اور ابتدائی پشتوں کو طلب کر کے انجام دیا؟ میں نے یعنی خداوند نے جو اوّل ہے اور آخر بھی، میں وہی ہوں۔ اور (یسعیاہ ۴۴:۶) میں خدا بیان کرتا ہے "خداوند، اسرائیل کا بادشاہ اور اُس کا فدیہ دینے والا، ربّ الافواج یوں فرماتا ہے؛ میں ہی اوّل اور میں ہی آخر ہوں؛ میرے سوا کوئی خدا نہیں۔" شائد غیر مسیحیوں کے لئے دونوں ہی نظریات کو سمجھنا نہایت مشکل ہے۔ ۱) یسوع مسیح میں، خدائے خالق، مسیح کے بدن میں رہتا ہے؛ اور ۲) خدائے خالق نے یسوع مسیح کی جسمانی صعود کو ممکن بنایا جب وہ مردہ تھا۔

☆☆☆☆☆

باب چہارم
کیسے یہ سب اکٹھا ہوتا ہے

حیوان کا نشان،نام اور عدد

مسیحیت کا مرکز، ابدی نجات کاعلم ہے جو کہ یسوع مسیح کے خون کا فدیہ ہے، تاکہ ہمارے گناہ اور قصورمٹ جائیں جوہم نے بائبل کے خدا کے خلاف کئے ہیں۔یقیناً، خدا کے برہّ کی قربانی ہمیں ہمارے اپنے بوجھوں اور فرائض سے سبکدوش نہیں کرتی۔نہ ہی یہ ہمارے لئے پولُس رسُول کی ہدایت کو دور کرتی ہے کہ ''ڈرتے اور کانپتے ہوئے اپنی نجات کے کام کرو''

(فلپیوں۲:۱۲)

یسوع نے جوہمیں خدا باپ سے ملوانے کے لیے کیا تاکہ ہمیں معافی ملے(اُسکے ساتھ رفاقت کی بحالی ،اُ کی اپنی ذات کیساتھ)اسکے فضل سے، خدا کی ہمارے لیے غیر مستحق حمایت۔کلوری میں یسوع مسیح نے تمام آزمائشوں کا مقابلہ کرتے ہوئے آزمائش لانے والے پر(شیطان) پردائمی فتح حاصل کرلی۔اپنی جان کوقربان کرتے ہوئےجو اُس میں تھی ہمارے یسوع نے اُن سب کے لیے جو اُس پر ایمان رکھتے ہیں بہت سے روحانی تحائف لایا ہے۔اُس نے ہمیں اپنے خالق کی طرف جانے کے لئے راستہ بنایا ہے۔یہ کہنا کہ یسوع مسیح فانی ہے تو یہ کہنا سچ دوری ہے۔یہ کہنا کہ یسوع خدا کا اکلوتا بیٹا نہیں تھا یہ بھی جھوٹ اور کفر ہے۔اور یہ کہنا کہ یسوع مسیح ہمارے گناہوں کے لئے نہیں مواء، بڑابگاڑ ہے۔

کون جھوٹا ہے؟ صرف وہ شخص جو یسوع کا انکار کرتا ہے کہ وہ مسیح ہے؟ وہ مخالفِ مسیح ہے جوباپ اور بیٹے سے انکار کرتا ہے۔

کون جھوٹا ہے سوا اُسکے جو یسوع کے مسیح ہونے کا اِنکار کرتا ہے؟ مخالفِ مسیح وہی ہے جو باپ اور بیٹے کا انکار کرتا ہے۔جو کوئی بیٹے کا انکار کرتا ہے اُس کے پاس باپ بھی نہیں۔جو بیٹے کا اقرار کرتا ہے اُس کے پاس باپ بھی ہے۔(ا۔یوحنا۲:۲۲۔۲۳)

خدا کے روح کو تُم اِس طرح پہچان سکتے ہو کہ جو روحِاقرار کرے کہ یسوع مسیح مجسم ہو کر آیا ہے وہ خدا کی طرف سے ہے۔ اور جو کوئی روح یسوع کا اقرار نہ کرے وہ خدا کی طرف سے نہیں اور یہی مخالفِ مسیح کی روح ہے جس کی خبر تُم سُن چکے ہو کہ وہ آنے والی ہے بلکہ اب بھی دُنیا میں موجود ہے۔

(ا۔یوحنا۴:۲۔۳)

جو خدا کے بیٹے پر ایمان رکھتا ہے وہ اپنے آپ میں گواہی رکھتا ہے۔جس نے خدا کا یقین نہیں کیا اُس نے اُسے جھوٹا ٹھہرایا کیونکہ وہ اُس گواہی پر جو خُدا نے اپنے بیٹے کے حق میں دی ہے ایمان نہیں لایا۔(ا۔یوحنا۵:۱۰)

کیونکہ بہت سے ایسے گمراہ کرنے والے دُنیا میں نکل کھڑے ہوئے ہیں جو یسوع مسیح کے مجسم ہوکر آنے کا اقرار نہیں کرتے۔ گمراہ کرنے والا اور مخالفِ مسیح یہی ہے۔(۲۔یوحنا۷آیت)

اچھے پڑھنے والوں پر یہ بات عیاں ہونی چاہیے کہ محمد نے بہت کوشش کی کہ یسوع مسیح کی زندگی کو گنہگاروں کے لئے بے اثر کردے۔سچ ہے، محمد،اُن میں سے ایک ہے جنہوں نے خدا کے اکلوتے بیٹے کوبدنام کرنے کی کوشش کی۔بہر حال، محمد ،بہتیرے مخالفینِ مسیح میں سے واحد مخالفِ مسیح نہیں ہے۔بائبل مقدس کی نبوت اسکی گواہی کو ظاہر کردیتی ہے کہ آخری زمانوں میں مخالفِ مسیح رونما ہوگا۔

مکاشفہ کی کتاب کے تیرہویں باب میں لکھا ہے:

حکمت کا یہ موقع ہے۔جو سمجھ رکھتا ہے وہ اِس حیوان کا عدد گن لے کیونکہ وہ آدمی کا عدد ہے اور اس کا عدد چھ سو چیاسٹھ ہے (۶۶۶) ۔(مکاشفہ۱۳:۱۸)

یہاں پر حیوان سے مراد اسلامی ریاستوں کا اکٹھ ہے جو کہ اخیر زمانہ میں شکل اختیار کریں گی۔وہ آدمی محمد ہے.... جسکی شناخت قدیم عبرانی سائنس سے چلی آرہی ہے جنکو علم الاعداد سے کسی شخص سے منسوب کیا جاسکتا ہے۔اس علم میں ، لفظ کی قدر کا احاطہ انفرادی حروف کے مساوی اعداد کو شامل کرنے سے کیا جاتا ہے جو اِسے مل کر بناتے ہیں۔

فوراً .مندرجہ ذیل جدول نمبرا...ان پانچ اقدام کی پیروی کرتے ہوئے کہ محمد کی شناخت کریں کہ اُسکا عدداُس حیوان کے عدد اور نام سے ملتا ہے،

مکاشفہ۱۳:۱۸:

محمد کی سادہ ترین صوتی نقل یہ ہے:

(۱) م او ح اے م ای د
قدیم عبرانی میں ان آوازوں کے قریب ترین جوڑ یہ ہیں: (۲) میم واؤ ہے الف میم یود ڈیٹ
یوحنا کی رویا میں لفظ محمد کے مناسب حرف کو اس طرح پیش کیا گیا ہے۔ (۳) ד י מ א ה ו ם
(۴) ۴(4) ١٠(10) ۴٠(40) ١(1) ٥(5) ٦(6) ٦٠٠(600)
(۵)ان پر دیے گئے اعداد کا مجموعہ ٦٦٦ ہے یا "چھ سو چھیاسٹھ ہے"-(مکاشفہ ۱۳:۱۸)

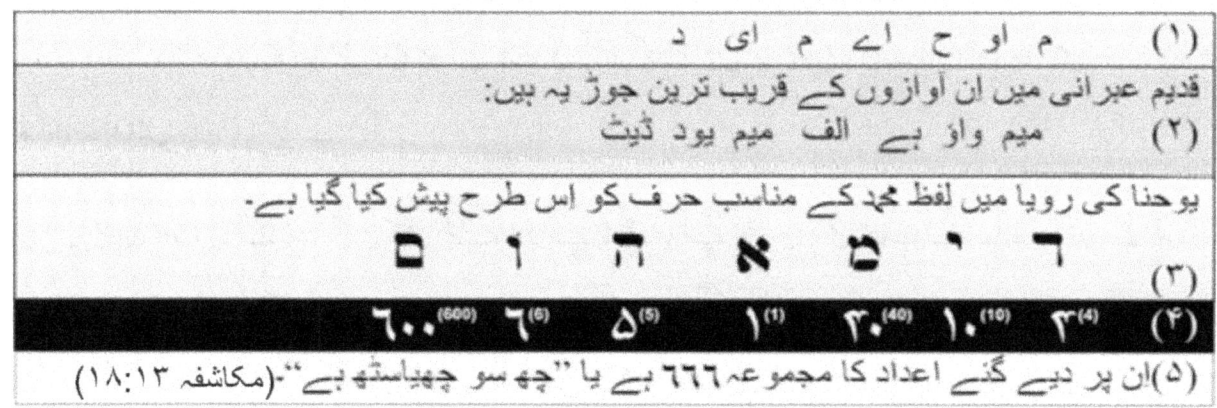

جدول نمبر ا

خلاصے کے طور پر ۶۶۶ کے عدد کودوسری زبانوں میں سمجھنے کے لیے اس زبان کی ترتیب پر منحصر ہے۔(مثال کہ طور پر اُسکا شکل تبدیل کرتا ہوا کوڈ یا اُسکا اُلٹ) جو کہ پچھلے حرف سے ملتا ہے (اس صورت میں، عبرانی زبان میں محمد کے لفظ کو اُلٹا لکھا

جائے گا۔) اور اسکا ریاضیاتی عدد(اس صورت میں ، جب اسکا نعم البدل ہندسہ عبرانی لفظ کے اُلٹ کردیا جائے تو اسکامیزان(ٹوٹل)۶۶۶ہوتاہے)۔

(برائے مہربانی اپینڈکس اے کو پڑھیئے ، اور ۶۶۶ کے بارے مزید معلومات کے لیے کہ دوسری زبان میں اسکو کیسے پرکھا جاسکتا ہے اسکی عددی قدر اور قیمت کے ساتھ۔)

جب آپ اِسکے بارے میں سوچنا بند کردیں گے تو سب کچھ درست ہوجاتا ہے:(۱) کہ "اُس نے کہا کہ چوتھا حیوان دُنیا کی چوتھی سلطنت ہے جو تمام سلطنتوں سے مختلف ہے اور تمام زمین کو نگل جائے گی اور اسے لتاڑ کر ٹکڑے ٹکڑے کردے گی۔"(دانی ایل ۲۳:۷)۔ مسلمان قوم، اپنی تمام تر مملکتوں سے جو کہ معدنی تیل کی دولت سے مالا مال ہیں، اور زیادہ طاقت پیدا کریں گے کہ کبھی کسی دوسری مشہور زمینی بادشاہت نے نہیں پائی۔(۲) کہ آخر زمانہ کاحاکم "وقت بدلنے کی سوچے گا"۔(دانی ایل ۲۵:۷)اسلامی دور یعنی حجری یااسلامی کیلنڈر، ہجرت محمد ، مکہ سے مدینہ جانے کا ایک جبری سفر ہے ۶۲۲عیسوی میں۔(۳) کہ آخری زمانہ کا حاکم "عورت کی خواہش "کو خاطر میں نہ لائے گا"(دانی ایل ۳۷:۱۱)؛ شریعت یعنی اسلامی قانون، اس بات کی وضاحت کرتا ہے کہ عورت کی قدر بھیڑ بکریوں سے کچھ ہی زیادہ ہے۔اوروہ مردوں کی جائیداد ہے(۴) اورکہ لوگ "اس حیوان کا نام" لیں گے۔(مکاشفہ ۱۷:۱۳)؛ آج "محمد " کا لفظ دنیا میں بہت مقبولیت پارہا ہے۔لوگ محمد اور اس نام کی دوسری صورتوں (مثال کے طور پر محمود اور احمد) کسی اورلفظ کے بجائے اپنے ناموں سے جوڑ رہے ہیں۔

ایسے آخری دور کے مسلمانوں کا کیا حشر ہوگا جو اس بات کی تشہیر کرتے ہیں کہ یسوع مسیح خدا کا اکلوتا بیٹا نہیں ہے؟ اُنکا حشر (مکاشفہ۱۴:۹۔۱۱)میں بیان کیا گیا ہے:

جو کوئی اس حیوان اور اُس کے بُت کی پرستش کرے اور اپنے ماتھے یا اپنے ہاتھ پر اُسکی چھاپ لے لے۔ وہ خُدا کے قہر کی اُس خالص مَے کو پیئے گا جو اُس کے غضب کے پیالے میں بھری گئی ہے اورپاک فرشتوں کے سامنے اور برّہ کے سامنے آگ اور گندھک کے عذاب میں مبتلا ہوگا۔اور اُن کے عذاب کا دھواں ابدالآباد اُٹھتا رہے گا اور جو اُس حیوان اور اُس کے بت کی پرستش کرتے ہیں اور جو اُسکے نام کی چھاپ لیتے ہیں اُنکو رات دن چین نہ ملے گا۔(مکاشفہ۱۴:۹۔۱۱)

وضاحت کے واسطے، ماتھے پر نشان جسمانی وضاحت کے طور سے اسلام کے خدا کی پوجا کرنا ہے اور جو "ہاتھ پر نشان" جسمانی طور پر واضح کرتا ہے کہ اسلام کے لئے بلواسطہ یا بلاواسطہ کام کرنا۔اور "ماتھے"اور "ہاتھ" کی جسمانی زبان ہمیں یاد دلاتی ہے

کہ دو طرح کے عہد ہوتے ہیں(مثال کے طور پر پرستش اور خدمت) تافلین یعنی تعویزات(واحد تافلا یعنی تعویز) جو بائبل کا خدا یہودیوں سے باندھنے کا تقاضا کرتا ،اور جو پرانے عہدنامہ میں مرقوم ہے:

اِس لئے میری اِن باتوں کو تُم اپنے دِل اور اپنی جان میں محفوظ رکھنااور نشان کے طور پر اِنکو اپنے ہاتھوںپر باندھنا اور وہ تمہاری پیشانی پر ٹیکوں کی مانند ہوں۔

(استثنا۱۱:۱۸)

ماتھے پر تافیلا کا نشان ظاہر کرتا ہے(۱) خدا کو یاد رکھنے کو(۲) خدا سے بات چیت کو(۳)خدا کی پرستش کو۔اور ہاتھ پر باندھا گیا تافیلا ظاہر کرتا ہے: خدا کی خدمت کرنا ، یا خدا کے لئے کام کرنا۔چنانچہ ،یہودیوں کے لئے، ماتھے اور ہاتھ دو جگہیں تھیں جہاں پر اُنکو تافیلن یا ایسی چیز جو خوش قسمتی لاتی ہے ،باندھنا ہوتی تھیں۔جس پر کم از کم استثناء کے چھٹے باب کی مندرجہ ذیل دو آیات مرقوم تھیں:

خداوند ہمارا خدا ایک ہی خداوندہے۔تُو اپنے سارے دل اور اپنی ساری جان اور اپنی ساری طاقت سے خداوند اپنے خدا سے محبت رکھ۔

(استثنا۶:۴۔۵)

ہم جسکی بھی اور جیسے بھی پرستش کرتے ہیں، حتمی طور پر ہم اُسکے بن جاتے ہیں۔باالفاظِ دیگر، جسکی بھی ہم پرستش کرتے ہیں وہ ہماری شناخت بن جاتا ہے۔اگر ہم ''اس جہان کے خدا کی'' پرستش کرتے ہیں کافی لمبی ہے(۲۔کرنتھیوں۴:۴) پھر ہماری شناخت ہمیشہ کے لیے گُم ہوجاتی ہے اورہماری شناخت صرف اس دیوتا میں مدغم ہوجاتی ہے۔اور اگر ہم اپنے پورے دل،جان،عقل اورطاقت سے خداقادرِ مطلق کی پرستش کرتے ہیں ، تو ہماری شناخت کلی طورپر،بھرپور اندازمیں ،کاملیت اور ابدی انداز میں خدا میں محو"ہوجاتی ہے۔

جسکی ہم پرستش کرتے ہیں ہم اُسکے ہی بن جاتے ہیں کیونکہ ہم اس میں ڈھل جاتے ہیں اسکے رنگ میں رنگے جاتے ہیں اور اُسکی خوشبو ہماری پہچان بن جاتی ہے۔یقیناً، ہم خدا تو نہیں بن جاتے، لیکن وہ ہمارے اندر اپنے پاک روح کے وسیلہ سے سما جاتا ہے۔بجائے کہ یسوع مسیح کو اپنی پہلی منزل ہونے کے طور پر مشتہر کیا جائے کیونکہ ہم صرف اور صرف اس کی پرستش کرتے ہیں ، خدا کی حقیقت میں کوئی ایسی اہم ترین چیز نہیں ہے جب ہماری ہستی کا ہر ایک پہلو یسوع مسیح کے ساتھ اور اُس کے ذریعے ہوتا ہے۔

شکلی ترجمہ کے طور پر ''ماتھا'' اور ''ہاتھ''مزید نشانوں سے بچاتے نہیں ہیں۔جیسا کہ مہرشدہ نشان ہوتا ہے، کارکن کا شناختی کارڈ ہوتاہے، ورک پرمٹ یا ویزہ ہوتاہے، کتابچہ(ریکارڈ)، ٹیٹوز(مہندی کی طرح)، ڈیجیٹل انکوڈنگ، نہ نظر آنے والی مائیکرو چِپس، جسم

پر نظر آنے والا چھید، انگلیوں کے نشان،آنکھ کو سکین کرنا اور اللہ ، اسلام اور نام نہاد ''لوحِ قرآنی''(محمد) کے لیے لکھی یا بولی گئی تشریحات جن کا تقاضا کیا جاتا ہے۔
موجودہ نشانات کے متعلق مثالیں جن سے اسلام کے خداکے ساتھ تعلق اور قربانی ظاہر ہوتی ہے چاند اور ستارہ کا نشان ہے اور عربی کی ''حلال'' کی مہر بھی۔

حیوان کے عدد کا نشان---جدول

حلال کی مہر کے ساتھ گوشت کا مطلب ہے کہ یہ گوشت اسلامی شریعت کے مطابق تیار کیا گیا ہے، اس لئے ، یہ جھوٹے خدا(اللہ) کے لیے قربانی کے طور پر تیار ہوتا ہے جو مسلمان کسائی تیار کرتے ہیں جو کہ بھیڑ بکریوں کو ذبح کرتے ہیں۔پوری دنیا میں بیشتر کسائی مسلمان ہیں اور وہ اپنے طریقے سے جھوٹے خدا (اللہ) کے لئے جانوروں کو ذبح کرتے ہیں۔اس سے پیشتر کہ وہ گوشت بازاروں اور لوگوں اور جہازوں کے ذریعے مختلف مقامات پر بیچا جائے۔وہ یہ بسم اللہ (شروع اللہ کے نام سے) پڑھ کر ایسا کرتے ہیں۔ایک دفع اللہ ہو اکبر(یعنی اللہ سب سے بڑا معبود ہے) کہتے ہیں اور قربانی کرنے کی مد میں یہ تین بار کہا جاتا ہے۔اس طریقہ سے ، یہ نہ جانتے ہوئے ،بیشتر یہودی اور مسیحی یہ گوشت کھاتے ہیں جو کہ ایک بت کے نام سے گزارانا گیا ہوا گوشت ہے۔خاص طور پر جھوٹے معبود جو اللہ کے نام سے جانا جاتا ہے۔(کسی کے پاس یہ بُت ہو سکتا ہے بغیر کسی مجسمہ کے،علامت یا نشان کے)

جہاں تک مسیحیوں کا یہ قربانی کا گوشت یا اس سے بنی اشیا کھانے کا تعلق ہے جو کہ ایک بُت کے لیے قربان کیا گیا ہے، بے حد اہم نقطہ ہے کہ مسیحیت میں کئی فیصلے شعور پر مبنی ہوتے ہیں۔مثال کے طور پر ۱) مسیحیوں کو اس بات کا فیصلہ کرنا ہوتا ہے کہ وہ جنگ یا لڑائی میں حصہ لیں گے یا نہیں۔۲) مسیحیوں کو اس بات کا بھی فیصلہ کرنا ہوتا ہے کہ وہ الکوحل آمیز شدہ مشروبات کا استعمال کریں گے یا نہیں۔۳) مسیحیوں کو اس بات کا فیصلہ بھی کرنا ہوتا ہے کہ کیا وہ کسی کو اپنے اور اپنے خاندانوں کے دفاع کے لیے قتل کرنے پر آمادہ ہوتے ہیں یا نہیں اور ۴) مسیحیوں کو یہ فیصلہ بھی کرنا ہوتا ہے کہ کیا وہ بتوں کی قربانی کا گوشت کھائیں گے یا نہیں۔بہر حال ہمارے خدائے خالق چاہتا ہے کہ ہم بڑے دھیان سے ان کا انتخاب کریں تاکہ وہ ہمارے لئے قابلِ دفاع ہوں اور ہم اس سے خدا کی خوشنودی بھی حاصل کر سکیں۔

مصنف نہیں چاہتا کہ وہ کسی کو اُسکے اپنے انتخاب کرنے کی صلاحیت سے دور لے جائے۔ بہر حال، مندرجہ ذیل ہدایات دی گئی ہیں مسیحیوں کے لئے کہ آیا وہ بتوں کی قربانی کا گوشت کھائیں یا نہ کھائیں۔ ۱) پولُس رسُول نے بیان کیا "مگر خبر دار رہو، ایسا نہ ہو کہ تمہاری یہ آزادی کمزور ایمان والوں کے لیے ٹھوکر کا باعث بن جائے۔ (۱ کرنتھیوں ۹:۸) ۔ دوسرے الفاظ میں، مسیحیوں کو منفی طریقے سے دوسروں کے ساتھ اپنے تعلقات کو استوار نہیں کرنا چاہیے یا پھر اُنکو اسطرح آزمانہ نہیں چاہیے کہ وہ بے آرام محسوس کریں۔ ۲) اعمال ۱۵: ۲۸ ۔۲۹ بتاتا ہے کہ پاک روح نے اور ہم نے مناسب سمجھا کہ اِن ضروری باتوں کے علاوہ تم پر کوئی اور بوجھ نہ لادیں۔ پس تم بتوں کی قربانیوں کے گوشت سے، لہو سے، گلا گھونٹے ہوئے جانوروں سے اور حرامکاری (بغیر شادی کے مباشرت) سے پرہیز کرو۔ ان چیزوں سے دور رہنا تمہارے لئے بہتر ہوگا۔

اعمال کی کتاب میں یہ دو آیات بیان کی گئی ہیں جو کہ اُس وقت لکھی گئیں جب یہودی نو مرید مزید کوششوں میں لگے ہوئے تھے جو کہ غیر قوموں کے لئے ان کے پاس ہونا ضروری تھیں، جب وہ مسیحی ہو گئے تھے۔ کئی یہودی مسیحی چاہتے تھے کہ غیر قوم کے مرد ختنہ کروائیں اور ساتھ ساتھ صفائی ستھرائی کے کھانے پینے کے شرعی اصولوں کو بھی اپنائیں جو کہ پرانے عہد نامے کی لاویوں کی کتاب میں درج ہے۔ بہر حال اس وجہ سے کہ غیر اقوام مسیحی ہونے سے گھبرا نہ جائیں، یہودی مسیحیوں نے یہ فیصلہ کیا کہ سادہ چیزوں کی فہرست تیار کی جائے تاکہ غیر قوم مسیحی ایسے کام نہ کریں تاکہ غیر مسیحی یہودیوں پر بُرا اثر نہ پڑے جب وہ غیر قوم مسیحیوں کو دیکھیں۔ مثال کے طور پر جیسا کہ غیر قوم مسیحیوں کو یہ نصیحت کی گئی کہ بتوں کی قربانیوں کا گوشت نہ کھائیں کیونکہ غیر مسیحی یہودی اسکو جاہلانہ عمل اور غیر مذہبی جانیں گے اور اسکے نتیجہ میں ہو سکتا ہے کہ وہ مسیحیت کو قبول نہ کریں۔

حتمی تجزیہ میں، جہاں تک بتوں کی قربانیوں کے گوشت کی بات ہے (بشمول جھوٹے خدا اللہ) ، ہر ایک کو خود فیصلہ کرنا ہے کہ اُسے کیا کرنا چاہیے۔ اگر کوئی آپ کو کہے کہ ضرور ہے کہ یہ کریں یاوہ کریں اس معاملہ کے سلسلہ میں اور آپ کو اپنے بس میں کرنا چاہے اور خدا کی وہ آزاد مرضی جو آپ کو دی گئی ہے اُسے چھیننا چاہیے۔ تو یہ سراسر آپکی آزاد مرضی ہے جو خالق خدا نے آپ کو دی گئی ہے تو آپکو خود فیصلہ کرنا ہے۔

نامور خدا بمقابلہ بے نام دھوکے باز

اسلام کے خدا "اللہ" جسکا مطلب ہے "معبود" ہے۔ اس بات کی شناخت نہیں کرتا جسکا قرآن حوالہ دیتا ہے۔ کیونکہ صرف یہودی اور مسیحی اُسکو خالق "خدا" پکارتے ہیں تھیوس، ڈیوس، یا ایل اسکا یہ مطلب نہیں ہے کہ وہ بائبل کے خدا کا نام نہیں جانتے۔ یہودیوں اور مسیحیوں کے خدا نے اپنی شناخت موسیٰ (موشے) سے کروائی، جب موسیٰ نے خدا سے پوچھا، " میں کیا کہوں کہ کس نے مجھے بھیجا ہے؟"۔

جب موسیٰ نے خدا سے اسکا نام پوچھا تو خدا نے جواب دیا، "میں ہوں جو میں ہوں"، عبرانی زبان میں (آئی آشیر آئی) ،

EYEH[H۱۹۶۱] ASHER[H۸۳۴] EYEH[H۱۹۶۱]

EYEH [H۱۹۶۱] "اسرائیل کے بچوں کو کہہ کہ "میں ہوں" یا

EYEH [H۱۹۶۱]

Quran: Testimony of Antichrist القرآن :مخالف مسیح کی گواہی

فرماتا ہے، کہ اُس نے تجھے بھیجا ہے"۔(خروج ۳:۱۴)۔اس بات سے بالا تر کہ اسکا تلفظ کیسا تھا، بائبل مقدس کا سب سے مقدس نام جو خدا کے لیے استعمال ہوتا ہے وہ "یہوواہ

YHWH [H۳۰۶۸]

جسکا عام تلفظ یہوواہ، یاہوے، اور یاہوواہ ہے، اور یہوواہ آئی

EYEH [H۱۹۶۱]

سے ماخوذ ہے۔یہوواہ نام یہودیوں میں بے حد مقدس گردانا جاتا ہے، اس نام کو لینے کے بجائے ، وہ اسکا نعم البدل نام یعنی ادونائی لیتے ہیں (یعنی مالک) دورانِ گفتگو اِسکو بلند آواز کے پڑھنے کے بجائے وہ اسکا نعم البدل ہاشیم ہے(جسکا مطلب نام ہے)

(مزید تفصیلات کے لیے ہر عبرانی اور یونانی لفظ کے ساتھ بریکٹ میں اسکا عدد درج کیا گیا ہے، اور اس باب کے جدول نمبر ۲ میں درج کیا گیا ہے)۔

"میں ہوں" خدا کی وہ شناخت ہے جو بائبل مقدس میں ذریعے کے ذریعے پکاری گئی جب یسوع نے یہودیوں کواسکے اختیار کے بارے اٹھائے گئے سوالات کے جوابات دیئے۔یسوع نے کہا"ابراہام سے بھی پہلے، **میں ہوں**۔(یوحنا ۸:۵۸)۔اسکے جواب میں جو کہ یسوع نے بڑے واضح طور پر دیااس بات کو ظاہر کرتا ہے کہ وہ خدا قادرِ مطلق کے ساتھ یکساں ہے۔"ابراہام سے پہلے ،میں تھا"....جسکا مطلب ہے کہ "میرا وجود ابراہام سے پہلے ہے"(اگرچہ اس نے واضح بیان کیا)۔

بجائے یسوع مسیح یہ بتا رہا تھا کہ وہ ایک ابد(شروع)سے یعنی خدائی حالت میں موجود تھا جو کہ "خدا کا بیٹا" ہونے کی حالت ہے ، کاملیت اور مکمل طور پر خدا کے ساتھ یکسانیت کو ظاہر کرتا ہے۔

یسوع مسیح، مسیح یسوع، یسوع جو مسیح ہے ، ہم معنی الفاظ ہیں جو کہ اسرائیل کے واحد مسیحااور دنیاکے نجات دہندہ کے لیےاستعمال ہوئے ہیں۔

Y'shua H'Moshiach

یسوع اکیلا لفظ استعمال کرنے کیلئے جب اسکو نجات دہندہ کے طور پر استعمال کیا جائے ناکافی ہے کیونکہ کئی فانی لوگ بھی اسطرح کا نام رکھتے ہیں۔

یشوع Y'shua (Jeshua) [H۳۴۴۲]" Iesous" [G۲۴۲۴] Yehoshuah (Jehoshua) [H۳۰۹۱]

جو کہ یونانی زبان کے (۱)Iesous [G۲۴۲۴] جو کہ ایونیہ کی قدیم یونانی زبان کی ایک حالت ہے۔(۲)

Iesus (IESVS) لاطینی ادب کی زبان ہے، اور (۳) یسوع Jesus قدیم انگریزی زبان کی ایک شکل ہے۔ عبرانی نام

Yehoshuah (Jehoshua) [H۳۰۹۱] کا مطلب ہےYah یاEYEH

خدا ہماری نجات،.... جسکے کہنے کا مطلب ہے ،''وہ جو خود سے وجود رکھتاہے''، اور عظیم یعنی I am ہماری نجات ہے۔''
(عبرانی اور یونانی زبان کی اصل الفاظ کا نمبر بریکٹ میں دیئے گئے ہیں جو کہ اسی باب کے جدول نمبر ۲ درج ہیں)۔
جب مسیح کا واحد نام بطور نجات دہندہ استعمال کرنا ہو تو یہ ناکافی ہے جب یہ اکیلا استعمال ہوا ہو، اگرچہ یہ لفظ حقیقی طور پر ذہن کی روحانی حالت کو ظاہر کرتا ہے اور شعور کے درجہ کی بلندی کو واضح ظاہر کرتا ہے۔اور یہ ایک غلط بات کو بھی ظاہر کرسکتا ہے کہ یسوع کو بائبل مقدس کے مطابق تسلیم کئے بغیر بھی ذہن کی روحانی حالت اور شعور کی بلندی تک پہنچا جاسکتا ہے کہ یسوع(۱)خدا کا اکلوتا بیٹا ہے،(۲)اور اسرائیل کا واحد مسیحا اور (۳) اور دُنیا کا واحد اور سچا نجات دہندہ۔یہ تو یقینی ہے کہ کوئی بھی یسوع کو نہیں پاسکتا، یسوع کا ذہن، جو کہ ایک ''پاک ترین ذہن'' ہے، یا ''یسوع کا شعور'' جب تک کہ کوئی اس بات کو تسلیم نہیں کرلیتا کہ خُدا کے اکلوتے بیٹے کا خون بہایا گیا۔جو کہ واحد ایسی قربانی ہے جو خدا باپ کے حضور قابل قبول ہے۔تاکہ ہمارے گناہ معاف کئے جائیں اور ہمارے گناہوں کا قرض معاف ہوجائے۔یقینا، مصلوبیت کا مقصد، اور خون کی قربانی، ہی واحد قابل قبول عوضانہ(فدیہ،کفارہ) ہے جو ہمارے گناہوں کی خاطر یسوع مسیح نے دیا۔
کوئی بھی ''یسوع'' کو حاصل نہیں کرسکتا جب تک'' مسیح'' کو حاصل نہ کرلے۔اور کوئی ''مسیح'' کو حاصل نہیں کرسکتا جب تک کہ ''یسوع'' کو حاصل نہ کرلے۔ مسیحیوں کو یہ مکمل نام لینا چاہیے'' یسوع مسیح''۔جب وہ اس نام کے دونوں حصوں کو لیتے ہیں یعنی یسوع اور مسیح۔لفظ یسوع اور مسیح بڑی پیچیدگی کے ساتھ ملے ہوئے ہیں اور شاذو نادر ہی الگ الگ استعمال ہوتے ہیں تاکہ سننے والے،پڑھنے والے اور کوئی بھی اُلجھ نہ جائیں(ہاں ہم بہت جلداُلجھ جاتے ہیں)۔ انگریزی لفظ ''مسیح '' لقب ہے جو کہ یونانی لفظChristos سے ماخوذ کیا گیا ہےلاطینی لفظ
Christus [CHRISTVS] سے منصوب ہے۔لاطینی میں لفظ Christos [G۵۵۴۷]
عبرانی [H'Moshiach [H۴۸۹۹کا ترجمہ ہے، جسکا انگریزی زبان میں مطلب ''مسیحا'' یا ''مسح شدہ یعنی مسیح'' کے ہیں۔
زبان کے لفظ
اور یونانی میں [Messias [G۳۳۲۳کے ہیں
اور یہ عبرانی لفظ [Moshiach [H۴۸۹۹کی تبدیل شدہ(بگڑی ہوئی) شکل ہے۔
(عبرانی اور یونانی زبان کی اصل الفاظ کا نمبر بریکٹ میں دیئے گئے ہیں جو کہ اسی باب کے جدول نمبر ۲ درج ہیں)۔

خدا باپ اور خدا بیٹے دونوں کی ایک ہی شناخت ہے۔(''میں جو ہوں'') اسکا یہ مطلب ہرگز نہیں ہے کہ ان دونوں کے معنی اور شخصیت ایک ہی ہیں۔اور کائنات میں ایک ہی کردار ہے حتیٰ کہ پاک تثلیث ، پاک روح کے ساتھ دونوں کا ایک ہی مقصد اور دونوں ہم اثرحصہ ہیں۔ یسوع نے کہا ''میں اور باپ ایک ہیں''۔(یوحنا۱۰:۳۰)یقینا ،خدا باپ اور خدا بیٹا ایک ہی ہیں، اور انکی شناخت بھی ایک ہی ہے (یعنی میں ہوں)، لیکن ان کے اپنے اپنے بنائے گئے کردار ہیں جو ایک دوسرے سے جدا ہیں۔

پچھلے پیراگراف کے آخری فقرے میں میں نے پاک تثلیث کی شناخت کو جدا کرنے کے لیے ''میں ہوں'' کا لفظ نمایاں لکھا ہے ۔جو کہ باپ اور بیٹا اور روح القدس پر مشتمل ہے۔یہ آپس میں یکساں ہیں، ایک جیسے ہیں اور واحد سچے اور برحق خدا کے تین اقنوم ہیں جو کہ اپنے ذاتی مقاصداور طریقہ میں ایک دوسرے سے مختلف ہیں۔

پچھلے پیراگراف کے آخری جملہ، میں میں نے "ذاتی" کو علیحدہ نمایاں کیاتا کہ خدائے تثلیث کی شناخت کو نمایاں کیاجاسکے۔جو کہ خداباپ اور خدابیٹااور خداروح القدس پر مشتمل ہے۔جو کہ ایک ہی سچے اور قادرِ مطلق خدا کی ذات، بطور اقتدارِ اعلیٰ، خالق اور کائنات کامالک کے برابر ہیں، یکساں ہیں اور تثلیث العنصر ہیں۔(خداباپ، خدابیٹااور خداروح القدس تینوں ایک ہی ذات میں یکتاہیں)۔
خدا کی ماہیت کومزید گہرے طور سے جاننے کے لیے، قوی امکان ہے کہ مندرجہ ذیل کتابیں جو میں نے لکھی ہیں آپ مزید معلومات کے لئے معاون ثابت ہوں:
(۱)جیسا کہ میں دیکھتا ہوں
The Nature of Reality by God (ISBN ۹۷۸-۰۶۱۵۵۹۰۶۱۵)
(۲)خدا ہماری کائناتی ذات
A Primer for Future Christian Metaphysics (ISBN ۹۷۸-۰۹۸۵۷۷۲۸۱۹)،
(۳)وہ تمام معلومات جس میں یہ ملتا
Divine Metaphysics of Human Anatomy (ISBN ۹۷۸-۰۹۸۵۷۷۲۸۱۹)
ہے کہ کونسا خدا اور خدا کیوں حقیقی طور پر پاک تثلیث میں اپنے آپ کو منقسم کرتا ہے۔کہ ''خدا باپ'' اور ''خدا بیٹا'' ایک ہی کام نہیں کرتے اور نہ ہی سلسلہ وار ظہور کو انسان پر ظاہر کرتے ہیں۔خدابیٹا ،خدا باپ کا نعم البدل ہے۔اور خدا پاک روح خدا بیٹا کا نعم البدل نہیں ہے۔
(www.christevangelicalbibleinstitute.com اور pdf مفت اپنے موبائل اور اپنی کمپیوٹر کے لیے حاصل کریں۔)
کہ خداباپ اور خدابیٹاایک ہیں اُن کوایک جیسا نہیں بناتانا ہی انسان پر انکا ظہور نسلِ انسانی پر سلسلہ وار ظہور ہے۔خدابیٹاخداباپ کی جگہ نہیں لیتا، نہ ہی خدا پاک روح خدابیٹا کی جگہ لیتاہے۔

عبرانی کا لفظی عدد	عبرانی اور یونانی کا لفظ	سباق میں بگڑی ہوئی شکل	انگلش میں ہم معنی اور تشریح
H۱۸۸	אוֹי	ō′·ē	۱۔ دُکھ درد (کراہنا) ۲۔ آہ و نالہ (مرثیہ)
H۸۳۴	אֲשֶׁר	ash·er′	۱۔ وہ ۲۔ کونسا، وہ والا ۳۔ کون، وہ والا
H۱۹۶۱	אֶהְיֶה	eh·yeh′ (ä·vä′)	۱۔ میں ہوں ۲۔ میں وجود میں آیا (میں ہونگا) ۳۔ میں وجود رکھتا ہوں
H۳۰۶۸	יְהֹוָה	Yeh·hō·vä′ (Yah·weh′)	۱۔ وجود رکھتا ہوا ۲۔ خود سے وجود رکھتا ہوا۔ ۳۔ خود سے وجود رکھتا ہوا۔
H۳۰۹۱	יְהוֹשׁוּעַ	Yeh·hō·shü′·ah	۱۔ یشوع، یوسیع ۲۔ یشوع، یوسیع ۳۔ یشوع، یوسیع ۴۔ یشوع، یوسیع
H۳۴۴۲	יֵשׁוּעַ	Ye·shü′·ah	۱۔ یشوع اور جوسیع ۲۔ یشوع، یاشوع ۳۔ یسوس یا جیزس
H۴۸۹۹	מָשִׁיחַ	mä·shē′·akh	۱۔ ماسیخ ۲۔ مسیحا ۳۔ ممسوح (مسح شدہ)
H۴۸۹۹	הַמָּשִׁיחַ	hä·mä·shē′·akh	۱۔ حاماسیخ ۲۔ ماشیخ ۳۔ مسیحا ۴۔ ممسوح (مسح شدہ)
G۲۴۲۴	Ἰησοῦς	E·ä·sü′·s	۱۔ عیسوس ۲۔ یسوع ۳۔ یسوس
G۳۳۲۳	Μεσσίας	Mes·sē′·äs	۱۔ مسیحا ۲۔ مسیح ۳۔ مسح شدہ (ممسوح)
G۵۵۴۷	Χριστός	Khrē·stos′	۱۔ مسیح ۲۔ مسیحا ۳۔ مسح شدہ (ممسوح)

جدول ۲

چند بنیاد پرست مسیحی انتہا پسندی کا ترجمہ کرتے ہیں ''خدا وند خدا ایک ہے''(استثنا۶:۴)، اسکا مطلب ہے کہ ''خدا باپ'' ،''خدا بیٹا '' ہے۔اگرچہ یسوع مسیح :(الف) خداکا اکلوتا بیٹا ہے(یوحنا ۳:۱۶؛ متی۱۶:۱۶)؛ (ب) خدا مجسم (کلسیوں۲:۹؛ ا۔ تیمیتھیس۳:۱۶)؛ اور (ج)باپ کے ساتھ یکتا(یوحنا۱۷:۱۱)، یسوع خدا باپ نہیں ہے۔اگرچہ وہ دونوں ایک ہیں لیکن وہ فرق ہیں۔

علم ِالٰہیات میں خدا بیٹے کامقام، اُس نے خدا باپ کی جگہ لے لی اس بات کو ثابت نہیں کرتا کیونکہ اور اس بات کو قائل کرنے سے قاصر ہے کہ:(۱) کوئی رشتہ یا تسلسل جب خدا باپ اور بیٹا اکٹھے ہوں اور انہوں نے اعلان کیا ہو۔'' یہ ہے میرا پیارا بیٹا جس سے میں خوش ہوں۔(متی ۳:۱۷؛ ۱۷:۵)؛

(۲) یسوع مسیح کس سے بات کررہا تھا جب وہ صلیب پر لٹکا ہوا تھا۔''اے باپ، انہیں معاف کر کیونکہ یہ نہیں جانتے کہ کیا کرتے ہیں۔''(لوقا۲۳:۳۴) اور (۳) اور جب یسوع اپنے دشمنوں پر غالب آجائیگا تو وہ اپنی بادشاہت کس کے حوالے کرے گا۔

اور جب سب کچھ خدا کے تابع ہو گا تو بیٹا خود بھی اُس کے تابع ہو جائے گا جس نے سب چیزیں بیٹے کے تابع کر دیں تا کہ خدا ہی سب میں سب کچھ ہو۔

(ا۔کرنتھیوں ۱۵:۲۸)

یسوع مسیح''کلمہ '' ہے۔ اور''کلام خدا تھااور ہے'' (دیکھیں یوحنا۱:۱۔۵)، لیکن یسوع مسیح خدا باپ نہیں ہے۔یسوع مسیح اور خدا باپ کے کردار مختلف ہیں اگرچہ پاک تثلیث میں پاک روح سمیت یہ دونوں ایک ہی ہیں۔اور تینوں کااپنے تئیں رہتے ہوئےایک ہی مقصد ہے۔

یقینا، یسوع مسیح(''خدا کا بیٹا'') اُس کے پاس پہلے ہی سے آسمان اور زمین کا سارا اختیار ہے۔(متی۲۸:۲۷ اور افسیوں۱:۲۲) ، لیکن ابھی تمام دشمنوں پر غلبہ نہیں پایا گیا، یا ''یا اسکے پاؤں کی چوکی نہیں ہوئے''(ا۔کرنتھیوں۱۵:۲۸) ، مثال کے طورپر، آخری دور کا مخالف ِمسیح ابھی غالب نہیں ہوا۔اور موت، فنا، ابھی تک فتح کرناباقی ہیں۔پاک کلام بتاتا ہے کہ جب یسوع مسیح زمین واپس آئے گا تومخالف ِمسیح کو آگ کی جھیل میں پھینکا جائیگا (مکاشفہ ۱۹:۲۰)۔کلام یہ بھی سکھاتا ہے کہ موت یا فنا، وہ حتمی دشمن ہیں جن پر فتح پانا لازمی ہے(اکرنتھیوں۱۵:۲۶)جب، آخری امن کا ہزار سالہ دور آئیگا،بشمول برزخ (جہاں پر وہ روحیں رہتی ہیں جن کو بچایا نہیں گیا)۔وہ آگ کی جھیل میں پھینکی جائیگی جب سفید رنگ کاتخت عظیم ِانصاف کے لیے ظاہر ہوگا(مکاشفہ۲۰:۱۱۔۱۴) اس انصاف کے دوران یا ہر روح کا انصاف کیا جائیگا اور یا تو وہ ابدی نجات کی طرف جائے گی یا پھر ابدی لعنت(دوزخ) کی طرف۔

یہودیوں اور مسیحیوں کے خدا کا ایک خاص نام ہے جو موسیٰ پر خدا کے جواب کے وقت ملا۔اور یسوع کے خاص نام ''یعنی مسیحا'' کے طور پر ملا۔اس کے برعکس، مسلمانوں کا خدا (اللہ) بے نام ہے۔اسلام کا خدا (اللہ) قرآن میں اپنے نام کو ظاہر کرنے کو رد کرتا ہے، کیونکہ وہ نہیں چاہتا کہ لوگوں کو پتہ چل جائے کہ وہ حقیقت میں کیا ہے۔اور اگر اُس نے کہہ دیا کہ،''میں ہی وہ اس دُنیا کا خدا ہوں''۔(۲۔کرنتھیوں ۴:۴)، یا '' میں ہوا کی طاقت کا شہزادہ ہوں''۔(افسیوں۲:۲)، لوگ اُس کو اپنے درجہ یا زاویہ تک نہیں ملے ،ہاں، اسلام کاخدا(اللہ) اپنی شناخت ادبی بنیاد سے کرواتا ہے۔کیسے؟ قرآن (القرآن) بے شمار جگہوں پر بیان کرتا ہے (۱) کہ خدا کا کوئی اکلوتا بیٹا نہیں ہے۔(۲) اور اللہ کو کسی اکلوتے بیٹے کی ضرورت نہیں ہے۔(۳) اور یسوع مسیح محض انسانی پیامبر تھا اور(۴) یسوع مسیح جسمانی طور پر مصلوب نہیں ہوا۔اسلئے کہ، مسلمانوں کا خدا،یہودیوں اور مسیحیوں کا خدا نہیں ہے۔اور نہ ہی قرآن(القرآن) کا اللہ بائبل مقدس کا خدا ہے۔بائبل مقدس کے خدا کا اکلوتا بیٹا یسوع مسیح ہے ،جبکہ قرآن کے اللہ کا نہیں ہے۔ اس لیے وہ دونوں ایک نہیں ہیں۔

یقینا، گرایا گیا فرشتہ ''لوسیفر'' بالکل ویسا ہی مقرب فرشتہ ہے جیسا کہ جبرائیل۔یہ وہ گرایا گیا فرشتہ لوسیفر ہے جس نے قرآن محمد کو لکھوایا، نا کہ مقرب فرشتہ جبرائیل نے۔جیسا کہ محمد نے غلط یقین کرلیا اور اُسی کا دعویدار رہا۔محمد اس بات کو تسلیم کرتے ہوئے بیوقوف بن گیا کہ وہ (یعنی لوسیفر) جبرائیل فرشتہ تھا۔سب کچھ جو محمد حقیقی طور پر جانتا تھا وہ یہ تھا کہ ایک روحانی چمکتی دمکتی مخلوق اس پر لگاتار ظاہر ہوتی ہے۔یقینا ،بائبل مقدس واضح کرتی ہے کہ شیطان بھی جھوٹ موٹ روشنی کے فرشتہ کے طور ظاہر ہوسکتا ہے۔(۲۔کرنتھیوں۱۱:۱۴)۔

اگرچہ کچھ لوگ، بشمول چند یہودی اور مسیحی، کچھ مضحکہ نہیں سمجھتے کہ جب وہ ''خدا'' کے لفظ کے بجائے عربی میں تبدیل شدہ لفظ اللہ کو استعمال کرتے ہیں۔کیونکہ اللہ کا مطلب ''بت '' ہے۔اور لفظ تاریخی اعتبار سے عبرانی ایل،ایلوہا اور ایلوہیم کے مشابہ ہے، بائبل مقدس کے خدا کے بجائے اللہ کا لفظ استعمال نہیں کرنا چاہیے۔کیوں؟اللہ کا لفظ استعمال ،واضح کرتا ہے کہ کوئی خریدا ہوا(ایمان رکھتا ہے)۔اور کم ازکم یہ ایک خود ساختہ نظام علم اِلٰہیات کا حصہ ہے جس کو اسلام کے نام سے جانا جاتا ہے اور جو شخص اس لفظ کو لیتا ہے وہ قرآن کے ساتھ ساتھ اُس جھوٹے نبی کی بھی ضمانت دیتا ہے کہ وہ سچ ہیں۔صرف عبرانی کے بگاڑے ہوئے لفظ بعل کا مطلب ''آقا'' ہے۔اور اس لئے ، یہ کافی بے ضرر محسوس ہوتا ہے، بعل کا لفظ بائبل مقدس کے سکھائے ہوئے یہودیوں اور مسیحیوں کے درمیان خدا کی جگہ کبھی استعمال نہیں ہوسکتا۔کیونکہ بعل کا لفظ غیر قوموں اور بت پرست قوموں کے خداؤں

کو ظاہر کرنے کے واسطے پرانے عہد نامہ میں ظاہر ہوا ہے۔اسی طرح،مابین یہودیوں اور مسیحیوں، اللہ کا نام بھی بائبل مقدس کے خدا کو ظاہر کرنے کے لئے استعمال نہیں ہونا چاہیے۔جیساکہ بعل اور اللہ غیر قوموں کے خداؤں کے نام ہیں۔

دلچسپ بات ہے کہ، صرف بعل جو کہ غیر قوموں کی مختلف ریاستوں میں موجود پجاری گروپوں کو پرانے عہدنامہ کے وقتوں میں آپس میں ملاتا ہے۔عبرانی زبان میں بعل کا عبرانی لفظ ''بعلیم'' ہے، تو کیا اللہ اسلامی مختلف ریاستوں میں موجود اسلامی غیر قوم قبیلوں کو ظاہر نہیں کرتا، یہ ملانا ہے یا نہیں، دونوں بعل اور اللہ جھوٹے خداؤں کو ظاہر کرتے ہیں۔اسکے بدلے میں کون ہے ؟ شیطان خود کو پیش کرتا ہے۔

محمد کو قرآن لکھواتے ہوئے، شیطان نے اللہ نام کو لکھنے کو ترجیح دی کیوں کہ اپنے آپ کی شناخت نہیں کرواناچاہتا تھا۔اللہ کانام استعمال کرتے ہوئے، اسلئے مسلمان دراصل وہ اللہ ایک بے نام خداکی پرستش کررہے ہیں اور اسلئے یہ خود اُنکے ساتھ ساتھ دوسرے لوگوں کے علم میں، بھی نہیں ہے۔وہ اس بات کو سمجھ نہیں پاتے کہ وہ شیطان کی پوجا کررہے ہیں۔خدائے حق اور واحد خدا کے دشمن کی پوجاہے، اُس خدا کی جو بائبل مقدس کا خدا ہے۔اگرچہ ہوسکتا ہے کہ اللہ کسی دھوکہ باز اور بغیر چہرے کے بت کا نام ہو، اللہ کی شناخت اور چہرہ شیطان کے طور پر ظاہر ہوتا ہے۔جب ہم موازنہ اور جائزہ لیتے ہیں کہ قرآن میں کیا اور بائبل مقدس میں کیا لکھا ہے۔

کہ ''کوئی معبود نہیں سوائے اللہ کے''، دھوکہ بازشیطان کی جانب سے خود ایک بڑا سفید جھوٹ ہے۔جو کہ خدائے پاک، سچے واحد و قدوس کا ابدی دشمن اور مخالف ہے ،اللہ،بائبل کے خدا کا دشمن ہے۔

ہم کس کی گواہی دیں ؟

وہ دِن گزر گئے جب مسیحی لوگ بائبل مقدس کے خدا کو سادگی سے ''خدا '' کہہ کرحوالہ دیا کرتے تھے اور دوسرے لوگ فوراً جان جاتے تھے کہ یہ کس کا حوالہ دے رہے ہیں۔یقینا، اس دور اور دِن ،جب حقیقی مسیحی لوگ ایک دوسرے سے خدا کے متعلق بات کرتے ہیں ، تو وہ جانتے ہیں کہ وہ کس کے بارے میں بات کررہے ہیں۔لیکن کوئی دوسرا نہیں جانتا۔برائے نام مسیحی نہیں جانتے، اور غیر مخصوص مسیحی بھی نہیں جانتے۔سیکولر مسیحی نہیں جانتے، اور، یقینا غیر مسیحی تو بالکل نہیں جانتے (۱) وہ غلطی سے اس بات کا انکار کرتے ہیں کہ بائبل کا خدا واحد سچا اور حقیقی خدا ہے۔(۲) وہ غلطی سے ایمان رکھتے ہیں کہ مختلف

عقیدوں سے تعلق رکھنے والے لوگ خدا ہی پر کسی نہ کسی طرح سے ایمان رکھتے ہیں۔(۳)وہ خود سے یہ فرض کر لیتے ہیں کہ ، جب کوئی خدا کا نام استعمال کرتا ہے وہ بائبل مقدس کے خدا کا ہی ذکر کر رہا ہوتا ہے۔

یہ خاص طور پرڈُنیا کے مختلف ممالک میں مسیحی لوگوں کے لیے مصیبت آمیز بات ہے کہ جب وہ اللہ کا لفظ سُنتے اور پڑھتے ہیں۔جیسا کہ پہلے بیان کیا جاچکا ہے، عربی کے لفظ اللہ کا مطلب ''بت'' ہے۔(یا چھپے ہوئے معنی ،''واحد سچا اور اصل بُت)، بہت سے مسیحی لوگ اس بات کا غلط اندازہ لگاتے ہیں کہ اللہ اور بائبل مقدس کا خدا ایک ہی ہیں اور ایک جیسے ہیں،اسلئے ، یہ اُنکے لئے اچھا ہے کہ وہ اللہ کا لفظ استعمال کرتے ہیں جب وہ بائبل کے خدا کے متعلق بات کرتے ہیں۔۔حتی کہ انگریزی زبان کے علاوہ ترجمہ کرتے وقت کئی دیگر زبانوں میں بھی بائبل مقدس میں خدا کی جگہ اللہ کا لفظ استعمال کیا جاتا ہے،بالترتیب انکی علاقائی زبانوں میں۔بہر حال یہ بات ہر گز درست نہیں ہے۔حتیٰ کہ کئی مسلمان شدت پسند(انتہا پسند) یہ بات جانتے ہیں کہ اللہ کی جگہ بائبل کے خدا کا نام لینا درست نہیں ہے۔مثال کے طور پر ۲۰۰۹میں، ملائشیا کی عدالت نے یہ قانون جاری کیا کہ غیر مسلم لوگ اللہ کا لفظ استعمال نہیں کرسکتے کیونکہ اللہ محض اسلام تک محدود ہے۔

مختلف ثقافتوں ،روایتوں، پسِ منظر اور عقائد اور کلیسیاؤں سے تعلق رکھنے والے حقیقی مسیحیوں کے لیے یہ ضروری ہے کہ اُنکو اللہ کے لفظ کے استعمال سے گریز کرنا چاہیے جب تک کہ وہ قرآن کے خدا(اللہ) کا ذکر نہ کررہے ہوں تاکہ وہ بائبل مقدس کے خدا کے ساتھ اسکا موازنہ کریں۔جیسا کہ ایلیاہ نبی بڑے کُھلے طور پر جھوٹے خدا بعل (بُت) کی مخالف کرتا ہے اور خدائے واحد و برحق (یہوواہ) کوسامنے لایا۔(ا۔سلاطین۱۸:۱۔۴۰)،تو حقیقی مسیحیوں کو بھی کُھلے طور پر اللہ کی مخالفت کرنی اور بائبل کے خدا کے حق میں گواہی دینی چاہیے۔

جب بھی بائبل کے خدا کا حوالہ دیں، مسیحیوں کو چاہیے کہ واضح کریں کہ وہ کس خدا کی بات کررہے ہیں۔مسیحی لوگ جو عربی بولتے ہیں، یا وہ عربی بولنے والے مسیحی نہیں ہیں اور جو اُس معاشرہ میں پلے بڑھے ہیں جہاں پر اللہ کا لفظ استعمال کیا جاتا ہے تاکہ بائبل مقدس کے خدا کا حوالہ دیں۔(ا)چاہیے کہ وہ یہوواہ کا نام استعمال کرنا شروع کریں۔یا (۲) خداوند یسوع مسیح کے لفظ کو استعمال کریں بجائے کہ عربی لفظ اللہ کے(دیکھیں جدول نمبر۳)۔مسیحیوں کو ضرور ہے کہ وہ ہمیشہ یاد رکھیں کہ خدا کا اکلوتا بیٹا ہی ،یقیناخدائے مجسم ہے۔(یوحنا ۱:۱۔۵،۱۴؛ا۔تمیتھیس۳:۱۶)۔

Arabic Expression	السيد يسوع
Transliteration	al-Saiyid Yesua
Pronunciation	a-say′-yid* yes-oo′-a
English Meaning	the Lord Jesus

* Although transliterated as *al-Saiyid*, the "l" from "al" is silent before certain consonantal sounds in Arabic, including "-s" and "-z." It should also be noted that one must never confuse the word *Saiyid*, when used with the Savior's name (*Yesua*, *Y'shua*, or *Jesus*), with the honorific name or title used for a descendant of Mohammed. In contradistinction, and for the sake of clarity, when used with *Yesua*, *Y'shua*, or *Jesus*, the title *al-Saiyid* means *the one true and only real Lord* — the only Sovereign to whom all fealty, or allegiance, is owed and to whom all obeisance, or submission, is yielded.

اگرچہ السید کی جو کہ بگڑی ہوئی سے ''ال'' میں جو کہ "I" شکل ہے حرفِ عام سے پہلے عربی تلفظ میں اور "s-"خاموش گردانا جاتا ہے ، کے ساتھ بھی یہی معاملہ ہے "z-" ایک اور بات آپ کو نوٹ کرنا ہے کہ جب سید کا نام آجائے منجی کے نام سے پہلے (یشوع،جیزس)آجائے تو یہ قابل عزت ہونے کے لئے استعمال کیا جاتاہے محمد کی نسل کیلیئے ۔یہ متنازعہ ہے اور اسکو واضح کرتے ہوئے جب بھی یسوع کے نام سے پہلے آئے تو اسکا مطلب ہے کہ واحد ، چا اور حقیقی خدا۔ جسکی حاکمیتِ اعلیٰ ہے اور وہ تمام تعریفوں کے لائق ہے ، اور ساری قدرتیں اُسی کی ہیں۔

جدول نمبر۳

تمام حقیقی مسیحیوں کو، بلا فرق و تقسیم ، زبان ولجہ، مندرجہ ذیل نقاط کوملحوظِ خاطر رکھ کر سلام اور خدا کی تمجید کا طریقہ بدلنا چاہیے (۱) ''الحمد اللہ ''یا ''خدا کی تمجید ہو'' کی جگہ ''یہوواہ کی تعریف ہو'' یا ''خداوندیسوع مسیح کی تعریف ہو''۔(۲) ''میں اللہ کا مشکور ہوں'' یا ''میں خدا کا شکر گزار ہوں '' کی جگہ ''میں یہوواہ کا شکر گزار ہوں''یا پھر ''میں خداوند یسوع مسیح کا شکر گزار ہوں'' اور (۳)''میں تمہیں اللہ کے نام میں سلام کرتا ہوں'' یا ''میں تمہیں خد ا کے نام پر سلام کرتا ہوں'' کی جگہ میں تمہیں''یہوواہ کے نام میں سلام کرتا ہوں'' اور یا پھر ''میں تمہیں خداوند یسوع مسیح کے نام میں سلام کرتاہوں'' ، بسا اوقات حالات کو مدِ نظر رکھتے ہوئے جب مسلمان اپنے سلام میں اللہ کا لفظ استعمال کریں تو انہیں آپ اس طرح جواب دے سکتے ہیں(۱) ''میں آپکو یہوواہ کے نام میں سلام کرتا ہوں''یا پھر(۲)''میں آپکو بائبل مقدس کے خدا کے نام پر سلام کرتا ہوں'' ،یا(۳)'' میں آپکو خداوند یسوع مسیح کے نام پر سلام واپس بھیجتا ہوں'' یا (۴)'' میں آپکو خداوند یسوع مسیح کے نام پر سلام کرتاہوں''۔

مسلمانوں سے دورانِ گفتگوالحمد اللہ اور اللہ کا شکر ہو استعمال کرتے ہیں، اور وہاں پر مسیحی (مرد یا خاتون) کو کچھ جواب دینا ہو تو وہ کہے (۱)''تمام تمجید یہوواہ کی ہو''(۲) تمام تمجید خداوند یسوع مسیح کا ہو یا(۳) ''میں خداوند یسوع مسیح کا شکر گزار ہوں کہ اُس نے مجھ سب کچھ فراہم کیا ہے ،عطا کیا اور برکت بخشی ہے''۔حتمی طور پر مسیحی لوگوں کو انشاءاللہ کے لفظ (جسکا مطلب ہے اللہ کی رضا) کی جگہ ''بائبل مقدس کے خدا کی مرضی ہی بڑی ہے'' کہا جائے۔

اگرچہ مصنف نے چند مثالیں آپکے گوش گزار کی ہیں، مسیحی اس طرح اپنی علاقائی زبانوں میں حالات کو مدِ نظر رکھتے ہوئے اس میں ترمیم کرسکتے ہیں۔صرف یاد رکھیں کہ قرآن کے خداکو(اللہ کا لفظ استعمال کرکے) کبھی بھی شکر گزاری یا عزت نہیں دینی۔ اسکو بائبل مقدس کے خدا میں تبدیل کیا جاسکتا ہے؛ اور دوسرے لوگوں جنکو آپ حقیقی مسیحی سمجھتے ہیں دورانِ گفتگو صرف خدا کا لفظ استعمال کریں۔اگر کبھی شک ہو، خدا کی جگہ کہیں ہم سے اصل اور حقیقی سچے خدا کے بارے کفر نہ ہوجائے ہمیشہ ''یہوواہ ''،''یسوع مسیح'' یا ''خداوند یسوع مسیح'' کا لفظ استعمال کریں۔یادرکھیں کہیں خدا کی جگہ کوئی اور لفظ استعمال کرتے ہوئے ہم سے کفر نہ ہوجائے۔جو کہ بائبل مقدس کا سچااور حقیقی خالق خدا ہے۔اس بات کو بھی مدِ نظر رکھنا چاہیے کہ کچھ مسیحائی یہودی (جو کہ مسیحی یہودی ہیں) بے حد بے آرامی محسوس کرتے ہیں جب وہ عبرانی چہار حرفی لفظ YHWH

بولتے ہیں، جسکا مطلب ہے خدا کا خاص نام(''نام'')ہے۔وہ عبرانی لفظ ادونائی استعمال کرسکتے ہیں۔(جسکا مطلب خداوندہے)۔یا ''ھاشیم'' (جسکا مطلب ہے مسیحا)اور یہ خدا کے اکلوتے بیٹے کے لیے استعمال ہوتا ہے۔

ایسے مسلمانوں کی موجودگی میں جو اپنے خدا کو تعظیم دینے کے لئے سجدہ کرتے ہیں، (۱) مسیحیوں کو اُن سے معذرت کرنا چاہیے یا (۲) کھڑے ہوئے یا بیٹھے ہوئے خاموشی سے بائبل مقدس کے خداسے دُعا کرنی چاہئے۔قریب مستقبل میں ، کئی مسیحی بغیر کسی شک و شبہ کے ضرور ہوگا کہ بائبل مقدس کے خدا کی تعظیم بیان کریں(گواہی دیں) اور یسوع مسیح کی (گواہی دیں) اور اسکے نتائج بھی برداشت کریں، ایسی مصیبتیں جو کہ ہر مسیحی پر ایک دن آنی ہے۔مسیحیوں کو بے حد احتیاط ،امتیاز اور پیش نظری سے کام لینا ہے کہ یہوواہ کا کفر کئے بغیر مسلمانوں کے ساتھ اس طرح کا برتاؤ کرنا ہے اُنکے جھوٹے خدا جو اللہ کے نام سے جانا جاتا ہے اُسکو عزت نہ دی جائے۔بیک وقت یہ کہ انہیں غیر ضروری دُکھ نہ پہنچے۔حتمی جائزہ میں، کیا کہا جائے اور کیا نہ کہا جائے یہ سب ہر شخص کے اپنےذاتی فیصلہ یا شعور پر منحصر ہے۔

اس بات سے ہوشیار رہیں کہ(۱) اسلام کے خلاف کھڑا ہونا ہے(۲) کب اسلام کے خلاف کھڑا ہونا ہے اور (۳) اور اسلام کے خلاف کب کھڑے ہونا چاہیے، ہر مسیحی کو اس بات کا خود فیصلہ کرنا ہے۔پچھلے فقرے میں جو تعلیم دی گئی ہے اسکا تعلق کلام مقدس سے ہے۔خاص طور پر باب پنجم کا ۲سلاطین سے تعلق ہے۔جب نعمان نے الیشع نبی سے پوچھا کہ اُسکے لئے سب اچھا ہے۔(نعمان) کہ وہ رمون کے جھوٹے خدا کے سامنے جھکے جب وہ شام کے غیر قوم بادشاہ کے ساتھ ہواور اُسکے مندر میں ہو۔

الیشع نبی نے جواب دیا، ''سلامتی سے جا''، الیشع نبی نے نعمان کے بارے میں فیصلہ نہیں کیا کیونکہ نعمان کو خود یہ فیصلہ کرنا تھا کہ وہ کیا کرے۔الیشیع نبی جانتا تھا کہ نہ تو وہ نعمان کے اس عمل کو بُرا کہہ سکتا ہے اور نہ ہی اسکو سراہا جاسکتا ہے؛ وہ جانتا تھا کہ بائبل مقدس کا خدا (یہوواہ) ہی ہمارے ہر عمل اور بات کا انصاف کرنے کے لائق ہے۔

بعد میں کافی نو مسیحیوں نے یسوع مسیح کا انکار کیااس بات سے بچنے کے لیے کہ وہ شیروں کے آگے ڈالے جائیں، بعضوں نے خواہش کی کہ ہم پہلے جیسے ہی ہوجاتے ہیں۔یہ بے حد مشکل ہے نو مسیحیوں کے لئے اس لحاظ سے کہ انکو اجازت دی جائے یا اجازت نہ دی جائے ، جنہوں نے بُرے حالات میں یسوع مسیح کا انکار کردیا تھا۔اس بحث سے الگ، آج کل کے مسیحی معاشرہ میں اس بات کا اختتام اس طرح کیا جائے کہ صرف خدا ہی تمام باتوں کا انصاف کرسکتا ہے جو یہاں بیان کی گئی ہیں۔

اختتام میں، کیونکہ یہ ذاتی شعور کا معاملہ ہے ، ذاتی عہد اور مستحکم ایمان کا معاملہ ہے کہ ہر شخص کو اس بات کا خود فیصلہ کرنا ہوگا نہ کہ کسی اور کو۔کوئی کسی کے فیصلہ کی مذمت نہیں کرسکتا۔کیوں؟یہ معاملات بائبل مقدس کے خدا اور ہر شخص کے درمیان ہے۔اُمید کرتے ہیں، تمام مسیحی کافی سمجھدار ہیں کہ ایمان سے متعلق اس بات کا نتیجہ اخذ کرسکیں کیونکہ وہ کسی اور سے نہیں بلکہ بائبل کے خدا پر ایمان رکھتے ہیں۔وہ اپنے آپ کو خوش کرنے کی کوشش نہیں کریں گے بلکہ ، خدائے واحد و حقیقی کو خوش کرنے کی کوشش کریں گے جو کہ خالق و مالک ہے، اور بائبل مقدس کا خدا ہے۔

حقیقی مسیحیوں کا تعلق اپنے آپ سے نہیں ہوتا، بلکہ وہ اپنے آپ کی پرواہ نہیں کرتے ، وہ یسوع مسیح سے تعلق رکھتے ہیں جو اُن کو سنبھالتا(مالک) ہے۔ہم قیمت سے خریدے گئے ہیں، اس خون کی قیمت سے جو خدا کے اکلوتے بیٹے کے بیش قیمت خون بہانے سے چکائی گئی۔نتیجتاً، ہم زندہ نہیں ہیں بلکہ ہمارے اندر یسوع مسیح زندہ ہے(گلتیوں۲:۲۰)

اُس پاک روح کے وسیلہ سے جو ہمارے درمیان سکونت کرتا ہے۔

☆☆☆☆☆

باب پنجم
نبوت کی تشریح اسلام کے نقطہ ءنظر میں

اگرچہ روحیں(جانیں)اس قابل نہیں کہ مکمل طور پر خدا قادرِ مطلق کے اَن کھلے رازوں کوجانیں، جب تک کہ وہ زمین پر ہیں، مکمل طور پرجاننے سے قاصر ہیں،اِن کو خدا کی نبوتوں کے پورا ہونے سے جانا جاسکتا ہے۔کہ وہ ہے(وہ وجود رکھتا ہے)۔یہ حقیقت ہے کہ کئی جنھوں نے اپنی زندگیاں بائبل کے خدا کے نام کردی ہیں وہ پہلے اس (اس خدا)پر ایمان لائے کیونکہ انہوں نے سیکھا کہ اُسکی (خدا) کی نبوتیں پوری ہوچکی ہیں یا ہوتی رہی ہیں۔اور یہ حقیقت ہے کہ کئی جو پہلے سے ایماندار ہیں انکے ایمان کو مزید تقویت ملی کیونکہ بائبل مقدس کی تمام نبوتیں ظاہر ہوگئیں۔مختصراً، ''نبوتوں کی حقارت نہ کرو نہ اُنہیں آزماؤ۔(۱۔ تھسلنیکیوں۵: ۲۰) کس مقصد کے لئے ؟(۱) یسوع کی گواہی نبوت کی روح ہے(مکاشفہ۱۹: ۱۰) اور(۲)لیکن جو قبول کرتا ہے وہ تصدیق کرتا ہے کہ خدا سچا ہے۔(یوحنا۳: ۳۳)

کئی طرح کے حالات دُنیا میں رونما ہورہے ہیں جو جلد ہی نسلِ انسانی کے جلدہی اختتام کی طرف اشارہ کرتے ہیں۔وہ یہی دور ہے۔میں اُن کے بارے میں لکھ رہا ہوں نہ کہ قیامت ٹل جائے گی بلکہ(۱)دوسرے بھی اچھائی کی جانب رغبت پاسکتے ہیں،خدا،کہ وہ یسوع مسیح کو خدا کا اکلوتا بیٹا اور اپنے شخصی نجات دہندہ ہونے کے لیے قبول اور حاصل کرسکتے ہیں؛ اور(۲)تاکہ خدا کے بچے امن و سلامتی میں رہیں جب کہ تباہ کن طوفان اُنکو گھیرے ہوئے ہے اور چاہتا ہے کہ انکو نگل جائے۔اس دُنیا میں حالات اور بد سے بدترین ہوتے جارہے ہیں۔یہ میری اُمید ہے کہ لوگ زیادہ سے زیادہ خدا قادرِ مطلق کی طرف رجوع کریں،اور اس سے پہلے کہ وہ مشکلات میں پڑجائیں۔یہ میری اُمید ہے کہ لوگ مصیبتوں کی وجہ سے تلخ نہیں ہونگے، اذیتوں اور ایذارسانیوں سے،اور وہ خدا قادرِ مطلق کو عزت اور جلال دیں گے جو حالات سے بالاتر ہوکر اُسکے شایانِ شان ہے۔

تاکہ ہم جب تاریکی میں گھرے ہوں تو نا اُمید نہ ہوجائیں اور، نتیجتاً، ایسا نہ ہو کہ ہم خدا کے سامنے سے فراموش کردیئے جائیں۔ہمارے لئے یہ سمجھنا بہت اہم ہے کہ بے دردی، نافرمانی، لاقانونیت، بدکاری، بداخلاقی اور خودغرضی جس کے ہم گواہ ہیں اور بڑی حد تک اِس کے گواہ ہونگے ، جو ہمیں ''گمراہ'' کررہا ہے (۲۔ تھسلنیکیوں۲: ۳) کہ خدا کے بیشمار نبیوں اور رسولوں کی نبوتوں کا پورا ہونا یسوع مسیح کی آمد ثانی پر پورا ہونا ہے۔

جہاں تک پوری دُنیا میں خودی پر قابو پانے اور اسکے تعلق کے لحاظ سے کہ دُنیا سے یہ غائب ہوتا جارہا ہے، یہ جاننا ضروری ہے کہ دُنیا سے سب اچھائی اٹھالی جائے گی جب یسوع مسیح آئے گا تاکہ زمین پر اُسکی ہزار سالہ بادشاہت قائم ہو۔یہ خدا کی مرضی ہے کہ بدکاروں کی طرح راستباز بھی اُکھاڑ نہ دیئے جائیں گے۔اور یہ بھی خدا کی مرضی ہے کہ کمزوروں کو خدامیں طاقتور بننے کا وقت دیا جائے گا کہ وہ خدا میں مضبوط ہوسکیں۔اس لیے ، یسوع مسیح کی آمدِ ثانی قریب ہے،ہمیں بڑے گہراؤ کو دیکھنے کا منتظر رہنا چاہیے،ایک گہری تقسیم، اور ایک ایسی بڑھتی ہوئی تقسیم جس سے خدا کے لوگوں اور اُن لوگوں میں تمیز کی جاسکے جن کا اُسکی بادشاہت میں کوئی حصہ نہیں ہے۔جب خدا کا جلال (شکائینا)ظاہر ہوگا تو کوئی سایہ نہ رہے گا۔صرف روحانی روشنی اور تاریکی حقیقت میں دیکھے جاسکیں گے۔یہ اس بات کو ظاہر کرتا ہے کہ دُنیا کے اخیر میں بھیڑوں کو (وہ لوگ جن کا تعلق خدا سے ہے) بکریوں سے(وہ لوگ جن کا تعلق شیطان سے ہے) جُدا کیا جائے گا۔

بڑھتی ہوئی بیماری اور گناہ آلودہ شعور کے ساتھ ، ہر طرف قحط ہوگا اور وبا ہوگی اور بڑے بڑے بھونچال آئیں گے اور بعد میں عظیم جنگیں برپا ہونگیں، جیسا کہ یسوع مسیح نے پیشن گوئی کی ہے(متی۲۴:۶۔۷؛مرقس۱۳:۷۔۸؛لوقا۲۱:۹۔۱۱)۔ہمارے آقا نے ہمیں پہلے ہی سے ان نشانات کے بارے میں اپنے پیچھے چلنے والوں کو بتادیا ہے تاکہ وہ ان نشانات کو دیکھ کر پہلے ہی تیار ہوسکیں۔کیسا اچھاہے کہ ''اچھے طریقے سے تیار ہونا؟''۔جب غیر ایماندار حیران اور پریشان ہوجائیں گے اور ڈر جائیں گے جب وہ ایسی ڈرا دینے والی چیزوں کو ہوتا دیکھیں گے، لیکن مسیحی ایماندار ان نشانات کو دیکھ کر تقویت پائیں گے۔سچے ایماندار، حتیٰ کہ وہ خود بھی تکلیف اٹھائیں گے۔لیکن اس قابل ہوں گے کہ وہ تمام واقعات کا نبوتوں کے مطابق پورا ہونا دیکھیں تاکہ وہ بائبل کے خدا کی قُدرت اوراسکی قدرت کا،اور کہ وہ سب کچھ جاننے والا ہے،اُسکی ہر جگہ موجودگی کا زندہ ثبوت دیکھیں۔اور اُس ثبوت میں ،وہ خوش ہوں گے کیونکہ اُن کے ساتھ خدا کا وعدہ ہے کہ اُنکو سب کچھ ملے گا۔

چند لوگ سمجھتے ہیں کہ نبوتوں کے پورا ہونے میں کیسا تسلسل تھا۔اور ہے ، خدا کے اقتدارِ اعلیٰ کا کیاثبوت ہے۔بائبل مقدس کو دیکھیں ہر کتاب اور خطوط میں آپکو نبوت کا کوئی نہ کوئی عنصر ضرور ملتا ہے، اسرائیل کے بچوں کے متعلق نبوتیں ملتی ہیں، یسوع کی پیدائش کے بارے میں نبوتیں ملتی ہیں اُسکی آمدِ ثانی کے متعلق نبوتیں ملتی ہیں۔(آمدِثانی یادوسری آمد)

آخری زمانہ(دورِ محشر) کے بارے میں نبوتوں کو apocalypse جو کہ یونانی زبان کا لفظ ہے۔

(apokalypsis) ἀποκάλυψις [G۶۰۲]اپوکلپس ،

جس کے معنی ''کھولنے''،''پردہ ہٹانے'' اور ''آشکارہ کرنے'' کے ہیں۔اخیر زمانہ سے متعلق تحریریں، پھر، الٰہی انکشاف اور روحانی پردہ کشی کی طرف اشارہ کرتی ہیں۔اُن چیزوں کی طرف اشارہ جو کہ روزِ محشر سے پہلے واقع ہونگی۔

نبوتی تحریریں ،بائبل مقدس میں بیشتر جگہو ں پر پائی جاتی ہیں ،بہر حال، یسوع مسیح کا مکاشفہ جو کہ یوحنارسول پر ظاہر ہوا تمام تحریروں سے عظیم تر ہے۔کیوں؟یہ خدا کی طرف گواہی کے لیے انسانوں کو ایک شاہکار تحفہ ہے کہ خدا جو تھا،جو ہے اور آنے کو ہے کی گواہی دیتا ہے۔وہ آنے والے حتمی خوف سے پردہ ہٹا دیتا ہے جو کہ دُنیا میں آنے والا ہے، اور آخری زمانہ کے مسیحی ایمانداروں(برگزیدوں) کے لئے واحد سچے خداپرایمان رکھناضرور ہے سمجھناضروری ہے؟تاکہ وہ حقیقی اور سچے خدا کے ایمان میں ،مصیبتوں اور دکھوں کے باوجود بھی جو کہ آنے والے ہیں،مضبوطی پاسکیں۔

ہاں، مستقبل کے بارے میں پہلے ہی سے بتا دیا گیاہے۔اُنکے لئے جو اپنے سے پوچھتے ہیں''ایسا کیسے ہوسکتا ہے؟'' اور ''کیا یہ طے شدہ کی بات ہے؟''.... میں اس بات کے عوض میں صرف یہ کہہ سکتا ہوں، خدا کی مرضی سے باہر جو کچھ بھی کیا جاتا ہے اس کا نتیجہ ناکامی ہوتا ہے۔کوئی بات نہیں کہ آیا کہ کاوش مذہبی یا سیاسی نظام کو بنانے کی ہو، یا قوم بنانے کی ہو، یا مستقبل اور زندگی کی ترقی کی ہو،یا دُنیا کی ہو.... اگراُس میں خدا کی مرضی شامل نہیں رکھتے تووہ عمل قابل فتویٰ ہے۔ناکامی سات سالوں، یا ستر سالوں یا حتیٰ کہ سات ہزار سالوں پر مبنی ہے کچھ نہیں کہاجاسکتا ، بلکہ، غلطی نہ کریں تو یہ ہوگا۔

مزید ،کیونکہ یہ دُنیا اور اس کی آسائشیں ختم ہوجائیں گی اس کا یہ مطلب ہر گز نہیں ہے کہ خدا نے یہ فیصلہ بھی کرلیا ہے کہ یہ جان بچائی جائے گی اور یہ جان فنا کردی جائے گی۔ہر روح(جان) کو خود فیصلہ کرنا ہے۔اگرچہ خاتمہ یا حالتِ اختتام، کسی بھی شخص کی کاوش میں روحانی طور پر واضح دیکھا جاسکتا ہے، ہر روح کو یہ چننا ہے کہ وہ کس راہ میں سفر کرنا چاہتی ہے۔

اُنکے لیے جو شائد دنیا کی قسمت کے متعلق سیکھنا چاہتے ہیں، اور وہ احمقانہ نتیجہ پر پہنچ جاتے ہیں کہ خدا خالق و مالک ظالم ہے، میں اُنکو یاد دلانا چاہتا ہوں کہ وہ صرف انسان ہی ہے جو گناہ کرتا ہے ،خدا نہیں۔کیا خدا نے اپنا انصاف اور غضب روک نہیں رکھا، اوریا برحق غصہ،کہ بہت دیر پہلے سے ہم سب صفاء ہستی سے مٹ گئے ہوتے۔خدا قصورواروں پر بہت مہربان ہوگیا ہے،کیونکہ اُس نے ہمیں وقت دیا ہے کہ ہم پچھتائیں، اور اپنے گناہوں کی معافی مانگیں، اور یسوع مسیح خدا کے اکلوتے بیٹے کو اپنا شخصی نجات دہندہ قبول کریں۔

آج ، لوگ ناصرف بائبل کے خدا کا خوف بھول چکے ہیں بلکہ یہ بھی بھول چکے ہیں کہ خدا کا خوف کیسے کریں۔وہ لوگ جو بے راہ روی کا شکار ہیں انکو سیاسی درستگی اور ترقی کی ضرورت ہے اور (جسکا مطلب ہے، کہ لوگوں کو دہشت زدہ نہ کرنا)، آج کل کے جدید نظریہ سے تعلق رکھنے والے ماہرینِ علم الٰہیات، اور کلیسیائی قائدین، یہ بات سکھاتے ہیں کہ خدا کے خوف کا مطلب صرف اُسکی عزت اور تعظیم کرنا ہے۔بہر حال، خدا کا خوف جو کہ بائبل مقدس میں ملتا ہے اسکا مطلب ہے کہ تمام دوسری چیزوں سے بالاتر ہوکر بائبل کے خدا کا خوف کرنا، اُسکی مخالفت نہ کرنا۔حقیقی مسیحیوں کے لئے قادرِ مطلق خدا کا خوف کرنے میں دونوں چیزیں شامل ہونا چاہئیں خوف بالتابعداری اورخوف بالوقف۔دوسرے الفاظ میں، خدا قادرِ مطلق کے خوف میں اُسکی کمال طاقت کی تعریف، اُسکے انصاف کی تعریف، اور اُسکے غضب کی شدت تاکہ ہم اُن تمام چیزوں سے اجتناب کریں جن سے اُسے نفرت ہے، شامل ہونی چاہئیں۔(بائبل مقدس کا خدا برائی سے نفرت کرتا ہے....خاص طور پر جھوٹے معبودوں کی پرستش کرنے سے)۔

بد قسمتی سے، بے شمار حقیقی مسیحیوں نے خود سے یہ فیصلہ کرلیا ہے کہ بائبل کا خدا ایک ہی وقت میں محبت اور ملصب نہیں کرسکتا۔وہ یہ نہیں سمجھ پاتے کہ خدا کا غضب اُسکے انصاف اور عدالت سے تعلق رکھتے ہیں۔یقینا، اگرچہ خدا کا غضب اُسکے حقیقی مسیحیوں پر نازل نہیں ہوتالیکن اُسکا غضب اُن لوگوں پرنازل ہوتا ہے جو کھلے طور پر اُسکے پاک نام پر کفر بکتے اور اُسکے اکلوتے بیٹے کو ردّ کرتے ہیں۔حقیقی مسیحی خدا کے غضب سے برہّ کے خون بہائے جانے سے محفوظ رہتے ہیں۔یسوع مسیح حقیقی مسیحیوں کی شفاعت کرتا ہے تاکہ وہ خدا قادرِ مطلق کے غضب سے بچ جائیں۔حقیقی مسیحیوں کو یہ بات سوچ کر مضطرب نہیں ہونا چاہیے کہ غضب کا تعلق خدا سے ہے(استثنا۳۲:۳۵)، کیونکہ یہ غضب صرف خدا قادرِ مطلق کا ایک پہلو ہے۔اسکے کرداراور قدرت کا ایک حصہ۔

اخیر زمانہ کی پیشن گوئیوں سے جن سے خدا کے غضب کے نزول کا اندازہ ہوتا ہے روحانی الذہن اشخاص کو دو خاص چیزوں کو سمجھنا بے حد ضروری ہے جو کہ آخری زمانہ میں شکل اختیار کریں گی۔دونوں ابھی بن رہی ہیں۔پہلی، دس ریاستی یورپی ریاست(دس یورپی ریاستوں کا الحاق) ، اور دوسری، دس اسلامی جمہوری ریاستوں کاالحاق (دس اسلامی جمہوری ریاستوں کا الحاق) ہر ریاست کے فروغ پانے(یا ، ''حیوان'')کا ذکر بائبل مقدس کی آخری کتاب مکاشفہ میں ملتا ہے:

دس ریاستی یورپی برادری .... بلائے گئے تو بہت ہیں''دوبارہ بیدار رومن بادشاہت''۔جسکے بارے میں مکاشفہ کی کتاب کے ستارہویں باب میں نبوت کی گئی ہے۔اور دس ریاستی اسلامی برادری ،مشرقِ وسطیٰ اوراس سے ملحقہ جغرافیائی جگہیں.... کئی لوگ ان باتوں کی شناخت بالکل نہیں کرواسکے....جسکے بارے میں مکاشفہ کی کتاب کے تیرہویں باب میں نبوت کی گئی۔ان دونوں ابواب میں، مکمل طور پر دو مختلف سیاسی اور اقتصادی اور مذہبی شناختوں کی منظر کشی کی گئی ہے۔جس سے مراد وہ حیوان ہے جس کے سات سر اور دس سینگ ہیں۔اگرچہ انکے ایک جیسی منظر کشی نے بائبل مقدس کے مفکرین کو بے حد نمایاں کردیا کہ دونوں

ابواب میں جس حیوان کا ذکر ہے وہ ایک ہی ہیں لیکن یہ نتیجہ غلط ہے۔اگرچہ دونوں کے سات سر اور دس سینگ ہیں اور وہ قرمزی رنگ کا حیوان ہے مکاشفہ ۱۷باب میں ''چیتے کی طرح کا حیوان نہیں ہے'' جسکا باب ۱۳میں بیان ہے۔یہ کہ دونوں جن کے سات سر اور دس سینگ ہیں وہ دونوں ہی شیطان کے تجسم کی نشانیاں ہیں۔خود شیطان کی منظر کشی مکاشفہ ۱۲باب میں ملتی ہے۔''ایک بڑا سرخ حیوان،جس کے سات سر اور دس سینگ ہیں''۔مندرجہ ذیل مکاشفہ ۱۷اور ۱۳ ابواب کو پاک روح کی مدد سے کھولا گیا ہے ، جو کہ روحانی حس کے ذریعے حاصل ہوئی:

مکاشفہ ،ستارہواں باب

آیات ۱سے ۶تک

جن سات فرشتوں کے پاس سات پیالے تھے اُن میں سے ایک نے آکر مجھ سے کہا کہ اِدھر آ، میں تجھے دکھاوں گا کہ اُس بڑی طوائف کو کیا سزا ملنے والی ہے جو پانیوں پر بیٹھی ہوئی ہے۔روئے زمین کے بادشاہوں نے اُس کے ساتھ زنا کیا اور اہلِ زمین اُس کی حرامکاری کی مے سے متوالے ہو گئے۔وہ فرشتہ مجھے روح میں ایک صحرا میں لے گیا۔وہاں میں نے ایک عورت کو قرمزی رنگ والے ایک ایسے حیوان پر سوار دیکھا جس کے سات سر اور دس سینگ تھے اور جس کے سارے جسم پر خدا کی نسبت کفر آمیز نام لکھے ہوئے تھے۔وہ عورت ارغوانی اور قرمزی رنگ والا لباس پہنے ہوئے تھی اور جواہر اور موتیوں سے آراستہ تھی۔اُس کے ہاتھ میں ایک سنہری پیالہ تھا جو مکروہ چیزوں اور اُس کی حرامکاری کی غلاظت سے بھرا ہوا تھا۔اُس کی پیشانی پر یہ پُر اسرار نام درج تھا: شہرِ عظیم بابل طوائفوں اور زمین کی مکروہات کی ماں۔میں نے دیکھا کہ وہ عورت مقدسوں اور یسوع کے شہیدوں کا خون پی کر مدہوش ہو چکی تھی۔اُسے دیکھ کر مجھے سخت حیرت ہوئی۔

بڑی کسبی جو بہت سے پانیوں پر بیٹھی ہوئی ہے '' رومن کیتھولک کلیسیاء ہے۔''،'' زمین کے بادشاہوں نے حرامکاری کی'' اُن کے ساتھ حکمرانی کرنے کی طرف اشارہ کرتے ہوئے جس نے گزرے دوہزار سالوں میں پوری دُنیا میں بہت سی حکومتوں کے ساتھ لُطف اُٹھایا ہے۔''اور زمین کے رہنے والے اُسکی حرامکاری کی مَے سے متوالے ہوگئے تھے۔

اِسکا مطلب ہے ، کہ اُسکی تعلیم سے ، کئی قبائل، قومیں اور لوگ گمراہ ہوگئے (جو کہ اُس مسیح کی عبادت کرنا، جو کہ مسیح نہیں ہے)۔قرمزی اور ارغوانی رنگ جن سے وہ عورت آراستہ تھی اُس عورت کی فحش جبلت کی حاکمیت کی تعلیم کی نشاندہی ہے۔کہ وہ ''سونے اور جواہر اور موتیوں سے آراستہ تھی''۔یہ اُس کی عظیم مادی دولت و حشمت کی طرف اشارہ کرتا ہے۔جو''اور ایک سونے کا پیالہ مکروہات یعنی اُسکی حرامکاری کی ناپاکیوں سے بھرا ہوا اُس کے ہاتھ میں تھا۔

جو کہ اشارہ کرتا ہے اُسکے سنہری دور کا جس میں وہ بُت پرستی کی تعلیم اور بدکاری کے ساتھ خدمت کرتی ہے(ہر ماس میں یسوع کی دوبارہ قُربانی کی ''یوخرست'')۔اُسکے ماتھے پر لکھا نام اُسکی کمزوری کی نشاندہی کرتا ہے(جوکہ روحانی زناکاری کا بتاتی ہے)۔اور وہ درجہ بھی بتاتی ہے کہ یہ کمزوری کتنی پھیل چکی ہے۔کہ وہ ''یسوع کے شہیدوں کے خون ،اور مقدسوں کے خون کے ساتھ مست تھی''۔دونوں اُسکے نفسیاتی ایمان کی طرف مدعو کرتے ہیں(مثال کے طور پر، حقیقی مسیحی ایماندار)، وہ بھی خدا کی ہے۔دوسرے الفاظ میں ، رومن کیتھولک چرچ خدا کے چنیدہ لوگوں کے ناموں کے گردگھومتی ہے اپنے ہی تنظیم کے اندر تاکہ تھوڑی دیر کے لیے اپنے بگڑے ہوئے ادارے کیلئے قابل اعتماد بن جائے۔

پروٹسٹنٹس ہوشیار رہیں! آپکو اپنے رومن کیتھولک ہونے والے مسیحی بہن بھائیوں کے خلاف فرق اور تقسیم نہیں کرنی۔رومن کیتھولک لوگوں میں بھی ،چاہے وہ ہوچکے ہیں، اور ابھی تک ہیں، چند حقیقی مسیحی موجود ہیں۔پروٹسٹنٹ لوگ جو بخوشی رومن کیتھولک چرچ کو بابل عظمیٰ کے طور پر اشارہ کرتے ہیں انہیں یہ یاد رکھنا چاہیے کہ'' وہ بھی مکروہات کی ماں ہے'' (آیت ۶)، بہت سی آلودگی کافی ہے کہ ''اسکی بیٹیوں'' کو (مثال کے طور پر ، پروٹسٹنٹ مسالک)اُنکی اپنی عجیب تعلیمی بطلان سے ڈھانپ دے۔یہاں پر صرف پروٹسٹنٹ مسالک ہی نہیں جومسیحیوں کے بیچ بدعت کے طور پر جانے جاتے ہیں بلکہ ایسے پروٹسٹنٹ مسالک موجود ہیں جو کہ بدعت کے طور پر جانے نہیں جاتے ، جیساکہ بشمول اُنکے جو نجات پر کام کرتے ہیں۔جیسا کہ جھوٹ موٹ زبانوں میں بولنا، جھوٹی نبوتیں کرنا، جھوٹے نشانات دکھانا، اور جھوٹے معجزات کرنا۔یقینا، غیر زبانیں بولنا، نبوتیں کرنا، نشانات دکھانا اور عجائبات ابھی تک موجود ہیں لیکن نابالغ مسیحیوں کے درمیان نہیں، جو صرف اپنے وجود کو ظاہر کرنا چاہتے ہیں۔جو کہ اکثر دونوں اپنے جھوٹے عقائد اوراعلیٰ اختیاراتی دباؤ کی نتیجہ میں واقع ہوتا ہے۔

آیات ۷ سے ۸

اُس فرشتہ نے مجھ سے کہا تُو حیران کیوں ہوگیا ؟ میں اِس عورت اور اُس حیوان کا جس پر وہ سوار ہے اور جس کے سات سر اور دس سینگ ہیں تجھے بھید بتاتا ہوں۔یہ جو تُو نے حیوان دیکھا یہ پہلے تو تھا مگر اب نہیں ہے اور آئندہ اتھاہ گڑھے سے نکل کر ہلاکت میں پڑے گا اور زمین کے رہنے والے جنکے نام بنایِ عالم کے وقت سے کتاب ِحیات میں لکھے نہیں گئے اِس حیوان کا یہ حال دیکھ کر کہ پہلے تھا اور اب نہیں اور پھر موجود ہوجائے گا تعجب کریں گے۔

"یہ جو تُو نے حیوان دیکھا یہ پہلے تو تھا مگر اب نہیں" معزول شدہ رومن فرمانروائی کا حوالہ دیتا ہے اور وہ حکومت ''اور پھر موجود ہوجائے گا'' کا مطلب ہے کہ دوبارہ اٹھے گا'' اب ہے'' اس بات کی طرف اشارہ ہے کہ اسکی موجودگی منظر میں نمایاں ہے۔''اتھاہ گڑھے''سے مراد اسکی بددیانتی کی گہرائی ہے۔جہنم۔کہ ''جنکے نام بنایِ عالم کے وقت سے کتاب ِحیات میں لکھے نہیں گئے'' وہ حیران ہونگے سے مراد ہے کہ وہ روحیں جو بچائی نہیں گئی وہ رومی فرمانروائی کے دوبارہ ظہور کے اصل نشانوں کو نہیں سمجھ پائیں گی۔

آیات ۹ سے ۱۱

یہی موقع ہے اُس ذہن کا جس میں حکمت ہے۔وہ ساتوں سر سات پہاڑ ہیں۔ جن پر وہ عورت بیٹھی ہوئی ہے۔
اور وہ سات بادشاہ بھی ہیں پانچ تو ہوچکے ہیں اور ایک موجود ہے اور ایک ابھی آیا نہیں اور جب آئے گا تو کچھ عرصہ تک اُس کا رہنا ضرور ہے۔اور جو حیوان پہلے تھا اور اب نہیں وہ آٹھواں ہے اور اُن ساتوں میں سے پیدا ہوا اور ہلاکت میں پڑے گا۔
سات سر کے یہاں دوہرے معنی ہیں، پہلا، روم کی سات پہاڑیوں کا حوالہ دیتی ہے(اُن کے نام یہ ہیں،ایونٹائن، کیلین، کیپیٹولائن، ایسکیولین، پیلاٹائن، کیورینال اور وائیمینال)، جو کہ کفر سارے شہر کو گھیرے ہوئے ہیں'' جن پر وہ عورت بیٹھی اور دوسری، یہ سات مختلف سیاسی نظاموں کی طرف اشارہ کرتا ہے (''سات بادشاہ'') جن پر رومیوں نے حکومت کی ''ہوئی ہے یا اُن پر حکومت کی گئی ''۔''وہ سات بادشاہ بھی ہیں پانچ تو ہوچکے ہیں اور ایک موجود ہے اور ایک ابھی آیا نہیں '' اور یہ حیوان'' ساتوں میں سے ''آٹھواں '' ہے۔یہ سب سیاسی نظاموں کے جانشینیوں کی طرف اشارہ کرتا ہے(ایک کے بعد دوسرا) جو کہ ایک ہی وقت میں موجود نہیں رہے۔مثال کے طور پر

۱۔رومی جمہوریہ

۵۱۰ قبل از مسیح تا ۴۷۶ عیسوی

(آخری رومی شہنشاہ کو۴۷۶عیسوی میں برطرف کردیا گیا)

۲۔روم کی جاہلانہ (غیر ملکی) حکومت

۴۷۶ عیسوی تا۷۷۴ عیسوی

۳۔کیرولگیان مملکت اور روم کے لیے اس کا مال متروکہ: شہری ریاست میں روم کی بالیدگی اور شرافت اور پاپائی سے ملی ہوئی مخلوط حکمرانی کی ترقی۔

۷۷۴عیسوی تا۱۴۲۰ءعیسوی

۴۔روم سراسر پاپائی حکمرانی کے ماتحت ۱۴۲۰ءعیسوی تا ۱۸۷۰ءعیسوی۔

۵۔روم کا اطالوی قانونی بادشاہت کو شامل کرتے ہوئے ۱۸۷۰ء عیسوی تا۱۹۲۲ءعیسوی

اس ادخال کو پوپ پائیس نویں کی فرانسیسی مدد سے علیحدگی کے ساتھ پیغام رسانی کے ساتھ ہوا، روم کا اطالوی لشکر کے سامنے ہتھیار ڈال دینا اور بعدازاں انتخابات کا ہونا حکومتی نشست کے طور پر)۔

۶۔اٹلی فسطانیت کے ماتحت ۱۹۲۲ء عیسوی تا ۱۹۴۶ء عیسوی

۷۔روم اٹلی کی ''جمہوریہ'' کے طور پر ۱۹۴۶ءعیسوی۔تا حال (۱۹۴۸ء اور حقیقت وہ سال تھا جب نیا قانون اپنی مکمل طاقت کے ساتھ نافذ ہوا۔)

۸۔رومی یورپی اقتصادی برادری (ای ای سی) کے طور پر روم کے عہدو پیماں کی علامت ، جس پر ۲۵مارچ۱۹۵۷ءمیں دستخط ہوئے اور اِسے یکم جنوری ۱۹۵۸ءپر نافذ کیا گیا)۔

آیات ۱۲تا ۱۸

اور وہ دس سینگ جو تُو نے دیکھے دس بادشاہ ہیں۔ابھی تک اُنھوں نے بادشاہی نہیں پائی مگر اُس حیوان کے ساتھ گھڑی بھر کے واسطے بادشاہوں کا سا اختیار پائیں گے۔اِن سب کی ایک ہی رائے ہوگی اور وہ اپنی قدرت اور اختیار اُس حیوان کو دے دیں گے ۔وہ برّہ سے لڑیں گے اور برّہ اُن پر غالب آئے گا کیونکہ وہ خداوندوں کا خداوند اور بادشاہوں کا بادشاہ ہے اور جو بُلائے ہوئے اور برگزیدہ اور وفادار اُس کے ساتھ ہیں وہ بھی غالب آئیں گے۔پھر اُس نے مجھ سے کہا کہ وہ جو پانی تو نے دیکھے جن پر وہ اُمتیں اور گروہ اور قومیں اور اہلِ زبان ہیں۔اور جو دس سینگ تو نے دیکھے وہ اور حیوان اُس کسبی سے عداوت رکھیں گے اور اُسے بیکس اور ننگا کردیں گے اور اُسکا گوشت کھا جائیں گے اور اُس کو آگ میں جلا ڈالیں گے۔کیونکہ خدا اُن کے دِلوں میں یہ ڈالے گا کہ وہ اُسی کی راہ پر چلیں اور جب تک کہ خُدا کی باتیں پوری نہ ہولیں وہ متفق الرائے ہوکر اپنی بادشاہی اُس حیوان کو دے دیں۔اور وہ عورت جسے تُونے دیکھا وہ بڑا شہر ہے جو زمین کے بادشاہوں پر حکومت کرتا ہے۔

یہاں پر یہ واضح ہے کہ دس قومیں (''دس بادشاہ'') ایک اکٹھ کی صورت میں اُبھریں گے۔کہ ''اِن سب کی ایک ہی رائے ہوگی اور وہ اپنی قدرت اور اختیار اس حیوان کو دے دیں گے۔ اشارہ کرتا ہے اُنکے مضبوط اتحاد اور عہد کی۔کہ یہ بادشاہ اکٹھے مل کر بادشاہت کریں گے جب تک کہ مسیحا (یسوع مسیح) واپس آئے گا۔جیسا کہ یوحنا پر فرشتہ نے ظاہرکیا''اور وہ برّہ سے جنگ کریں گے''۔کہ ''وہ اُس کسبی سے عداوت رکھیں گے''۔اسکا مطلب ہے کہ وہاں پر رومن کیتھولک تعلیم کی کوئی جگہ نہ ہوگی (سچی یا جھوٹی) صرف سیاسی نظریہ کی بنیاد پر جو اِن قوموں کواکٹھا کرے گا۔یہ اُن کی کسبی کے ساتھ مخالفت کی وجہ سے ہے کہ قومیں''اُسے بیکس اور ننگا کردیں گے اور اُسکا گوشت کھا جائیں گے اور اُسکو آگ میں جلا ڈالیں گے''۔اسکا مطلب یہ ہے کہ وہ اُسکو نیست و نابود کرکے اسکی طاقت اور دولت ختم کردیں گے۔بعد میں ، ویٹیکن شہر''وہ بڑا شہر ہے جو زمین کے بادشاہوں پر حکومت کرتا ہے۔'' مزید نہ رہے گا۔

اُن قارئین کے لئے جو کہ بائبل کے طالب علم ہیں اُس آیت کو یاد رکھیں کہ وہ بتاتی ہے کہ اُس بابلِ عظمٰی سے نکل آؤ، یا رومن کیتھولک کلیسیاءکو چھوڑ دو، یہ خدا ہی ہے جو اپنے لوگوں کو بُلاتا ہے کہ وہ اُس کلیسیاءسے نکل آئیں، نہ میں اور نہ آپ۔ مسیحی اس لئے نہیں ہیں کہ ایک دوسرے کی عیب جوئی کریں، یا وہ اپنے بہن بھائیوں کی بے عزتی کریں:

اور میں نے ایک اور آواز آسمان سے آتی سنی جو کہتی تھی "اے میرے لوگو ، اُس میں سے باہر نکل آؤ ، تاکہ تم اُسکے گناہوں میں شریک نہ ہوجاؤ، اور کہیں اُسکا غضب تم پر نازل نہ ہوجائے۔(مکاشفہ ۱۸:۴)

مکاشفہ تیرھواں ۱۳ باب

آیات ۱تا ۲

اور میں نے ایک حیوان کو سمندر میں سے نکلتے ہوئے دیکھا۔اُس کے دس سینگ اور سات سر تھے اور اُس کے سینگوں پر دس تاج اور اُس کے سروں پر کُفر کے نام لکھے ہوئے تھے۔اور جو حیوان میں نے دیکھا اُس کی شکل تیندوے کی سی تھی اور پاؤں "ریچھ کے سے اور مُنہ ببر سا اور اُس اژدہا نے اپنی قدرت اور اپنا تخت اور بڑا اختیار اُسے دے دیا۔

یہ حیوان ....وہی حیوان ہے جو دانیال نبی نے آخر میں دیکھا تھا "چار عظیم حیوانوں کے"(دانیال۷:۳) .... بہت خطرناک بادشاہی کو ظاہر کرتا ہے جسکو دُنیا کبھی جانے گی۔وہ حیوان "تیندوے" جیسا ہے اور کمینگی کی حرکات کی کے بارے بولتا ہے جن کے ذریعے وہ پوری زمین میں مداخلت کرے گا اور ساتھ ساتھ ہی اُس تیندوے کی بیک وقت مداخلت(جغرافیائی وسعت) دونوں مشرقِ وسطیٰ اور جنوبی افریقہ میں بھی ہوگی۔اور اُس تیندوے کے پاؤں "ریچھ کے پاؤں جیسے ہیں" اسکا مطلب ہے کہ وہ بے رحمی سے اُن لوگوں کو پامال کرے اور رگیدے گا جو اُس کی مخالفت کریں گے۔اور اُسکا منہ "شیر کا منہ ہے" اِس کی حوس اوروحشیانہ جبلت وخصلت کو ظاہر کرتا ہے۔مکاشفہ ۱۷ میں دِکھائے گئے حیوان کی طرح۔اور اُس حیوان کی ریڑھ کی ہڈی دس قوموں پر مشتمل ہوگی ("دس سینگ")۔بہر حال، مکاشفہ۱۷ باب میں ارغوانی رنگ کے حیوان کی طرح نہیں، "آخری وقتوں " کے دوران ساری طاقت مکاشفہ باب ۱۳ کے حیوان کو دی جائے گی۔مختصراً ، بڑے اژدہا(ابلیس) کی آخری حرکات اُس حیوان کے ذریعے ممکن ہونگی؛ جو کہ نام نہاد اُمتِ مسلمہ ہے....اسلامی مملکتوں کا الحاق۔اس بات کاخیال رکھناچاہیے کیونکہ رومن کیتھولک کلیسیااور مغربی یورپ اسلام کی حمایتی ہیں، مسلمان،اور قرآن(القرآن) ۔مکاشفہ کی کتاب کے ۱۷ باب میں جوار غوانی رنگ کاحیوان ہےاور تیندوے کی شکل کاحیوان جسکاذِکر ۱۳ باب میں آیاہے ایک دوسرے سے جُڑے ہوئے ہیں۔بہر حال اُن دونوں میں سے حیوان الگ الگ دس مملکتوں کا مجموعہ ہیں۔

مندرجہ ذیل ، وہ منظر کشی کی ہے جو کہ مصنف نے اپنی فنکارانہ معلومات کی بنا پر۱۹۷۹ءمیں کی، یہ مکاشفہ ۱۳ باب میں اسلامی حیوان کے متعلق ہے۔(فنکارانہ معلومات سے مراد یہاں پر میری اپنی (مصنف کی) تخیلاتی منظر کشی ہے۔اس لئے یہ اُس بات کی وضاحت نہیں ہے جو یوحنا رسُول نے اپنی حقیقی رویا میں دیکھا)۔

Quran: Testimony of Antichrist القرآن: مخالف مسیح کی گواہی

حیوان کی منظر کشی

تصویر ۲ مصنف کا حیوان کے متعلق فنکارانہ تصور

حتمی طور پر، کچھ اسلامی مملکتوں کی منظر کشی تصویر ۳ میں دی گئی ہے، اسلامی مملکتوں کا الحاق مکاشفہ باب ۱۳ میں جسکا بیان بطور حیوان کیا گیا ہے۔ (اسلامی جزیرہ، جو کہ مشرق وشمال مغرب پر مشتمل ہے اور تصویر ۳ میں نہیں دکھایا گیا ہے)۔

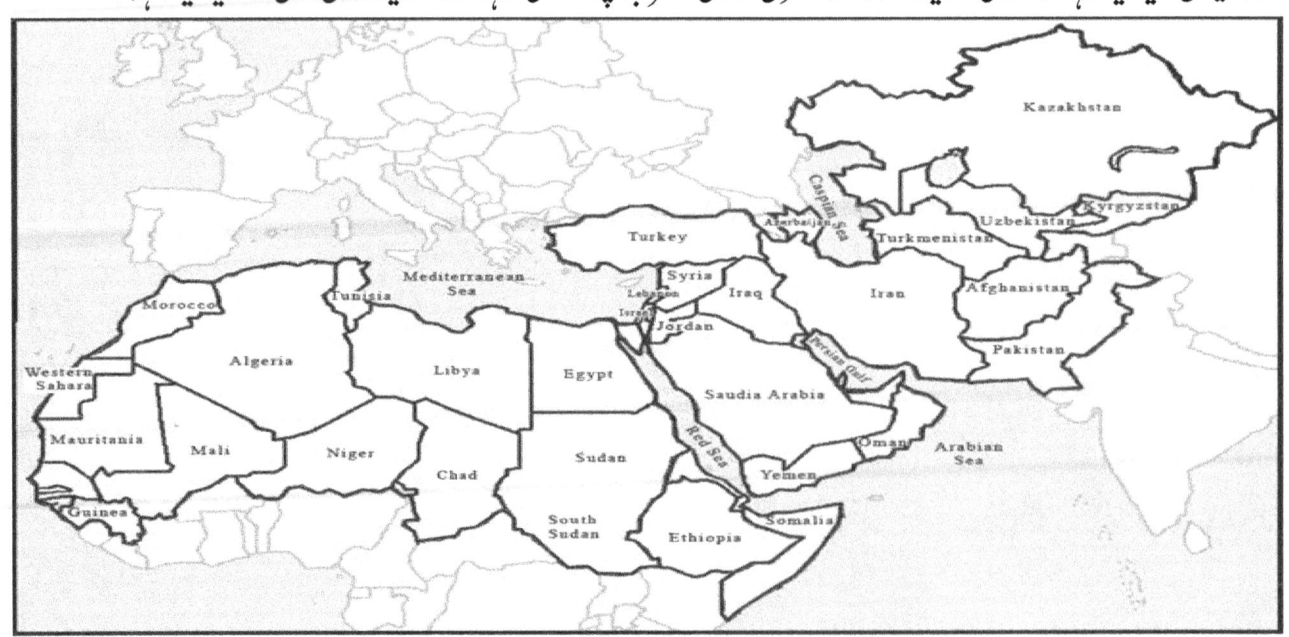

تصویر ۳ متوقع مملکتیں جو حیوان کو تشکیل دیں گی

تمام صورتوں میں، یہ اسلامی ریاستوں کا الحاق مشرقِ وسطیٰ اور شمالی افریقہ پر مشتمل ہے، مثال کے طور پر ایران، عراق، ترکی، شام، لبنان، یُردن، سعودی عرب، یمن، مصر اور لیبیا شامل ہیں۔اور یہ اس طرح بھی ہے کہ اس اسلامی الحاق کی بہت سی ممبران OPEC کے اقتصادی معاہدہ میں شامل ہیں۔۲۰۱۸ میں تصویر نمبر ۳ میں دکھائے گئے تمام ممالک OPEC مملکتیں ہیں اور ان میں الجریہ، ایران، عراق، کویت، لیبیا، نائجریا، قطر، عرب اور عرب امارات شامل ہیں۔(اگرچہ جیسا کہ ان ممالک کی حدود تصویر نمبر ۳ میں واضح موٹی کی گئی ہے، کویت، قطر، اور عرب امارات بہت چھوٹے ہیں کہ اُنکو واضح کیا جائے)۔کویت عراق کے شمال مشرق میں واقع ہے۔عرب امارات کے جنوب میں عمان ہے اور مشرق میں سعودی عرب واقع ہے۔اور قطر خلیج فارس کا ایک چھوٹا ساخطہ اراضی ہے جو کہ عرب امارات کے جنوب میں واقع ہے اور سعودی عرب کے مشرق میں ہے۔

آیات ۳ سے ۸

اور میں نے اُس کے سروں میں سے ایک پر گویا زخم کاری لگا ہوا دیکھا مگر اُسکا زخم کاری اچھا ہوگیا اور ساری دُنیا تعجب کرتی ہوئی اُس حیوان کے پیچھے پیچھے ہولی۔اور چونکہ اُس اژدہا نے اپنا اختیار اُس حیوان کو دے دیا تھا اِس لئے انہوں نے اژدہا کی پرستش کی اور اُس حیوان کی بھی یہ کہہ کر پرستش کی کہ اِس حیوان کی مانند کون ہے؟ کون اُس سے لڑ سکتا ہے؟ اور بڑے بول بولنے اور کفر بکنے کے لئے اُسے ایک منہ دیا گیا اور اُسے بیالیس مہینے تک کام کرنے کا اختیار دیا گیا۔اور اُس نے خُدا کی نسبت کفر بکنے کے لئے منہ کھولا کہ اُس کے نام اور اُس کے خیمہ یعنی آسمان کے رہنے والوں کی نسبت کفر بکے۔اور اُسے یہ اختیار دیا گیا کہ مقدسوں سے لڑے اور اُن پر غالب آئے اور اُسے ہر قبیلہ اور اُمت اور اہلِ زبان اور قوم پر اختیار دیا گیا۔اور زمین کے وہ سب رہنے والے جنکے نام اُس برّہ کی کتابِ حیات میں لکھے نہیں گئے جو بنایِ عالم کے وقت سے ذبح ہوا ہے اُس حیوان کی پرستش کریں گے۔

'جیساکہ مصنف دیکھتا ہے، تقریباً اس تیندوے کی شکل کے حیوان کے گہرے زخموں کی تین ممکنہ تشریحات ہیں:

(۱)حیوان کے سروں میں سے ایک پر "زخم کاری" لگا تھا اور وہ "اچھا" ہوگیا حوالہ دیتا ہے اُس نئی بادشاہت کا معجزانہ موت کے منہ سے واپس آنے کا،جو وہ بادشاہ بنائیں گے، (یہاں پر "تلوار سے" زخم کاری کو ظاہر کرنے کے لیے استعمال ہوا کرتا تھا مکاشفہ ۱۳:۱۴ آیت میں، رائے دیتے ہوئے کہ وہ رہنما "کاٹ ڈالا جائیگا"، قتل کرنے کی کوشش میں)۔

(۲)دوسری ممکنہ حقیقت یہ ہے کہ جواُس تیندوے کی شکل والے حیوان کے زخم اور شفا کا تعلق ہے وہ مسلم امہ میں موجود دو فرقوں یعنی شیعہ اور سُنی فرقوں کا اتفاق ہو سکتا ہے۔اپنے درمیان نظریات کے فرق کا ٹھیک ہو جانے کی وجہ سے۔

(۳) تیسری ممکنہ حقیقت یہ ہے کہ جواُس تیندوے کی شکل والے حیوان کے زخم اور شفا کا تعلق ہے کہ دو یا دو سے زائد ممالک کا آپس میں جغرافیائی اور سیاسی اور ثقافتی طور سے مل جانا ہو سکتا ہے۔مثال کے طور پر، عراق شام اور لبنان اور دوسری ملحقہ ممالکہ کی حتمی طور اشتراکیت جو دہشت گرد یعنی اسلامک اسٹیٹ کے نام سے جانی جاتی ہے یا اسلامک اسٹیٹ آف (IS) تنظیموں کے کاموں سے بہت زیادہ نمایاں ہو گئے جسکو کے نام سے۔دلچسپ بات یہ ہے کہ ،اِن میں سے کونسی (ISIL)یااسلامک اسٹیٹ اینڈ دی لیونٹ (ISIS)عراق اینڈ سیریا/الشام شائد اُس قوم کے IS/ISIS/ISIL تقطع السرحد مملکت جو کہ بجیرہ روم سے منسلک ہیں ’’قرض سے بھاگنے والے‘‘شامل ہیں۔ تشکیل دینے یہ وہ مملکتیں ہو سکتی ہیں جو باہم مل کر یا دوبارہ مل کر مکاشفہ تیرہویں باب والے تیندوے کی شکل والے حیوان کو بناتی ہے مشرقِ وسطیٰ کی کی ممالک جو کہ تصویر ۳ میں دکھائے گئے ہیں فرانس اور برطانیہ کی بادشاہت یعنی اتومان کو ظاہر کرتی ہیں (جو کہ روس سے قوت پاتے ہیں) پہلی جنگِ عظیم کے دوران، نتیجتاً بہت سے مسلمان جہادی اور باغی نے اپنی سرحدوں کو مصنوعی اور غیر قانونی دیکھا تصویر ۴ میں اتومان بادشاہت جو کہ ۱۶۸۳ میں قائم ہوئی اسکا درجہ دکھایا گیا ہے۔اگرچہ مغربی ایران (گہری نقطہ دار لائن سے الگ کیا گیا ہے۔تصویر ۴) جو کہ اتومان بادشاہت کا حصہ نہ تھا۔وہ شامل ہوا کیونکہ (۱) یہ حصہ خلفائے راشدین کا حصہ تھا ساتویں صدی عیسوی میں اور (۲) گہرے ثقافتی تعلق کی بنا پر جو فارسی اور اسیری اور مصری ثقافتوں کے درمیان تھے تاریخ جنکا حوالہ دیتی ہے۔

اتومان بادشاہت کے ساتھ ساتھ پہلے اسلامی خلفاء کے جاہ و جلال کو بڑھاچڑھا کر پیش کرنے کی کاوش میں ، اسلامک اسٹیٹ

(IS/ISIS/ISIL)

کے عالمِ شوق کا غیر سرکاری نقشہ خلیفاؤں کا درجہ ءشوق (تصویر۵) میں دکھایا گیا ہے۔بے شک، اسلامی حیوان کا نقشہ مکاشفہ ۱۳ باب سے کھینچا جائیگا جو کہ تصویر نمبر۵ میں کئی جگہوں پر دکھایا گیا ہے۔بلا ترتیب اصل نام اور سرحدیں جو دس ریاستی نظام کو ظاہر کرتی ہیں۔

Quran: Testimony of Antichrist   القرآن: مخالف مسیح کی گواہی

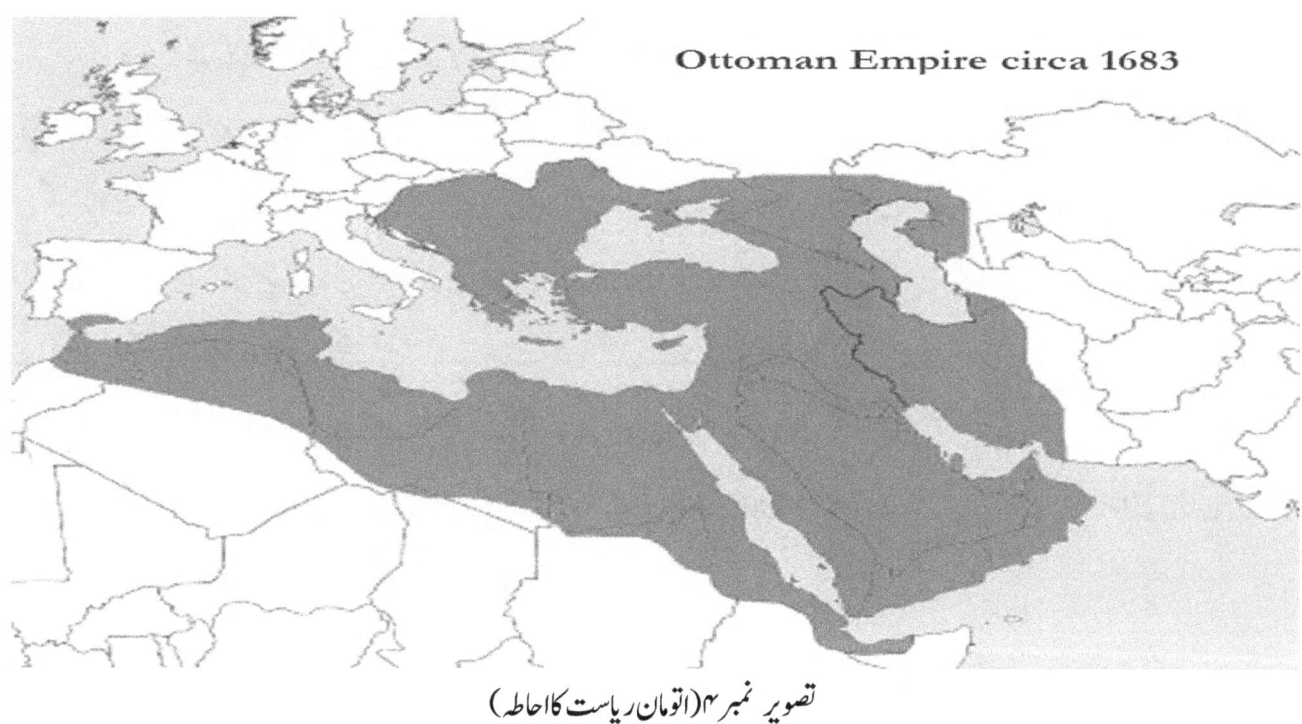

تصویر نمبر ۴ (اتومان ریاست کا احاطہ)

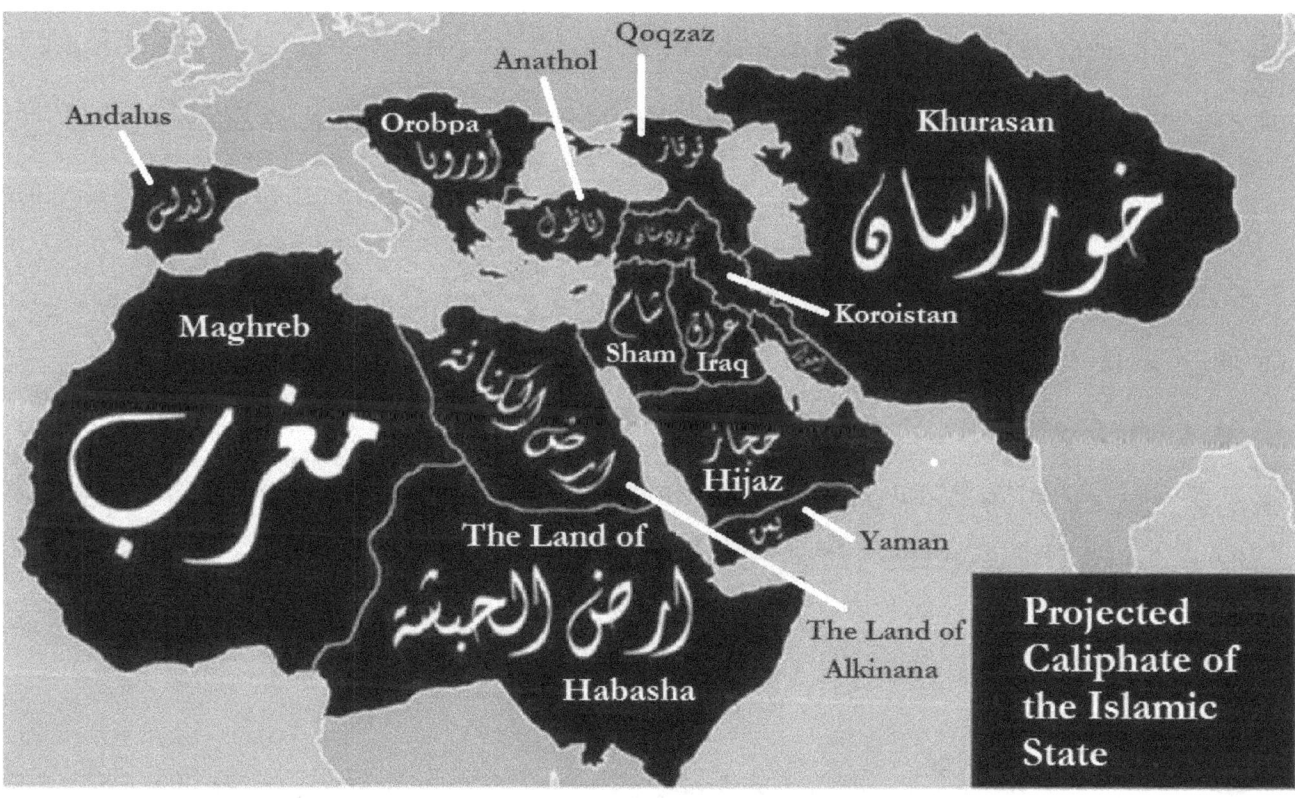

تصویر نمبر ۵ (اسلامی ریاست کا تیار کردہ دارالخلافہ)

کہ ''ساری دُنیا تعجب کرتے ہوئے اُس کے پیچھے پیچھے ہولی''۔نشاندہی کرتی ہے کہ ساری دُنیا اُسکی بھرپور طاقت کے خوف سے باغی اسلامی دہشت گردوں کے غلبہ میں آجائے گی۔کہ ''وہ حیوان کی پرستش کی''اِسکا مطلب عیاں ہے کہ ساری قومیں آخر کار اُس کی طاقت جسکا وہ مختار ہے کے سامنے جھکیں گی،اور لہٰذا وہ اپنے آپ کو اژدہا (ابلیس) کے سامنے مغلوب کردیں گے۔ دوسرے الفاظ میں، زمین پر شیطانی ظہور کی پرستش کرتے ہوئے، لوگ شیطان کی پوجا کریں گے، جو کہ تمام بدیوں کی جڑ ہے۔اسلئے ، اگرچہ تمام وہ لوگ جنکے نام''کتابِ حیات میں نہیں لکھے گئے'' وہ دونوں پر حیران ہوں گے ''سرخ رنگ کے حیوان (جو کہ یورپی الحاق کو ظاہر کرتا ہے) اور ''تیندوے کی مانند حیوان'' (اسلامی الحاق) کو ظاہر کرتا ہے، آخری دور میں دُنیا کی حیرانگی ،پرستش اور حمد میں تبدیل ہوجائے گی، صرف تیندوے کی مانند حیوان کی صورت میں یہ ہوگا جو کہ اسلامی حیوان ہے(موازنہ کریں مکاشفہ ۱۳:۸، سے مکاشفہ۱۷:۸ کا)

اور جو حیوان ہے وہ ''مقدسوں سے جنگ کرے گا''اس بات کو ظاہر کرتا ہے کہ ایذرسانیوں کی ایک بڑی لہرآئے گی جو اُن سب کا پیچھا کرے گی جو واحد اور سچے اور اصلی خدا سے تعلق رکھتے ہیں۔وہ ''پھاڑ کھائے گا''(دانیال ۷:۲۵) اور وہ مقدسین پر''غالب آئے گا''کا مطلب ہے کہ کئی یہودی اور مسیحی ایذا رسانی کا شکار ہونگے، قتل کئے جائیں گے(خاص طور پر سر قلم کئے جائیں گے)اُن لوگوں کے ذریعے جنہوں نے حیوان کا نام اور نشان اپنے ماتھوں پر اور ہاتھوں پر لیا ہے(مثال کے طور پر، جو اللہ اوراسلاماوراسلام کے بانی اس کے جھوٹے نبی،محمد، کے لیے کام کرتے ہیں)۔

اور یہ طاقت حیوان کو ''بیالیس مہینوں کے لئے '' دی جائیگی ، اس بات کی غمازی کرتا ہے کہ اس زمینی بادشاہت کا کتنا وقت باقی ہے اس لمحہ سے جب وہ قیام پذیر ہوگی''دانی ایل کی طرف سے کہی گئی اُجاڑنے والی مکروہ چیز''(متی۲۴:۱۵؛ مرقس۱۳:۱۴) ''اُجاڑنے والی مکروہ چیز'' کا عبرانی ترجمہ ''حد سے بڑھ کر مکروہ'' کے طور پر کیا گیا ہے۔کنگ جیمس ورژن میں اُس نبی کی کتاب میں یہ ''اُجاڑنے والی مکروہ چیز'' ہے۔(دیکھئے دانی ایل۸:۱۳،۱۱:۳۱اور۱۲:۱۱) عبرانی لفظ ''نفرت'' کا کیاگیا ترجمہ کسی نفرت آمیز چیز کی طرف اشارہ کرتاہے جیسے کہ بدکاری کے اعمال سے جھوٹے خدا کی پرستش کرنا۔ایسی بت پرستی جیسے افعال کو پہاڑ کے گنبد پر کوہِ موریاہ پر کیا گیا (عمر کی نام نہاد مسجد)۔

آیات ۹اور۱۰

جس کے کان ہو ں وہ سُنے۔جسکو قید ہونے والی ہے وہ قید میں پڑے گا۔جو کوئی تلوار سے قتل کرے گا وہ ضرور تلوار سے قتل کیا جائے گا۔مقدسوں کے صبر اور ایمان کا یہی موقع ہے۔

یہاں پر یوحنا رسُول روحانی شریعت کا واضح حوالہ دیتے ہیں، اُس عدالت کے حوالے سے جو پاک روح نے یرمیاہ نبی پر ظاہر کی: جو کال کے لئے ہیں وہ کال کو اور جو اسیری کے لیے ہیں وہ اسیری میں"(یرمیاہ۱۵:۲) کونسی روحانی شریعت جسکا یسوع مسیح ذریعے بھی حوالہ دیا گیا۔"جو تلوار کھینچتے ہیں وہ سب تلوار سے ہلاک کئے جائیں گے"۔(متی ۲۶:۵۲) ۔دوسرے الفاظ میں ، جن کے پاس روحانی سمجھ اُنکو یہ بات بتائی گئی ہے کہ اُنکو کسی بھی قسم کے دکھوں کو برداشت کرنے اور سامنا کرنے کے لئے طاقت پائیں گے۔اگر وہ اُس روحانی شریعت کو خود سے یاد رکھیں گے۔

اگرچہ راستباز شریر مردوں اور عورتوں کے ذریعے اس زمین پر آزمائے جائیں گے تاکہ اُن کو انکی کرنی کا بدلہ مل سکے۔فانی لوگ اس سزا کا اندازہ نہیں کرسکتے۔بدلہ لینا صرف بائبل مقدس کے خدا سے تعلق رکھتا ہے،تاہم،گرچہ تلوار سے اسلام کا لفظ اونچا کیا جاسکتا ہے، خدا کے بیٹوں کو اپنا امن و سلامتی برقرار رکھنی ہے پوری دنیا میں آنے والے جہاد جسکو وہ جانتے ہیں کہ ، مقررہ وقت پرخدا کے منہ سے جو تلوار نکلتی ہے اس کے ذریعے سے انصاف نکلے گا۔خدا کا انصاف اور عدالت ہمیشہ قائم و دائم رہیں گے۔(اسکا یہ مطلب ہر گز نہیں ہے کہ لوگوں کو اپنا دفاع کرنے سے منع کیا گیا ہے)

آیات ۱۱سے ۱۵

پھر میں نے ایک اور حیوان(دوسراحیوان) کو زمین میں سے نکلتے ہوئے دیکھا۔اس کے برّہ کے سے دو سینگ تھے اور اژدہا کی طرح بولتا تھا۔اور یہ پہلے حیوان(تیندوے کی شکل کاحیوان) کا سارا اختیار اُس کے سامنے کام میں لاتا تھا اور زمین اور اُس کے رہنے والوں سے اُس پہلے حیوان کی پرستش کراتا تھا جس کا زخم کاری اچھا ہوگیا تھا۔(مکاشفہ۱۳:۳) اور وہ بڑے بڑے نشان دکھاتا تھا یہاں تک کہ آدمیوں کے سامنے آسمان سے زمین پر آگ نازل کردیتا تھا اور زمین کے رہنے والوں کو اُن نشانوں کے سبب سے جن کے اُس حیوان کے سامنے دکھانے کا اُس کو اختیار دیا گیا تھا اِس طرح گمراہ کردیتا تھا کہ زمین کے رہنے والوں سے کہتا تھا کہ جس حیوان کے تلوار لگی تھی اور وہ زندہ ہوگیا اُس کا بُت بناؤ اور اُسے اُس حیوان کے بُت میں روح پھونکنے کا اختیار دیا گیا تاکہ وہ حیوان (تیندوے کی شکل کاحیوان) کا بُت بولے بھی اور جتنے لوگ اُس حیوان(تیندوے کی شکل کاحیوان) کی پرستش نہ کریں اُن کو قتل بھی کرائے۔

مکاشفہ کی کتاب کا دوسرا حیوان باب ۱۳"اُس کے برّہ کے سے دو سینگ تھے اور اژدہا کی طرح بولتا تھا" اور کہ " آسمان سے زمین پر آگ نازل کردیتا تھا"(جیسا کہ ایلیاہ نبی نے کیا)ظاہر کرتا ہے کہ وہ ایک عظیم جھوٹا ہے۔دھوکے کا آقا، نقل مارنے والا، بمطابق حضرت لوقا"جسکو سب بھلا کہتے ہیں "(لوقا ۶:۲۶)، اسلام کاآخری جھوٹا نبی،جوکہ آخری وقت کامخالفِ مسیح ہے اسلام بہت دیر سے منتظر ہے امام مہدی۔کہ وہ "پہلے حیوان کی سب طاقت اور اختیار" عمل میں لائیگا۔اور وجہ بنے گا کہ "زمین پر جو رہتے ہیں کہ وہ اس حیوان کی پرستش کریں"بعد ازاں شناخت کرتا ہے کہ یہ وہی اسلام کا پرچار کرتا ہوا شخص ہے جو آخری دنوں

میں ظاہر ہوگا۔اس وحشیانہ اور طلسماتی کردار کے ذریعے، اس دنیا کے رہنے والے لوگ بھی دھوکہ کھاجائیں گے، کہ وہ شیطان کی پوجا کریں گے بجائے خدا قادرِ مطلق کی پوجا کرنے کے۔

مصنف ایمان رکھتا ہے کہ " تیندوے کی شکل کا حیوان "یاپہلاحیوان (ہلاکت کابُت) ہر اُسکا بُت، مخالفِ مسیح کا بے حد واضح دیکھا جانے والا عکس یافلم ہے جو ہیکل کے کنگرے پر کھڑا ہواہے۔جو لگا تار اور وقتاً فوقتاً سچے اور واحد خدا کے خلاف کفر بکتا(نشر کرتا) ہے جو "بسم اللہ " اور "اللہ ہو اکبر" کی صورت میں ہے۔جھوٹے معبود اللہ کے لیے اور اسکے جھوٹے نبی محمد کے لئے۔وہ سب جنکے نام برّہ کی کتابِ حیات میں لکھے نہیں گئے وہ سب جھوٹے معبود اللہ کی عبادت کریں گے۔(مزید وضاحت کے لیے ، خدا کا برّہ یسوع مسیح ہے اور کتابِ حیات وہ ہے جس میں تمام نام لکھے ہوئے ہیں جو کہ برّہ خون سے بچائے گئے ہیں)۔

آیات۱۶تا ۱۸

اور اُس نے سب چھوٹوں بڑوں اور دولت مندوں اور غریبوں۔آزادوں اور غُلاموں کے دہنے ہاتھ یا اُن کے ماتھے پر ایک ایک چھاپ کرادی تاکہ اُس کے سوا جس پر نشان یعنی اُس حیوان(تیندوے کی شکل کا حیوان) کا نام یا اُس کے نام کا عدد ہو اور کوئی خریدو فروخت نہ کرسکے حکمت کا یہ موقع ہے جو سمجھ رکھتا ہے وہ اِس حیوان (تیندوے کی شکل کا حیوان) کا عدد گِن لے کیونکہ وہ آدمی کا عدد ہے اور اُس کا عدد چھ سو چھیاسٹھ ہے۔

یہاں پر اشارہ دیا گیا ہے کہ جو اسلام کے خُدا(اللہ) کی پرستش کرتے ہیں۔(مثال کے طور پر، اُنکے ماتھے پر نشان ہوتے ہیں) اور جو اسلام کیلئے کام کرتے ہیں وہ (مثال کے طور پر ، اُنکے دائیں ہاتھ پر نشان ہوتا ہے) یعنی آخری دور میں یا ، جو محمد کا نام (یعنی حیوان کا نام)اپنے ساتھ لیتا ہے (بطور سابقہ یا لاحقہ) وہ اس روزمرہ کی سادہ کاموں کو بروئے کار لانے کے قابل ہونگے۔(دیکھیں چوتھے باب کاپہلاجدول اکہ اسلامی حیوان کی محمد کے نام سے نشاندہی کی گئی ہے۔)

دورانِ آفات (سات سالہ دور جو کہ اچانک واضح کرے گا کہ یسوع مسیح زمین پر آتا ہے) قیاس کیا جاسکتا ہے کہ نظامی قتل و غارت میں اضافہ ممکن ہوگا اُن لوگوں کا قتل جو بائبل کے خدا سے تعلق رکھتے ہیں (یعنی یہودی اور مسیحی) خاص کر کہ اُنکے سر قلم کئے جائیں گے۔

پھر میں نے تخت دیکھے اور لوگ اُن پر بیٹھ گئے اور عدالت ان کے سپرد کی گئی اور اُن کی روحوں کو بھی دیکھا جن کے سر یسوع کی گواہی دینے اور خدا کے کلام کے سبب سے کاٹے گئے تھے اور جنہوں نے نہ اُس حیوان کی پرستش کی تھی نہ اُس کے بُت کی نہ اُس کی چھاپ اپنے ماتھے اور ہاتھوں پر لی تھی وہ زندہ ہوکر ہزار برس تک مسیح کے ساتھ بادشاہی کرتے رہے۔

(مکاشفہ ۲۰:۴)

اگرچہ خدا قادرِ مطلق کے تمام مقدسین کا انصاف بھی برابری سے کیا جائے گا۔ یا اُنکو راستبازی میں،یسوع مسیح کے خون بہانے کی وجہ سے ویسا ہی بنادیا جاتا ہے۔تمام مسیحی شہید حقیقت میں ''پہلی ملکیت'' ہیں اُنکی انوکھی قربانی کی وجہ سے۔قتل ہونے سے بچنے کیلیئے یسوع مسیح کا انکار نہ کرنا یہ بائبل مقدس کے خدا کی غیر معمولی ایمان کی ناقابل انکار گواہی ہے!یقینا، یہ مسیحی شہید اِس قابل ہیں کہ وہ یسوع مسیح کے ہزار سالہ دور میں اسکے ساتھ اقتدار پائیں جو اُسکی جسمانی آمدِ ثانی سے شروع ہوتا ہے۔اور وہ ناصرف اس کے ساتھ اقتدار پانے کے قابل ہیں بلکہ وہ اُسکے ہم وراثت کے طور پر بھی اقتدار پائیں گے۔

مسیحی سچائی کا علم بلند کرنا

یہودی عالم، استثناء۶:۴، سے بائبل کی سچائی کے دعویدار ہیں جو کہ ''شیما'' کے نام سے جانا جاتا ہے: سُن (اے) اسرائیل، خدا (یہوواہ) ہمارا خدا ہے، اور ہمارا خدا (یہوواہ) ایک ہے ، یا ''سُن،(اے) اسرائیل، خدا (یہوواہ) ہمارا خدا ہے، خدا(یہوواہ) ایک ہے ۔(جیسا کہ باب نمبر۴ میں بیان کیا گیا ہے کہ یہوواہ کا پاک نام لینے سے کترانا واجب تھا،یہودی اُس نام کی بجائے درج ذیل اسمائے ربی استعمال کرتے تھے: ادونائی، خدا(مالک)، حاشیم، اور خاص نام)

مسلمان اپنے بنیاد پرست عقائد کے دعویدار ہیں جو کہ نقلی بیان ہے جسکو شاہدہ (یعنی گواہی) کے طور پر جانا جاتا ہے۔اور جسکو شاہداتان(یعنی دو گواہیوں، کے طور جانا جاتا ہے ، جو ایک ہی فقرے کو لیتے ہوئے دو نقاط کا حوالہ دیتا ہے)؛ کہ ''کوئی بُت نہیں ہے اللہ کے سوا، اور محمد اللہ کے رسُول ہیں''۔جب یہ بیان کہا گیا جو کہ مسلمانوں میں بطور گواہی اکثر استعمال کیا جاتا ہے تاکہ وہ اپنے غیرقوم خدا (اللہ) کے ایمان کا دعویٰ کریں۔اور یا پھربے ایمان لوگوں کو اسلام کی طرف مدعوکرنے کے لئے گواہی دیں۔(اُن لوگوں کے لئے جو ایذارسانی سے بھاگنے کے لیے مسلمان ایمان میں شامل ہونا چاہتے ہیں، تاریخ شاہد ہے کہ آپکا سرتن سے جدا کردیں گے کافر کی طرح،حتیٰ کہ اُسکو دہراتے ہوئے)۔

بینرز جو کہ تصویر نمبر۶اور ۷ میں ہیں ظاہر کرتے ہیں کہ مصنف کا مسیحی ہونا یہودیوں کے شیما سے ملتا ہے اور ردّ شدہ مشاہدہ جو مسلمانوں کا ہے۔میری عربی میں گواہی بیان کرتی ہے''کوئی خالق نہیں سوائے یہوواہ کے، اور یسوع مسیح اُسکا اکلوتا بیٹا ہے''۔(تصویر نمبر۶) اور عبرانی میں''کوئی خالق خدا نہیں ہے سوائے یہوواہ کے اور یشوع ہی ماشیخ ہے اور اُسکا(خدا کا) اکلوتا بیٹا ہے۔(تصویر نمبر ۷)(جہاں تک عبرانی حروفِ تہجی کا تعلق ہے'' یشوع'' تصویر نمبر۷۔میں نے عبرانی کے زبان زدِ عام الفاظ استعمال کئے ہیں کیونکہ میں خاص طور پر اُن یہودیوں کو جو ابھی تک ایمان نہیں لائے اس بات کو باور کرانا چاہتا ہوں؛ عبرانی حروفِ تہجی یشوع بغیر کسی سوال پوچھے یہ بات ،آج کل کے یہودیوں پر عیاں کردیتا ہے کہ''یسوع ناصری'' ہے، اور کوئی دوسرا یسوع نہیں ہے)۔

آئیں دُعا کریں کہ ہر حقیقی مسیحی ہمیشہ غیر متزلزل حوصلہ پائے تاکہ وہ حق کی بنیاد کا پرچار کرسکے جو کہ نیچے دیئے گئے بینرز میں واضح کیا گیا ہے

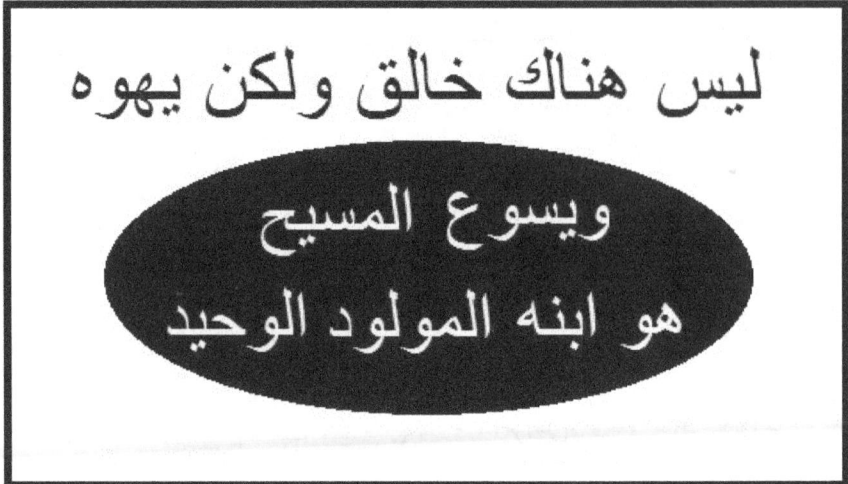

تصویر ٦

تصویر ٧

باب ششم

بد ترین افسوس

تعارف

۱۹۷۹ءمیں آسمان سے ایک آواز آتی سنُی جس نے کہا ، بد ترین افسوس اُن پر آئے گا جنھوں نے بھیڑوں کے خون سے اپنے دُکھوں کا انبار لگایا۔ میں فوراً جان گیا کہ یہ نبوتی پیغام مجھے آسمانی پیغام رساں کے ذریعے بائبل کے خدا کی طرف سے بھیجا گیا ہے۔ماضی کی طرف دیکھتے ہوئے، اب میں جانتا ہوں کہ یہ پیغام مجھے اس لئے دیا گیا تھا کہ میں بائبل مقدس میں سے اس کے معنی جاننے کی کوشش کروں۔اور آہستہ آہستہ جان جاؤں کہ اب کیا پڑا ہے اس کام میں جسکو ''قرآن (القرآن) کہا جاتا ہے : جو کہ مخالفِ مسیح کی گواہی ہے۔

کئی سال لگ گئے مجھے اس کام کو مکمل کرنے میں جسکی بنیاد اُس پیغام پر تھی۔در اصل، اس پیغام سے متعلق ابھی بھی مجھے روحانی پیغامات ملتے رہتے ہیں جو کہ آخری دور کے واقعات جو اس پیغام سے تعلق رکھتے ہیں اس کے کئی پہلوؤں کو بیان کرتے ہیں۔جیسا میں اِسے دیکھتا ہوں، یہ معلومات، اور اس طرح کی معلومات کو، ایک دن اس طرح کی معلومات اسلامی نقطہ چینوں کی وجہ سے ممنوع ہوجائے گی۔اور میں ایمان رکھتاہوں کہ تمام بڑی حکومتیں آخری کار بین الاقوامی انسانی حقوق کے دباؤ کا شکار ہوجائیں گی۔اسلامی حکومتیں، اور حتیٰ کہ اقوامِ متحدہ کے سامنے بھی تمام مذاہب کے خلاف مجرمانہ طرز سے بولنا اور لکھنا چاہیے جو اچھا لگتا ہو تو بھی وہ بین الاقوامی اتحاد ، سیاست، اور قومی سلامتی کے لئے خطرہ ثابت ہوسکتا ہے۔اس طرح کا جرم آزاد اشاعت صرف اسلام کی مدد کرسکتا ہے اور مسیحیت کو ٹھیس پہنچاتا ہے۔شیطان نے آخر تک بہت انتھک محنت کی ہے کیونکہ اسلام اُن لوگوں کے سامنے کھڑا نہیں ہوسکتا جو خدا کے کلام کی حقیقت کو جانتے اور پہنچانتے ہیں۔(دوبارہ وضاحت کے لئے کہ بائبل مقدس ہی اصل کلامِ خدا ہے)۔

برائے مہربانی خبردار رہیں کہ کوئی بھی جو میرے ''بد ترین افسوس'' کے حوالے کا دعویدار ہے یا محمد کے رمزی عبرانی حروف اور٦٦٦ کےلئے اس کی عددی برابری کا دعوٰی کرتا ہے(جسے اس کتاب کے سیکشن چار میں دیا گیا ہے) تو وہ انھیں چراتا ہے۔اِن اہم عناصر کے لیے میری اِس ملکیت کو ثابت کرنے کے لیے، میں پہلی اپنی ابتدائی تصنیف کو کاپی رائٹس کے لیے امریکہ کے دفتر میں جمع کرواچکا ہوں اور مجھے کاپی رائٹس کی اسناد سے ۱۹۸۱ءاور ۱۹۸۹ءمیں نوازا گیا تھا۔

خوش قسمتی سے، اس کتاب کی پہلی بار

http://media.isnet.org/off/XIslam/AntiChrist/00main.html

اور پھر

http://www.archive.org/details/TheKoranTestamonyOfTheAntichrist.

(نوٹ فرمائیں کہ Testimony حروفِ تہجی کی غلطی اس شخص کی ہے جس نے میری اجازت کے بغیر یہ کتاب انٹرنیٹ پر (www.archive.org)اپ لوڈ کر دی۔

حتمی جائزہ میں، مجھے یہ بُرا نہیں لگا کہ یہ کاپی رائٹ والی کتاب تاریخ کا حصہ بن گئی اور کیونکہ اس کی تاریخ کو پرکھا جاسکتا ہے،اور یہ عام عوام کی نظر میں اس کتاب کے وجود کی غمازی کرتا ہے۔)

اور جب میں نے آسمانی آواز سنی ، ''بد ترین افسوس'' یہ بیان خدا کے غضب کا حوالہ دیتا ہے جو کہ فرشتوں کے نرسنگا پھونکنے پر آئے گا....پانچواں نرسنگا، چھٹا نرسنگا اور ساتواں نرسنگا۔جن کا حوالہ مکاشفہ ۸:۱۳میں ملتاہے جیسا کہ افسوس ، افسوس،افسوس (Οὐαὶ οὐαὶ οὐαὶ یونانی زبان میں)

[G۳۷۵۹] (u-I) یوآئی)۔اس یونانی یوآئی کو ایسے ہی بولا جاتا ہے

(چوتھے باب کے جدول نمبر۲دیکھیں)، مثال کے طور پر جو کہ گنتی ۲۹:۲۱، ا۔سیموئیل۷:۴، یسعیاہ۳:۱۱ اور جس سے اسکا اصل عبرانی ہے Yiddish "اوئی" اخذ کیا گیا ہے [H۱۸۸]owy

اور جب میں نے پھر نگاہ کی تو آسمان کے بیچ میں ایک عقاب کو اُڑتے اور بڑی آواز سے یہ کہتے سُنا کہ اُن تین فرشتوں کے نرسنگوں کی آوازوں کے سبب سے جن کا پھونکنا ابھی باقی ہے زمین کے رہنے والوں پر افسوس۔افسوس۔افسوس!''۔(مکاشفہ۸:۱۳)

پہلے دو نرسنگوں کی آواز یں سنائی دیں اور چھٹے اور ساتویں فرشتوں کی آوازیں یقیناً آخری دنوں کے مسلمانوں کو شامل کرتے ہیں، لیکن تیسرے نرسنگے اور اس کے ساتھ منسلک سات آفتیں ملی ہیں، جس کی آواز ساتویں فرشتے کے نرسنگے کی آواز ہے۔جو کہ محض آخری دور کے مسلمانوں پر ہی واقع ہونگے۔تین افسوس حوالہ دیتے ہیں مکاشفہ۸:۱۳ جسکی سیر حاصل بحث مکاشفہ کی کتاب کے باب نمبر۹ اور باب نمبر۱۶ میں موجود ہے۔

ان تین افسوس کا خلاصہ مکاشفہ ۸: ۱۳مندرجہ ذیل ہے

پانچواں نرسنگا

(مکاشفہ ۹:۱۔۱۲)

مکاشفہ ۹باب ۱تا ۱۲آیات

(۱)اور پانچویں فرشتے نے نرسنگا پھونکا۔تو میں نے ایک ستارے کو آسمان سے زمین پر گرا ہوا دیکھا۔اور اُسے گہراؤ کے گڑھے کی کنجی دی گئی۔(۲)اور اُس نے گہراؤ کے گڑھے کو کھولا۔اور گڑھے میں سے بڑی بھٹی کا سا دھواں اُٹھا۔(۳)اور گڑھے کے دھوئیں اور دھوئیں میں سے زمین پر ٹڈیاں نکل پڑیں۔اور انہیں زمین کے بچھوؤں کی سی طاقت کے باعث سورج اور ہوا تاریک ہوگئے دی گئی۔(۴)اور انہیں یہ کہا گیا کہ زمین کی گھاس یا کسی ہریاول یا کسی درخت کو نقصان نہ پہنچائیں۔مگر صرف اُن آدمیوں کو (۵)اور انہیں یہ دیا گیا کہ انہیں قتل تو نہ کریں مگر یہ کہ پانچ مہینوں تک انہیں دکھ دیتی جن کی پیشانی پر خدا کی مہر نہیں۔ رہیں اور اُن کا دُکھ بچھو کے ڈنک کا سا تھاجب وہ کسی آدمی کو مارتا ہے(۶)اور اُن دنوں میں آدمی موت ڈھونڈیں گے لیکن اُسے نہ پائیں گے اور مرنا چاہیں گے لیکن موت اُن سے بھاگے گی(۷) اور اُن ٹڈیوں کی صورتیں ایسے گھوڑوں کی سی تھیں جو لڑائی (۸)اور اُن کے لیے تیار ہوں اور اُنکے سروں پر گویا سونے کے تاج تھے اور ان کے چہرے آدمیوں کے چہروں کی مانند تھے۔ کے بال عورتوں کے بالوں کی مانند اور اُن کے دانت ببر کے دانتوں کی مانند تھے(۹) اور اُن کے بکتر لوہے کے بکتروں کی مانند تھے اور اُن کے پروں کی آواز اُن رتھوں اور بہت گھوڑوں کی سی تھی جو لڑائی میں دوڑیں۔(۱۰)اور اُن کی دُمیں بچھوؤں کی سی تھیں۔اور ڈنک اُنکی دُموں میں تھے اور انہیں اختیار ملا کہ پانچ مہینے تک آدمیوں کو نقصان پہنچائیں (۱۱)اور اُن کا بادشاہ اُس گہراؤ کا فرشتہ تھا جسکا نام عبرانی میں ابدون اور یونانی میں اپلیون ہے۔(۱۲)پہلا افسوس تو ہوچکا ہے۔مگر دیکھ۔دواور

''افسوس''اِسکے بعد آنے والے ہیں۔پہلے افسوس کا حوالہ ہمیں مکاشفہ ۸: ۱۳آیت میں پر زمین پر آفت آئے گی دُکھ آئیں گے۔''صرف اُن لوگوں پر جن کے ماتھے پر خدا کی مہر نہیں ہوگی(یعنی خدا کا پاک روح)،(مکاشفہ ۹:۴) ایسی وبائیں آئیں گی جن کا دورانیہ ''پانچ مہینے'' ہوگا۔(مکاشفہ ۹:۵اور۹:۱۰)، اذیت کے سات سالوں کے دوسرے ساڑھے تین سال کے دوران ہوگا۔یہ ساڑھے تین سال کا دوسرا دور ''شدید اذیت'' کا حوالہ دیتا ہے (مکاشفہ ۷:۱۴ میں سے)۔

اُن دِنوں میں آدمی موت ڈھونڈیں گے مگر ہر گز نہ پائیں گے اور مرنے کی آرزو کریں گے اور موت اُن سے بھاگے گی۔

(مکاشفہ ۹:۶)

تاہم، جس اذیت کا ذکر مکاشفہ ۹:۱تا۱۲میں ہے وہ نظریاتی طور پر جان لیوا بیماریوں کی طرح ہیں جن کے ساتھ خدا قادرِ مطلق نے فلسطینیوں کو مارا تھا:

اور جو لوگ مرے نہیں وہ گلٹیوں کے مارے پڑے رہے اور شہر کی فریاد آسمان تک پہنچی۔

(ا۔سموئیل۵:۱۲)

پہلے تین افسوس ''نظریاتی طور پر یکساں ہیں'' جیسے کہ جان لیوا بیماریاں(ا۔سموئیل۵:۱۲)کیونکہ یہ اذیت مارنے کے لیے نہیں ہو گی۔

افسوس پر عمل کرنے والے پانچویں فرشتے کے نرسنگا پھونکنے کی خبر دیتے ہیں جسے مکاشفہ ۹:۳،۵اور۷۔۱۰ میں گھوڑوں کی مانند ٹڈیوں جیسی ہونگی جن کے ڈنک بچھوؤں کی طرح ہیں۔کیونکہ بائبل کا بیان جسمانی شکل کے طور پر ہے، جو اصل عمل کرنے والوں کی شکلیں تب ہی واضح ہونگی جب یہ خاص وبائیں ٹڈیوں کی صورت میں بھیجی جائیں گی۔

چھٹا نرسنگا

(مکاشفہ۹:۱۳۔۲۱)

مکاشفہ۹:آیات۱۳سے۲۱تک

(۱۳)اور چھٹے فرشتے نے اپنا نرسنگا پھونکا، اور میں نے چاروں سینگوں میں سے ایک آواز آتی سنی جو اُس سنہری قربانگاہ پر ہے جو خدا کے سامنے ہے۔(۱۴) جو کہ چھٹے فرشتے سے جس کے پاس نرسنگا تھا کہہ رہی تھی، کہ اُن چار فرشتوں کو کھول دے جو کہ دریائے فرات پر بندھے ہوئے ہیں۔(۱۵)اور وہ چاروں فرشتے کھول دیئے گئے جو اِس گھڑی اور دن اور مہینے اور برس کے لئے تیار کئے گئے تھے۔تاکہ تہائی آدمیوں کو مار ڈالیں۔(۱۶) اور فوجوں کے سوار شمار میں بیس کروڑ تھے میں نے ان کا شمار سنا ۔(۱۷) اور میں نے دو گھوڑے اور اُن کے سوار اس رؤیا میں ایسے دیکھے کہ اُن کے بکتر آگ اور سنبل اور گندھک کے سے تھے اور گھوڑوں کے سر ببر کے سر کی مانند تھے اور ان کے منہ سے آگ اور دھواں اور گندھک نکلتی تھی۔(۱۸) ان تینوں آفتوں سے یعنی اُس آگ اور دھوئیں اور گندھک سے جو اُن کے منہ سے نکلتی تھی تہائی آدمی مارے گئے۔(۱۹) کیونکہ اُن گھوڑوں کی طاقت اُن کے منہ میں اور ان کی دُموں میں تھی۔اس لئے کہ اُن کی دُمیں سانپوں کی مانند تھیں جن میں سر بھی تھے اور وہ اُن ہی سے نقصان پہنچاتے تھے۔(۲۰) اور اُن باقی آدمیوں نے جو اُن آفتوں سے مارے نہ گئے تھے (۲۱)اپنے ہاتھوں کے کاموں سے توبہ نہ کی کہ شیاطین کی اور سونے اور روپے اور پیتل اور پتھر اور لکڑی کی اُن مورتوں کی پرستش نہ کریں جو نہ دیکھ سکتی اور نہ سُن سکتی اور نہ چل سکتی ہیں۔اور جو خون اور جادوگری اور حرامکاری اور چوری انہوں نے کی تھی اُس سے توبہ نہ کی۔

جیسا کہ دوسرے "افسوس" میں نشاندہی کی گئی (مکاشفہ۸:۱۳) حوالہ دیتی ہے کہ انسانوں میں سے ایک تہائی آدمی مارے جائیں گے:

ان تینوں آفتوں یعنی اُس آگ اور دُھوئیں اور گندھک سے جو اُن کے منہ سے نکلتی تھی تہائی آدمی مارے گئے۔

(مکاشفہ ۹:۱۸)

شائد تین عناصر میں ''آگ''، ''دھواں'' اور ''گندھک'' نیوکلیائی، کیمیائی یا پھر حیاتیاتی جنگوں کے اثرات کو ظاہر کرتے ہیں۔یا شائد یہ تینوں عناصر بے حد شدید حرارت کو ظاہر کرتے ہیں جو دھماکے خیز آلہ کار سے نکلتی ہے اور جسکا تعلق کسی نقصان دہ آتش زدگی، دھواں، اور غبار کو ظاہر کرتے ہیں۔یقیناً، اس افسوس میں ان تینوں عناصر کا شکلی بیان گرچہ بے حد کم ہے بہ نسبت کہ انکی جملہ وضاحت کے۔جو کہ مکاشفہ۹:۱۷ اور۱۹آیات میں ایسے گھوڑوں کے طور پر بیان کیا گیا ہے جن کے سر شیروں کے سے تھے اور جن کی دُموں پر ڈنک تھے۔اصلی عناصر اور ساتھ ساتھ اُن کو عمل میں لانے والے تب تک غیر واضح رہیں گے جب تک کہ اپنے مقررہ وقت پر آفات نہیں آئیں گی۔اور جنگ و جدل کا مطلب ہے کہ یہ دوسرا افسوس زیادہ بڑا ہے کیونکہ وہ جنگجو گھوڑسواروں جنہوں نے بکتر پہن رکھے ہیں کے طور پر بیان کیا گیا ہے۔(مکاشفہ ۹:۱۷)۔پہلے افسوس کی طرح، دوسرے افسوس کی اصل صورتحال کا اندازہ اسکی آفتوں سے ہوگا۔

ساتواں نرسنگا

(مکاشفہ ۱۰:۷،۱۱:۱۴-۱۹؛۱۵:۱؛۱۶:۱-۲۱)

تیسرا اور آخری افسوس مکاشفہ ۸:۱۳ میں سے حوالہ لیا گیا ہے جہاں پر سات پیالوں، برتنوں یا مرتبانوں جو کہ آفات سے بھرے ہیں بیان کیے گئے ہیں۔(مکاشفہ ۱۶:۱-۲۱)

مکاشفہ۱۶باب: ۱سے۲۱آیات

(۱) پھر میں نے مقدس میں سے کسی کو بڑی آواز سے اُن ساتوں فرشتوں سے ہ کہتے سنا کہ جاؤ۔خدا کے قہر کے ساتوں پیالوں کو زمین پر اُلٹ دو۔(۲) پس پہلے نے جاکر اپنا پیالہ زمین پر اُلٹ دیا اور جن آدمیوں پر اُس حیوان کی چھاپ تھی اور جو اُس کے بُت کی پرستش کرتے تھے اُن کے ایک بُرا اور تکلیف دینے والا ناسُور پیدا ہو گیا۔(۳) اور دُوسرے نے اپنا پیالہ سمندر میں اُلٹا اور وہ مردے کا سا خون بن گیا اور سُمندر کے سب جان دار مر گئے۔(۴) اور تیسرے نے اپنا پیالہ دریائوں اور پانی کے چشموں پر اُلٹا اور وہ خون بن گئے۔(۵) اور میں نے پانی کے فرشتہ کو یہ کہتے سُنا کہ اے قُدوس! جو ہے اور جو تھا تو عادل ہے کہ تُو نے یہ انصاف کیا۔(۶) کیونکہ اُنہوں نے مقدسوں اور نبیوں کا خُون بہایا تھا اور تو نے اُنہیں خون پلایا۔وہ اسی لائق ہیں۔(۷) پھر میں نے قُربان گاہ میں سے یہ آواز سُنی کہ اے خداوند خدا قادرِ مُطلق! بیشک تیرے فیصلے دُرست اور راست ہیں۔(۸) اور چوتھے نے اپنا پیالہ سُورج پر اُلٹا اور اُسے آدمیوں کو آگ سے جُھلس دینے کا اختیار دیا گیا۔(۹) اور آدمی سخت گرمی سے جُھلس گئے اور اُنہوں نے خُدا کے نام کی نِسبت کُفر بکا جو ان آفتوں پر اختیار رکھتا ہے اور توبہ نہ کہ اُس کی تمجید کرتے۔(۱۰) اور پانچویں نے اپنا پیالہ اُس حیوان کے تخت پر اُلٹا اور اُس کی بادشاہی میں اندھیرا چھا گیا اور درد کے مارے

لوگ اپنی زبانیں کاٹنے لگے۔(۱۱) اور اپنے دُکھوں اور ناسُوروں کے باعث آسمان کے خُدا کی نِسبت کُفر بکنے لگے اور اپنے کاموں سے توبہ نہ کی۔(۱۲) اور چھٹے نے اپنا پیالہ بڑے دریا یعنی فرات پر اُلٹا اور اُس کا پانی سوکھ گیا تاکہ مشرق سے آنے والے بادشاہوں کے لیے راہ تیّار ہو جائے۔(۱۳) پھر میں نے اُس اژدہا کے منہ سے اور اُس حیوان کے مُنہ سے اور اُس جھوٹے نبی کے منہ سے تین ناپاک روحیں مینڈکوں کی صورت میں نکلتے دیکھیں۔(۱۴) یہ شیاطین کی نشان دکھانے والی روحیں ہیں جو قادرِ مطلق خدا کے روزِ عظیم کی لڑائی کے واسطے جمع کرنے کے لیے ساری دُنیا کے بادشاہوں کے پاس نکل کر جاتی ہیں۔ (۱۵)(دیکھو میں چور کی طرح آتا ہوں۔مُبارک وہ ہے جو جاگتا ہے اور اپنی پوشاک کی حفاظت کرتا ہے تاکہ ننگا نہ پھرے اور لوگ اُس کی برہنگی نہ دیکھیں)۔(۱۶) اور انہوں نے اُن کو اُس جگہ جمع کیا جس کا نام عبرانی میں ہرمجدون ہے۔(۱۷) اور ساتویں نے اپنا پیالہ ہوا پر اُلٹا اور مقدس کے تخت کی طرف سے بڑے زور سے یہ آواز آئی کہ ہو چکا۔(۱۸) پھر بجلیاں اور آوازیں اور گرجیں پیدا ہوئیں اور ایک ایسا بڑا بھونچال آیا کہ جب سے انسان زمین پر پیدا ہوئے ایسا بڑا اور سخت بھونچال کبھی نہ آیا تھا۔(۱۹) اور اُس بڑے شہر کے تین ٹکڑے ہوگئے اور قوموں کے شہر گر گئے اور بڑے شہر بابل کی خدا کے ہاں یاد ہوئی تاکہ اسے اپنے سخت غضب کی مے کا جام پلائے۔(۲۰) اور ہر ایک ٹاپو اپنی جگہ سے ٹل گیا اور پہاڑوں کا پتہ نہ لگا۔(۲۱) اور آسمان سے آدمیوں پر من من بھر کے بڑے بڑے اولے گرے اور چونکہ یہ آفت نہایت سخت تھی اس لیے لوگوں نے اولوں کی آفت کے باعث خدا کی نسبت کفر بکا۔

ان آفات کا گہرا اثر جو کہ مکاشفہ ۱۶ باب میں ہے وہ آخر دِنوں کے مسلمانوں پر ہوگا۔اس کے اثر میں، وہ جو زمین کو تباہ یا دہشت زدہ کریں گے(یا اُن لوگوں کی مدد کریں گے جو کہ زمین کو دہشت زدہ یا تباہ کریں گے وہ خود ہی دہشت زدہ اور تباہ ہو جائیں گے (مکاشفہ ۱۱:۱۸) ۔مکاشفہ ۱۶:۶ نشاندہی کرتا ہے جو اپنے آپ کو خدا سے دور رکھیں گے وہ لوگ ہوں گے جنہوں نے ''نبیوں اور پیغمبروں کا خون بہایا''۔تاہم، ''بدترین افسوس اُن پر آئے گا جو اپنے دکھوں کے ڈھیر لگاتے ہیں۔(یعنی واحد اور سچے خدا کے ساتھ جدائی کو بڑھاتے ہیں) بھیڑوں کا خون (بہائے) (بھیڑ سے مراد یہاں ''خدا کے لوگ ہیں'' اور اُن میں دونوں یعنی یہودی اور مسیحی شامل ہیں۔)

مکاشفہ ۱۶ باب، جو لوگ خدا کے غضب کو دعوت دیتے ہیں ان سات آفتوں جن کی منظر کشی اس طرح کی گئی ہے جو لوگ(۱) واحد اور حقیقی خدا قادرِ مطلق کو قبول نہیں کرتے ،اور(۲) دوسرے وہ لوگ کہ اُس پاک ذات کے خلاف کفر گوئی سے پر توبہ کرنے کو ترک کرتے ہیں۔اسی طرح کی حالت مکاشفہ ۹:۲۰۔۲۱ میں ملتی ہے۔(یاد رکھیں، برملا اس بات پر قائم رہنا کہ خدا کا کوئی اکلوتا بیٹا نہیں ہے، بائبل کے خُدا کے خلاف عظیم کفر ہے) اُن کی سخت دلی اور بُرے اعمال کے لئے یہ توبہ نہ کرنے والے گنہگار خدا کے غضب کو کامل کرتے ہیں جو کہ انصاف سے بھرپور ہے۔یقینا، خدا کا غضب اُن پر اُنڈیلا جائیگا جو خدا

کے پاک روح سے سربہ مہر نہیں ہوئے ....جو کہنے کو ہے ، اُن لوگوں پر جو خدا قادرِ مطلق کے بیٹے کو ردّ کرکے اُس کو ردّ کرچکے ہیں! خدا کے غضب کی آگ تب تک اُن کو جلائے گی جب تک وہ ایندھن ختم نہیں ہوجاتا۔ بالفاظِ دیگر، خدا کے خلاف کفر کرنے والے اُس جھلسا دینے والے غضب کا ایندھن ہیں۔جب تک کہ تمام کافرین کی نسل کشی نہ ہوجائے اور اس لئے وہ مٹ جائیں۔

خود متنازعاتی طور پر، سورج کے اوپر آفت جو چوتھے فرشتے نے کی۔جو کہ مکاشفہ ۱۶: ۸۔۹ میں بیان کیا گیا ہے اس طرح ہوگا کہ سورج لوگوں کو آگ اور گرمی سے جھلسا دے گا۔اور وہ گرمی اور آگ بے مثال طاقت کے باعث پیدا ہوگی اور مستقبل میں کہتے ہیں)جو سورج سے CMEsپیدا ہونے والے گیس بم(گیس کے بُلبلے کا نکلنا جو سورج سے کئی گھنٹوں میں نکلتے ہی جسکو جو ہیں وہ ایسے مواد کو کہتے ہیں جومقناطیسی لکیروں کے آپس میں گڈمڈ ہونے سے سورج میں پیدا ہوتی CMEs نکلیں گے۔ سے پیدا ہونے والی خطرناک CMEs ہیں۔اور اُس سے سورج میں گہرے دھبے اور روشنی کی دائرے رونما ہوتے ہیں۔زمین پر پیداہوتے ہیں۔کیونکہ یہ زمین کی فضا میں مقناطیسیت اور CMEsقوت پہنچتی ہے تین سے پانچ دنوں کے وقفہ سے جب سے برقیاتی طور پر اوزون لیئر پر اثر انداز ہوتے ہیں:(۱) جو کہ پوری دنیا میں پاور ہاؤسز میں لگے ہوئے ٹرانسفارمرز کو مکمل طور پر خراب کرسکتے ہیں (۲) اور موسمیاتی جدول میں تبدیلی کا باعث بن سکتے ہیں۔یکے بعد دیگرے ہونے والے دھماکوں سے جو کہ ہواؤں کی سمتوں میں تبدیلیوں کے باعث

بڑے طوفان (جن کوCyclones ،Tornadoesاور Hurricanesکہتے ہیں)

کا سبب بن سکتے ہیں۔اور (۳) اور زمینی پلیٹوں کو اچانک اِدھر اُدھر کرسکتا ہے جن سے زلزلے آسکتے ہیں، آتش فشاں پھٹ سکتے ہیں، سونامی آسکتے ہیں ، اور بے حدنمایاں ساحلِ سمندر سیلاب اور اندرونی سیلاب کا سبب بن سکتے ہیں۔اگر آپ CMEs کا اور گہرے سے مطالعہ کرنا چاہتے ہیں تو آپ کو انٹرنیٹ کے اوپر اُسکی بے شمار معلومات مل سکتی ہے۔

اگرچہCMEsکے متعلق جاننا اُس مستقبل کو تبدیل نہیں کرسکتا، لیکن اُس کو سمجھنا ہمیں آنے والی نبوتی تبدیلیوں کوجو کلام میں مرقوم ہیں سمجھنے میں مدد دے سکتا ہے۔اسلئے ، آپ کو بھی ضرورت ہے کہ ذہنی، جذباتی اور روحانی اور حتیٰ کہ جسمانی طور پر لیس ہوجائیں۔(خدا ہمیشہ اپنے لوگوں کو چیتا ہے کہ وہ مستقبل کے لیے تیار ہوجائیں۔) مثال کے طور پر، مندرجہ ذیل پیش گوئی(نبوت) جو کہ سورج اور چاندکے متعلق کی گئی اسکا تعلق
CMEs کے ساتھ ہے۔

یسعیاہ۳۰:۲۶ میں مرقوم ہے: "اور جس وقت خداوند اپنے لوگوں کی شکستگی کو دُرست کرے گا اور اُن کے زخموں کو اچھا کرے گا تو چاند کی چاندنی ایسی ہوگی جیسی سورج کی روشنی اور سورج کی روشنی سات گنی بلکہ سات دن کی روشنی کے برابر ہوگی۔

مکاشفہ کی کتاب کے چھٹے باب میں اُن آفات کا اختتام بھاری ژالہ باری سے ہوگا؛ یہ وہ اولے ہیں جو خلا سے اُن زمین کے خطوں میں گریں گے جہاں لوگ یسوع مسیح کو دُنیا کا نجات دہندہ ، شخصی نجات دہندہ اور خدا کا اکلوتا بیٹا قبول کرنے کو ردّ کریں گے۔

اسلام کے حیوان پر خدا کے انصاف کی سزا

(مکاشفہ۱۹:۱۹۔۲۱)

بالآخر، اسلام کی قوم کیا بنتی ہے، وہ ایک قومی سلطنت ہے، اور وہ مسلمان جنہوں نے توبہ نہیں کی اسکا خلاصہ مکاشفہ ۱۹:۱۹۔۲۱

پھر میں نے دیکھا کہ وہ حیوان اور زمین کے بادشاہ اور اُن کی فوجیں اکٹھی ہوئی تاکہ اُس سے جو گھوڑے پر سوار ہے اور اس کے لشکر سے لڑیں۔اور وہ حیوان پکڑا گیا اور اُس کے ساتھ ہی وہ جھوٹا نبی بھی جس نے اُس کے سامنے وہ کرشمے دکھائے تھے جن سے اُس نے انہیں گمراہ کردیا تھا جنہوں نے حیوان کا نشان پایا تھا اور اس کی مورت کو سجدہ کیا تھا۔یہ دونوں اُس آگ کی جھیل میں زندہ ڈالے گئے جو گندھک سے جلتی ہے۔اور جو باقی تھے وہ گھوڑے کے سوار(مکاشفہ۱۹:۱۳کا حوالہ دیتا ہے بطور خدا کا کلمہ اور۱۹:۱۶بطور بادشاہوں کا بادشاہ اور خداوندوں کا خدا۔دونوں ہی یسوع مسیح کے القابِ خاص ہیں) ۲۰ بیسویں آیت، لیکن اُس حیوان کو اور اُس کے ساتھ اُس جھوٹے نبی کو بھی جس نے اُس کے سامنے معجزانہ نشان (کہ حیوان کو عزت دے) دکھائے تھے گرفتار کرلیا۔اُس جھوٹے نبی نے وہ نشان دکھا کر جن لوگوں کو گمراہ کیا تھا وہ تھے جنہوں نے حیوان کا نشان لگوایا تھا(وہ سب لوگ جو اسلام کی حمایت کرتے ہیں اور غیر توبہ یافتہ مسلمان بھی) اور اس کی مورت کو سجدہ کیا تھا(بربادی کا آغاز یا تباہی کا بُت، جو کہ دانیال نبی۱۱:۳۱ اور ۱۲:۱۱،اور بذریعہ یسوع مسیح متی ۲۴:۱۵اور مرقس ۱۳:۱۴دونوں کے ذریعے بیان کیا گیا) یہ دونوں(حیوان اور جھوٹا نبی) ۔وہ دونوں گندھک سے جلتی ہوئی آگ کی جھیل میں زندہ ہی ڈال دیئے گئے۔(۲۱)اکیسویں آیت، اور اُن کے باقی لوگ اُس تلوار سے ہلاک ہوگئے جو گھوڑے کے سوار کے منہ سے نکلتی تھی اور پرندے اُن کا گوشت کھا کھا کر سیر ہوگئے۔

وضاحت مزید

حتیٰ اگرچہ، یہ دونوں ایک دوسرے پر انحصار کرتے ہیں، یعنی پہلا حیوان جو مکاشفہ تیرہویں باب میں ہے(یعنی، تیندوے کی شکل والا حیوان جسکا تعارف مکاشفہ ۱۳:۱میں کروایا گیا جو پانیوں میں ہے) دوسرے حیوان سے مختلف ہے جو کہ اُسی ہی باب میں بیان کیا گیا ہے۔(جسکے دو سینگ ہیں،اور مکاشفہ ۱۳:۱۱ میں متعارف کروایا گیا اور زمین سے اٹھتا ہے)۔کیونکہ پہلا حیوان جو کہ تیرہویں باب میں ہے اسکے کئی معنی ہیں، پہلا حیوان، مکاشفہ کے نئے طالب علموں اور عام پڑھنے والوں کے لیے کافی غیر واضح ہے۔مصنف کی نظر میں یہ پہلا حیوان جو کہ تیرہویں باب مں ہے اسکے یہ، اکثر برابر، کئی معنی

ہیں(۱) اسلام کا نظریہ (۲) اسلام کی قوم یا خلافت (۳) اسلامی ریاستوں کا الحاق جو کہ مشرقِ وسطیٰ، مغربی ایشیا اور جنوبی افریقہ میں ہے۔(۴) اسلام کے بانی جھوٹے نبی، محمد۔ لہٰذا، اسلام کا اصل بنانے والا، محمد، پہلے حیوان سے مماثلت رکھتا ہے، جو کہ مکاشفہ کی کتاب کے تیرھویں باب میں مذکور ہے، نظریہ، سیاست، اور جغرافیائی لحاظ سے اسلام پہلے حیوان کے برابر ہے۔ اس کے برعکس، جو کہ دوسرا حیوان ہے مکاشفہ تیرھویں باب میں، کچھ زیادہ غیر واضح نہیں ہے کیونکہ وہ اسلام کے جھوٹے نبی کو ظاہر کرتا ہے۔ جسکو کہا جاسکتا ہے آخر زمانہ کا مخالفِ مسیح۔ لہٰذا، مصنف کی تشریح کے مطابق، دو زندہ مخلوقات کا بیان کیا گیا ہے جو کہ مکاشفہ ۱۹: ۲۰ میں مذکور ہیں ایک "حیوان" اور دوسرا "جھوٹا نبی" جو کہ زندہ آگ کی جھیل میں پھینکے جائیں گے جب یسوع مسیح دوبارہ اپنی آمدِ ثانی کے وقت زمین پر آئے گا۔ اور دوسرے جو رہ جائیں گے آگ کی جھیل میں ڈالے جانے سے وہ ہزار سالہ دور کے بعد جب جھوٹا نبی مل جائے گا اور وہاں بھیجا جائے گا، تب ڈالے جائیں گے۔ جیسا کہ مکاشفہ ۱۹: ۲۱ تمام لوگ جو شیطان، اسلام، محمد اور زمانہ اخیر کے مخالفِ مسیح کے حواری ہیں، یسوع کی تلوار سے گرائے جایں گے اور زمین سے یسوع مسیح کے ہزار سالہ دور کے آخر میں زمین سے مٹا دیئے جائیں گے۔

خلاصہ کے طور پر

اگرچہ تاکہ لوگ نرم مزاج ہوں، رحم دل ، اور کرم نواز اور میزبانی کے لائق ہوں، صرف جنگی خصوصیات اور اخلاق خدا کی بادشاہت میں داخل نہیں کرتی۔ ایسا استقبال جو کہ نجات یافتہ لوگوں کو فراہم کیا گیا جو خدا کے اکلوتے بیٹے کے خون بہانے کو قبول کرتے اور یاد رکھتے ہیں۔ جس کا مستحکم معنی ہیں کہ اُنکے ذاتی گناہ بخشے جائیں اور انکے ذاتی قصور معاف (ختم) ہو جائیں۔ ایسی قبولیت اور یادگیری ، کے بغیر خدا کا روح انسان کے اندر اثر پذیر نہیں ہوسکتا، اور، اس وجہ سے ، اس طرح کے غیر ایماندار لوگ بآسانی دھوکہ کھاجاتے ہیں کہ وہ جھوٹے خدا کی پرستش کرتے ہیں۔

کیونکہ وہ شیطان کی پوجا کرتے ہیں اور سرِ عام یسوع مسیح خدائے مجسم کو رد کرتے ہیں اور ساتھ ساتھ خدا کے بیٹے ہونے کے ناطے سے۔ مسلمانوں پر بہت لعنت آتی ہے جیسے وہ چلتے ہیں۔ مسلمانوں کے لیے سلامتی موجود نہیں ہے یا اُنکے ساتھ۔ کیونکہ دونوں ہی ایک لعنت کے حامل ہیں۔ جب تک وہ یسوع مسیح کو بطور خدا کے اکلوتے بیٹے ہونے اور خدائے مجسم ہونے کے ناطے رد کرتے ہیں اُن پر بائبل کے خدا کی لعنتیں جاری رہتی ہیں۔ (یاد رہے، اللہ بائبل مقدس کا خدا نہیں ہے۔ شیطان اللہ کے بھیس میں ہے)

مسلمان کہتے ہیں کہ بائبل مقدس میں یسوع مسیح نے کہیں اپنے آپ کو خدا نہیں کہا۔ بہر حال یسوع نے کہا "میں الفا اور امیگا ہوں"، ابتدا اور انتہا، اول اور آخر (مکاشفہ ۲۲: ۱۳)۔ جیسا کہ پہلے بیان کیا گیا ہے، متفق الزبان بائبل میں کہتے ہوئے کہ "میں ابتدا اور انتہا ہوں" یہ کہنے کے مترادف ہے کہ "میں خدا ہوں"۔ مثال کے طور پر یسعیاہ ۴۱: ۴ بائبل مقدس کا خدا فرماتا ہے، یہ کس نے کیا اور ابتدائی پشتوں کو طلب کر کے انجام دیا؟ میں نے یعنی خداوند نے جو اول ہے اور آخر بھی، میں وہی ہوں۔ "اور یسعیاہ ۴۴: ۶، بائبل مقدس کا خدا فرماتا ہے "خداوند اسرائیل کا بادشاہ اور اُس کا فدیہ دینے والا، رب الافواج

یوں فرماتا ہے: میں ہی اول اور میں ہی آخر ہوں؛ میرے سوا کوئی خدا نہیں۔ اُنکے ضدی تکبر میں، مسلمان اس بات کو یاد رکھنے سے دریغ کرتے ہیں کہ خدا باپ ہے، اور بیٹا اور روح القدس برابر اقنوم ہیں خدائے واحد خدا کے، اور باپ، بیٹا اور روح القدس ہم اثر۔ جسکے معنی ہیں کہ تین حصوں کا باہمی اشتراک ایک ہی اقتدارِ اعلیٰ کی ذات میں جو کہ باہم ایک ہی ہیں۔ یقینی طور پر، خدا بیٹا تمام زمین کو چھڑاتا ہے، ہزار سالہ دور کے اختتام پر، جیسا کہ ا۔ کرنتھیوں ۱۵: ۲۴۔۲۸۔ خدائے ثالوث کو سمجھنے کے لیے خدائے واحد فی الوقت منقسم ہے تا کہ بائبل مقدس کے بیان کردہ منصوبہ کو عمل میں لائے۔

حتمی طور پر، مسلمان یہ بھی کہتے ہیں کہ یسوع مسیح نے کہیں بیان نہیں کیا کہ میں "خدا کا بیٹا ہوں" بہر حال صحائف میں یہ مرقوم ہے، وہ (یسوع) نے خدا پر ایمان رکھا، اسے اُس کو اب اُسے چھڑانے دو، اگر وہ اسکے پاس ہو گا؛ کیونکہ اُس نے کہا، "میں خدا کا بیٹا ہوں" (متی ۲۷: ۴۳)۔ اور کیا آپ اُسکے بارے میں کہیں گے کہ خدا نے اُسے مخصوص کیا، اور اُسے دُنیا میں بھیجا، "تجھ کافر" کیونکہ میں (یسوع) نے کہا "میں خدا کا بیٹا ہوں؟" (یوحنا ۱۰: ۳۶)۔

بد قسمتی سے جب ہمیں بائبل مقدس کی بنیادوں کو اُن (مسلمانوں) کے نظریہ کا سامنہ کرنا پڑتا ہے تو، مسلمانوں کا حتمی جواب یہ ہوتا ہے کہ "بائبل مقدس تبدیل ہو چکی ہے۔ ہم اس پر ایمان نہیں رکھ سکتے اور نہ ہی ہم رکھیں گے جو اس میں لکھا ہے"۔

باب ہفتم
مخالفِ مسیح کے بارے میں صفائی

میرے لئے یہ گواہی ہے دانیال نبی کے صحیفہ میں آخری زمانہ کے بادشاہ کا حوالہ ملتا ہے جو کہ جلد ہی ظاہر ہونے کو ہے''ہلاکت کا فرزند، گناہ کا آدمی)(۲۔ تھسلنیکیوں۲:۳)،جو کہ محمد کا پیروکار ہوگا؛ ''جس کی آمد شیطان کی تاثیر کے موافق ہر طرح کی جھوٹی قدرت اور نشانوں اور عجیب کاموں کے ساتھ ہے''(۲۔ تھسلنیکیوں۲:۹)۔آخری زمانہ کا مخالفِ مسیح ایک ،اور بالکل دوسرے حیوان کی مانند ہوگا، جسے یوحنا نے''برہ کے سے دو سینگ اور اژدہا کی طرح بولنے والے '' کے طور پر بیان کیا ہے۔(مکاشفہ۱۳:۱۱)، یہ وہی ہوگا جو ''پہلے حیوان کا سارا اختیار اُس کے سامنے کام میں لاتا تھا اور زمین کے رہنے والوں سے اُس پہلے حیوان کی پرستش کراتا تھا''۔(مکاشفہ۱۳:۱۲) ، ایسا پہلے حیوان کا ظہور بطور اِسلام ہے۔یہ قوموں کاالحاق ہے،یہ نظریہ ہےاور یہ جھوٹے نبی محمد کاملنا ہے۔

کیا حقیقی محمد خود مخالفِ مسیح تھا؟نہیں، محمد نے قرآن لکھا، جو کہ مخالفِ مسیح کی گواہی دیتا ہے(یہ کہ کس مخالفِ مسیح کو یہ دعویٰ کرتا ہے کہ میں حقیقت میں اللہ کا نبی ہوں)۔تاہم، محمد ہی مخالفِ مسیح کا آبا ہے،(اس لحاظ سے کہ دونوں ایک ہی ہیں)۔ابھی اُس نے آنا ہے جو کہ آخری جھوٹا نبی ہے (جھوٹ موٹ کا مذہبی اور سیاسی رہنما)جو کہ حقیقت میں مخالفِ مسیح ہے۔جو کہ جھوٹے نبی محمد کی جگہ لے گا۔

ہم کیسے جانیں گے کہ آخرزمانہ کامخالفِ مسیح آچکاہے؟جب مسجدیں پوری دنیا میں پھیل جائیں گی، پوری دنیا کے شہروں اور چھوٹے چھوٹے علاقوں میں،قوانین بنائے جائیں گے کہ مساجد سے دیگر عمارتیں اونچی نہیں ہونی چاہئیں۔اور مسجدوں کے مینار اونچے ترین ہونگے۔اور وہ لوگ جو اُس وقت زندہ ہونگے، میں دو باتیں دُہراتا ہوں جو مجھے خدا سے ملیں(۱) اُن لوگوں سے ہوشیار رہو جن کو سب اچھا کہتے ہیں۔(پڑھیں لوقا ۶:۲۶)اور (۲) اور ، بد ترین افسوس اُن پر آئے گا جو بھیڑوں کے خون سے اپنے دکھوں کا ڈھیر لگاتے ہیں''(مکاشفہ۱۳:۸ سے ۱۵:۱۱ ، ۶:۱۴سے ۱۲، اور۱۵:۱سے۱۶:۲۱افسوس کی معلومات کے لیے)۔یقیناً، الہامی صحائف کو سمجھنے کے لیے اعتماد رکھتے ہیں، حفاظت، اور خدا کے بچوں کی یقین دہانی کو ممکن بنانا ہوتا ہے۔تاکہ اُس علم میں یہ شامل ہوجائے کہ ''مقدسوں کے صبر اور ایمان کا یہی موقع ہے''۔(مکاشفہ۱۳:۱۰)

وقت بتائے گا کہ اسلام شیطان کی اپنی مرضی کا مذہب ہے ۔-یقینا، شیطان بہت مذاق اڑاتا ہے اُن بیوقوفوں پر جو اپنے آپ کو جھوٹے نبی کے نام پر اڑا لیتے ہیں-اور کہ بہت کم ہیں جو یسوع مسیح کے نام پر مرنے کے لئے راضی ہیں-ہاں، اسلام پیش (دینے) کرنے کا مذہب ہے لیکن امن کا مذہب نہیں ہے۔

تاکہ آخری دور کے مخالفِ مسیح کی شناخت ہوجائے، دیکھیں اُس شخص کو جسکا شدید غصہ اسلام کے حیوان کے پیچھے ہے-اور غرور و تکبر کی موجودگی، بے حد غرور، اور کمینگی آخری دور کے مخالفِ مسیح کی شناخت کے لیے ناکافی ہے-شائد، برابری پر شدید غصہ جو کہ اڈولف ہٹلر کا تھا(جو کہ بہت جلدی ہی چھپ گیا)وہ ایک شناخت ہوگا-یہ شرپسند وہ آدمی ہے جو کہ اسرائیل اور جمہوریت کے لیے ایک بڑا خطرہ ہے-جیسا کہ شیطان خدا کے نجات بخش منصوبہ سے غصہ میں آجاتا ہے اور جو لوگ خدا سے وابستہ ہیں انکو ستاتا ہے-(مکاشفہ ۱۲:۱۷)، تو پھر دونوں شیطان اور آخری زمانہ کا مخالفِ مسیح اپنے غصے کی حالت میں خدا کے لوگوں کا پیچھا کرتا ہے جیسا کہ شیطان، آخری دور میں کچھ نہیں کرسکے گا سوائے کہ خدا کہ لوگوں کو پریشان کرے-اُسکے غصے کو کوئی چیز ٹھنڈا نہیں کرے گی یا اُسکے حدف کو کوئی چیز روک نہ پائے گی کہ وہ مسیحیوں اور یہودیوں کا بڑے پیمانہ پر قتلِ عام کرے-بہر حال آخری دور میں جو مخالفِ مسیح کا غصہ ہے وہ نمایاں نہ ہوگا کہ لوگ یہ نہ سمجھ سکیں کہ یہ مخالفِ مسیح کون ہے۔

باب ہشتم

وقت کا پورا ہونا

پاک سرزمین(اسرائیل) قدیم دُنیا کے درمیان واقع تھی، جو کہ یورپ، ایشیاءاور افریقہ کے براعظموں کے درمیان رکھا گیا تھا۔یہ تین بر اعظم ہی تمام اصل نسلوں کا جو زمین پر موجود ہیں مادرِ وطن ہیں۔بہر حال، جو پاک سرزمین درمیان میں ہیں، ناصرف دنیا کے سب سے شاندار چیزوں کی سرزمین ہے بلکہ دُنیا کے سب سے شاندار واقعات کی سرزمین بھی ہے: پیدائش، خدمت، مصلوبیت، زندہ ہونا، آسمان سے اُترنا اوریسوع مسیح کی آنے والی آمد۔

بائبل کے خدا کو،ہر طرح سے مکمل جو کہ جغرافیائی اور تاریخی طور پر اُسکے نجات بخش منصوبہ کے گرد گھومتا ہے،جو کہ اُسکے اکلوتے بیٹے یسوع مسیح کے ذریعے ممکن ہوا۔یسوع مسیح کی پیدائش سے کافی دیر پہلے، بائبل مقدس کے خدا نے بیت الحم شہر کو پہلے ہی شہرِ مقدس کے طور پر چُن لیا تھا۔جو کہ ایلی ملک، نومی ، روت، بوعز، عوبید، یسی اور داؤد کا شہر ہے۔....جیسا کہ مسیحا کی پیدائش کا شہر بھی ہے(میکاہ۲:۵)اور بہت پہلے کہ یسوع مسیح پیدا ہوا، بائبل مقدس کے خدا نے اُس علاقہ کو چُنا جسکو مجدو بطور پاک سرزمین چُن لیا (مکاشفہ ۱۶:۱۶)وہ مقام جو کہ پہلے سے وہ مقام چن لیا کہ وہاں پر پہلے طے شدہ جنگ کی جائے،یہ جنگ یسوع مسیح کی فوراً آمدِ ثانی کی نشاندہی کرتی ہے۔

پاک سر زمین(اسرائیل) سے ہی یسوع مسیح پیدا ہوا، زندہ رہا، خدمت کی ، مر گیا ، دوبارہ زندہ کیا گیا، اورپاک سرزمین سے ہی آسمان پر اُٹھالیا گیا۔اور یسوع مسیح وہاں پر ہی آئے گا، اور وہاں سے ہی اپنی بادشاہت کا آغاز کرے گا۔در اصل، پاک سرزمین اس کرہ ٔارض پر دُھنی کی حیثیت رکھتا ہے تاکہ خدا کا منصوبہ ءنجات کامل ہوسکے۔کیونکہ خدا کے نجات بخش منصوبہ کیلئے خدا کے سامنے اُسکی کافی اہمیت ہے۔اور اس توسط سے شیطان کے لیے بھی وہ بہت اہم جگہ ہے۔تاکہ خدا کے نجات بخش منصوبہ کو بگاڑے اور ، تاکہ دھوکہ سے اپنے انجام سے بچ سکے۔شیطان نے لگاتار کوشش کی ہے کہ خدا کے چُنیدہ لوگوں ، یہودیوں اور ساتھ ساتھ پاک سرزمین کو بھی صفائے ہستی سے مٹا دے،جس کا تعلق یہودیوں کے ساتھ ہے۔(بمطابق شیطان کی محدود سوچ ہے، کہ اگر یہودی نہیں ہونگے، تو پھر ہوسکتا ہے کہ شائد یسوع مسیح کی آمد نہ ہوگی یا اُسکا کوئی اثر نہیں رہے گا)۔

آیئے ہم اس بات کو یاد رہیں کہ بائبل مقدس کے خدا نے ابراہام کواور اسکی اولاد کو ہمیشہ کے لیے عطا کردیا،اضحاق اور یعقوب کے ذریعے جو کہ پیدائش۱۵:۱۸،۲۶:۳-۴ اور۱۲:۳۵؛ خروج۲۳:۳۱؛ اور یشوع ۱:۴۔ پاک سرزمین (اسرائیل)کی اصل حدود جن میں دریائے نیل اور جنوبی علاقہ جات، لبنان اور شمالی علاقہ جات، بحیرہ قلزم اور مغربی علاقہ جات، دریائے فرات اور مشرقی علاقہ جات شامل ہیں۔یہ تمام حدود کو عظیم سلطنتِ اسرائیل کے طور پر جانا جاتا ہے۔اُس چھوٹے سے خطے کا جائزہ لیتے ہوئے جو کہ زمین کے چھوٹے چھوٹے خطوں پر مشتمل ہے جواسرائیل کے قبائل کو دیئے گئے(گنتی ۳۴:۳-۱۴میں لکھاہے)۔

وہ قُدرتی اور دفاعی حدودجو کہ اسرائیل کے قبائل کو دیا گیا وہ آج کے اسرائیل کے بالکل عین مطابق ہے۔اُن کا حدود اربع یہ ہے :(۱) مغربی سمندر،(۲) شمال میں ریگستان،(۳) خلیج سوڈان (وادی ءسوڈان) اور مشرق میں ریگستان، اور (۴)جنوب میں پہاڑی سلسلہ ہے۔یہ قدرتی اور دفاعی حدود بہت اہم ہیں، اور ابھی تک بے حد اہم ہیں تاکہ خدا کے چنیدہ لوگوں ،مد د کے لئے اورعلیحدہ کیا جائے۔اور اُنکی خدمت کے لئے برکات حاصل کریں۔یقیناً، پاک سرزمین آسمانی موعودہ زمین کی منظر کشی کرتی ہے۔جہاں پر خدا کے برگزیدہ دائمی طور پر ال، جدا کئے گئے، اور تمام درد اور بدی سے بچایاتاکہ اُسکی خدمت لی برلت پائیں۔(الگ کرنا، جدا کرنا، اور حفاظت کرنا اور برکات دینا تمام ہی خدا کا مصوراتی خاکہ ہیں ہر مسیحی فردکی زندگی کو بھی حاصل ہے) ۔

پاک سرزمین(اسرائیل) کو قائم کرتے ہوئے ، بائبل مقدس کے خدا نے کہاکہ اے اسرائیل کے بچوں کہ وہ غیر قوموں کے ساتھ عہد نہ باندھیں اور نہ ہی تنظیم سازی کریں، وہ لوگ جو وہاں رہتے ہیں۔(خروج۲۳:۳۲-۳۳؛۳۴:۱۲-۱۵؛ استثناء۷:۲ ؛ قضاۃ۲:۲)۔بد قسمتی سے اسرائیل کے بچوں نے اس بات کی تابعداری نہ کی ، جو احکام انکو قدیم وقتوں میں دیئے گئے تھے۔اور نہ وہی وہ آخری وقتوں میں اُن احکام پر عمل کریں گے۔وہ دنیا کی تمام قوموں کے دباؤ کا شکار رہیں گے۔اور حتمی طور پر آخر وقت میں وہ مخالفِ مسیح کواجازت دیں گے کہ وہ غیر قوموں کے لوگوں کے ساتھ سات پُر امن سالوں کیلئے کاروباری معاہدہ کرے، جس کو فلسطین کے نام سے جانا جاتا ہے، (حماس یا اسکے جانشین)، یہ معاہدہ مخالفِ مسیح ہی ساڑھے تین سال کے بعد توڑے گا(دانیال۹:۲۷) تاکہ بڑی عظیم اذیتیں شروع ہوں،اور ساتھ ساتھ خدا کا غضب نازل ہو۔

اور ایک ایسا دِن آئے گا، اور وہ دن بہت جلد آجائے گا جب قومِ اسرائیل غیر قوموں کے ذریعے اُجاڑ (ویران) بن جائے گا ، بشمول کہ امریکہ بھی اُن کے ساتھ ملے جائے گا، اور اپنے سخت دشمنوں کے ذریعے اُن پر حملہ ہوگا، اس میں اسرائیل کے پڑوسی اسلامی ممالک بھی شامل ہونگے جو اتحاد کرلیں گے۔اگرچہ کہ کوئی بھی اسرائیل کے اِن بچوں کو اِنکے دشمنوں سے کوئی

نہیں بچا سکتا ، صرف اور صرف بائبل مقدس کا خدا ہی بچا سکتا ہے، اور بچائے گا، اور اُنکو بچائے گا جب(غیر قوم اجنبی) اُنکی زمین پر قتل و غارت کرے گااور اُنکی سرحدوں میں داخل ہوجائیں گے (میکاہ ۶:۵)، اور وہ خود یسوع مسیح کے ذریعے چھڑائے اور بچائے جائیں گے۔

اور یعقوب کا بقیہ بہت سی قوموں اور اُمتوں میں ایسا ہوگا جیسے شیر ببر جنگل کے جانوروں میں اور جوان شیر بھیڑوں کے گلہ میں۔جب وہ اُن کے درمیان سے گزرتا ہے تو پامال کرتا اور پھاڑتا ہے اور کوئی چھڑا نہیں سکتا۔

(میکاہ ۸:۵)

یقینا،یسوع مسیح کی آمدِ ثانی کے وسیلہ سے ، خدا قادرِ مطلق "اُن لوگوں پرغضب و غصہ اور عذاب نازل کرے گا جو اُس (خدا) کی تابعداری نہیں کرےں گے (میکاہ ۱۵:۵)۔خدا قادرِ مطلق اپنے قول ،وعدہ اور اسرائیل کے ساتھ قسم کا ہمیشہ سچارہے گا، میکاہ۷:۲۰

پاک سرزمین(اسرائیل) ہمیشہ اہم رہیگی کیونکہ آخرزمانہ کے واقعات میں یہ واضح طور پر نمایاں ہے ،جو کہ پہلے ہی سے چن لئے گئے ہیں، مختص اور مخصوص کئے گئے ہیں۔خدا قادرِ مطلق کے اُس پیمانہ کے مطابق جو بھرپوری کے متعلق ہیں۔

اُس نے کہاکہ قہر بھڑکنے کے آخری دنوں میں جوکچھ ہوگاوہ میں تجھے بتاتاہوں کیونکہ یہ رویاآخری زمانہ کے مقررہ وقت کے متعلق ہے۔

☆☆☆ (دانیال۸:۱۹)

ان کے دور کے آخری حصہ میں جب سرکش لوگ انتہائی بدکاری پراُترآئیں گے تب ایک ترش رواور رمزشناس بادشاہ برپاہوگا۔

(دانیال ۸:۲۳)

☆☆☆(نیوکنگ جیمزورژن۱۹۸۸میں سے حوالہ دیتاہے، تھامس نیلسن،انکارپوریشن، نیشویلی، ٹینیسی۔(اس کتاب میں دوسرے تمام حوالہ جات کنگ جیمزورژن عام میں سے لئے گئے ہیں)

دونوں بادشاہوں کے دل بدی کی طرف مائل ہونگے اور وہ ایک ہی میز پر بیٹھ کر ایک دوسرے سے جھوٹ بولیں گے۔ لیکن یہ بے سود ہو گا کیونکہ مقررہ وقت پر (ان سب باتوں کا) خاتمہ پھر بھی ہونے والا ہی ہے۔

(دانیال ۱۱:۲۷)

اور بعض اہلِ فہم تباہ حال ہوں گے تاکہ پاک و صاف اور برّاق ہوجائیں جب تک آخری وقت نہ آجائے کیونکہ یہ مقررہ وقت تک ملتوی ہے۔

(دانیال۱۱:۳۵)

کیونکہ یہ رویا ایک مقررہ وقت کے لئے ہے۔یہ جلد وقوع میں آئے گی اور خطا نہ کرے گی۔اگرچہ اس میں دیر ہوتو بھی اِس کا منتظر رہ کیونکہ یہ یقیناً وقوع میں آئے گی۔تاخیر نہ کرے گی۔

(حبقوق ۲:۳)

اور اُس نے ایک ہی اصل سے آدمیوں کی ہر ایک قوم تمام رُوی زمین پر رہنے کے لئے پیدا کی اور اُن کی معیادیں اور سکونت کی حدیں مقرر کیں۔ تاکہ خدا کو ڈھونڈیں۔شاید کہ ٹٹول کر اُسے پائیں ہر چند وہ ہم میں سے کسی سے دور نہیں۔کیونکہ اُسی میں ہم جیتے اور چلتے پھرتے اور موجود ہیں۔جیسا تمہارے شاعروں میں سے بھی بعض نے کہا ہے کہ ہم تو اُس کی نسل بھی ہیں۔ پس خدا کی نسل ہوکر ہم کو یہ خیالی کرنا مناسب نہیں کہ ذاتِ الٰہی اُس سونے یا روپے یا پتھر کی مانند ہے جو آدمی کے ہنر اور ایجاد سے گھڑے گئے ہوں۔ پس خُدا جہالت کے وقتوں سے چشم پوشی کرکے اب سب آدمیوں کو ہر جگہ حکم دیتا ہے کہ توبہ کریں۔کیونکہ اُس نے ایک دِن ٹھہرایا ہے جس میں وہ راستی سے دُنیا کی عدالت اُس آدمی کی معرفت کرے گا جسے اُس نے مقرر کیا ہے اور اُسے مردوں میں سے جِلا کر یہ بات سب پر ثابت کردی۔

(اعمال ۱۷:۲۶_۳۱)

اے بھائیو کہیں ایسا نہ ہو کہ تُم اپنے آپ کو عقلمند سمجھ لو۔اس لئے میں نہیں چاہتا کہ تُم اس بھید سے ناواقف رہو کہ اسرائیل کا ایک حصہ سخت ہوگیا ہے اور جب تک غیر قومیں پوری پوری داخل نہ ہوں وہ ایسا ہی رہے گا۔

(رومیوں۱۱:۲۵)

لیکن جب وقت پورا ہوگیا تو خُدا نے اپنے بیٹے کو بھیجا جو عورت سے پیدا ہوا اور شریعت کے ماتحت پیدا ہوا۔

(گلتیوں۴:۴۔۵)

ہم کو اُس میں اُس کے خون کے وسیلہ سے مخلصی یعنی قصوروں کی معافی اس کے اُس فضل کی دولت کے موافق حاصل ہے۔جو چنانچہ اُس نے اپنی مرضی کے بھید کو اپنے اُس نیک اُس نے ہر طرح کی حکمت اور دانائی کے ساتھ کثرت سے ہم پر نازل کیا۔ تاکہ زمانوں کے پورے ہونے کا ایسا انتظام ہو کہ مسیح میں سب ارادہ کے موافق ہم پر ظاہر کیا۔جسے اپنے آپ میں ٹھہرالیا تھا۔ اُسی میں ہم بھی اُس کے ارادہ کے موافق جو اپنی مرضی کی چیزوں کا مجموعہ ہوجائے۔خواہ وہ آسمان کی ہوں خواہ زمین کی۔ مصلحت سے سب کچھ کرتا ہے پیشتر سے مقرر ہوکر میراث بنے۔تاکہ ہم جو پہلے سے مسیح کی اُمید میں تھے اُس کے جلال کی ستایش کا باعث ہوں۔

(افسیوں۱:۷۔۱۲)

وقت کے پورا ہونے کا نظریہ خدا کے کلام میں کئی مقامات پر آیا ہے۔''وقت کا پورا ہونا'' سے مراد ہے(۱)مذہبی تاریخی دائرہ یا وقت کا پورا ہونا ہے (۲) خدا کی طرف سے مخصوص شدہ وقت یا پھر(۳) ایک خاص تسلسل جو روحانی اور مذہبی واقعات سے جُڑا ہوا جس کے ذریعے شروعات اور آخر کی شناخت کی جاسکے۔بائبل کی تاریخ میں، خدا پہلے سے وہ لمحات مقرر کرچکا ہے جہاں پر ''بھرپوری'' ہے (یعنی کاملیت).... کہ کس وقت پر ''نیا آغاز'' واقع ہوگا۔''وقت کی بھرپوری خدا کے ''درست وقت'' پر ہے۔

مثال کے طور پر، صرف یسوع مسیح ہی جسمانی طور پر آسمان پر اُٹھایا گیا، اُس نے اپنے شاگردوں سے کہا کہ وہ یروشلیم میں ہی انتظارکریں جب تک کہ ''قوت کا لباس'' نہ پائیں۔کیونکہ وہ روحانی طاقت انہیں عید پینتی کست پر ملنی تھی، جو کہ یسوع مسیح کی جسمانی طور پر آسمان پر اٹھائے جانے کے پچاس دنوں کے بعد۔ایک دن ، اُن تمام کو دی گئی جو ایمان لائے ....اور ، اُن تمام کو ملتی گئی، تمام لوگوں کو جو ایمان لائے کہ یسوع مسیح مصلوب ہوا اور دوبارہ زندہ ہوا''جو مسیحا '' ہے، انہیں پاک روح بخشا گیا۔اور ایمان لائے کہ یسوع مسیح انکا شخصی نجات دہندہ ہے اور پوری دُنیا کا واحد مسیحا ہے۔(اسکا یہ ہرگزمطلب نہیں ہے کہ ''ابدی نجات'' ہر ایک کو ملے گی، کیونکہ کلامِ مقدس کے مطابق جو یسوع مسیح کو بطور خدا کے بیٹے قبول نہیں کرتے وہ ''ابدی سزا'' کے وارث ہونگے۔)

آج،پس منظر میں، خدا نے پہلے ہی سے پینتی کوست کو مخصوص کیاہوا تھا ایک ''نئے آغاز'' کیلئے یہ یہودیوں کی ایک خاص عید ہے جس کو ''شیووت'' کہا جاتا ہے۔عیدِ پنتیکوست یہودی عیدوں کے ہفتے کا آخری دن ہے، جسکو ''کٹائی کی عید''اور ''پہلے پھلوں '' کی عید بھی احبار ۲۳:۵ ۔۲۱میں رقم کیا گیا ہے اور استثنا۱۶:۷۔۱۰ میں۔پنتیکوست کے دن یسوع مسیح کی خدمت کے وسیلہ سے کئی روحیں بچائی گئیں، جو کہ اسکی صلیبی موت ، زندہ کئے جانے اور زندہ آسمان پر اُٹھائے جانے کے بعد اسکی روحانی خدمت کے پہلے پھل تھے۔

کئی مسیحی عیدِ پنتیکوست کو کلیسیائی کے پیدائش کے دن کے طو رپر مناتے ہیں۔ظاہر ہے، جو خدا کے کیلنڈر پر شاندار ہے کیونکہ اُس نے اس دن کو مسیحیوں اور یہودیوں کے لیے خاص طور پر چنا ہے۔یسوع مسیح جو کہ کلیسیاءکا سر ہے ،اور ظاہر ہے کہ ''سر'' کو ''تن'' سے جدا نہیں کیا جاسکتا، کلیسیاءکی بھی بہت اہم شروعات ہے عیدِ پنتیکوست کے دن سے اڑھائی سال پہلے۔جب یسوع نے خود بپتسمہ پایا(پانی کا بپتسمہ) یوحنا نبی کے ذریعہ(''یوحنا اصطباغی'')، جس وقت خدا کا پاک روح اُس پر کبوتر کی صورت میں اُترا(مثلاً، کبوتر کی مانند اُترا)۔

یسوع مسیح نے اپنی عام خدمت کا آغاز کیاکہ (۱) یوحنا اصطباغی سے پانی کا بپتسمہ لینے کے بعد (۲) خدا کے پاک روح نے اُس پر غلبہ پالیا، یسوع تقریباً تیس سال کی عمر کا تھا جب یہ دونوں واقعات ہوئے۔(لوقا۳:۲۳) ۔

موسموں اور، عیدوں اور پاک دِنوں کا موازنہ کرتے ہوئے جو کہ اناجیلِ مقدسہ میں لکھی ہیں جنکا آپس میں ایک ربط ہے اور بمطابق اناجیلِ مقدسہ میں بتائے گئے تمام واقعات کا آپس میں تسلسل ہے۔اسکا جواز دیا جاسکتا ہے کہ یسوع مسیح کی عام خدمت تقریباً ساڑھے تین سال پر مشتمل ہے۔اُس وقت سے جب سے یسوع مسیح کا مکمل طورپر پانی اور پاک روح سے مغلوب ہوا۔(اسکا عام مسیح) جب تک کہ وہ مصلوب نہ ہوگیا۔

یہ متی کی انجیل میں واضح طور پر دیکھا جاسکتا ہے کہ ہیرودیسِ عظیم زندہ تھا جب یسوع مسیح کی پیدائش ہوئی کیونکہ یہ لکھی گئی تاریخ ہمیں سکھاتی ہے۔کہ ہیرودیسِ عظیم ۴سال قبل از مسیح مرگیا تھا، اور کیونکہ اُس نے احکام جاری کئے تھے کہ تمام عبرانی مرد بچے جنکی عمر دو سال یا اِس سے چھوٹے تھے وہ قتل کردیئے جائیں، جو کہ یسوع مسیح کی پیدائش کے لگ بھگ تھی جو کہ ۶ قبل از مسیح سے پہلے نہیں ہوا اور نہ ہی ۴قبل از مسیح کے بعد ہوا:

جب ہیرودیس نے دیکھا کہ مجوسیوں نے میرے ساتھ ہنسی کی تو نہایت غصے ہوا اور آدمی بھیج کر بیت الحم اور اُس کی سب سرحدوں کے اندر اُن کے سب لڑکوں کو قتل کروادیا جو دو برس کے یا اِس سے چھوٹے تھے۔اُس وقت کے حساب سے جو اُس نے مجوسیوں سے تحقیق کی تھی۔

(متی ۲:۱۶)

پینطوس پلاطوس کے دور میں (۲۶ سے ۳۶ دورِ مسیح) صرف اُس سال میں جس میں نسان کی۱۴ویں تاریخ(یہودی مہینہ، عبرانی کیلنڈر کیمطابق مصلوبیت کی تاریخ) جمعہ کو آئی(مصلوبیت کا دن) بشمول ۲۷ دورِ مسیح، ممکن ہے کہ ۳۰، ۳۳ یا پھر۳۶ دورِ مسیح ہو۔خاتمہ کے طریقہ کے ذریعہ، ۳۳اور ۳۶دورِ مسیح مصلوبیت کے سال سے بہت دیر بعد ہیں(۱) اگر یسوع مسیح ہیرودیس کے سلطنت کے دوران پیدا ہوا ،اور(۲)اگر یسوع مسیح ساڑھے تینتیس سال کی عمر میں مصلوب ہوا۔تاہم، یسوع مسیح کی پیدائش اور مصلوبیت یا تو ۶ قبل از مسیح سے ۲۷دور، مسیح میں یا .... ۴ قبل از مسیح سے ۳۰ دورِ مسیح کے دوران ہوئی۔جبکہ چائنہ کی تاریخ بتاتی ہے کہ۶ سے ۵ قبل از مسیح ایک بڑاُدم دار ستارہ دکھائی دیا جسکا دکھائی دینے کا دورانیہ ۷۰ دن تھا۔جسکا سر مشرق کی جانب تھا اور دُم مغرب کی جانب تھا۔جس نے مجوسیوں کو اس قابل کیا کہ وہ یروشلیم میں اسکا پیچھا کریں(جو کہ بیت الحم سے۱۲ میل کی دوری پر ہے)، جبکہ ہیرودیس عظیم نے اُن یہودی لڑکوں جن کی عمر۲سال یا اس سے کم تھی کو مارنے کا حکم دیا۔وہ اس بات کاردّ عمل تھا جب مجوسی یروشلیم کو واپس نہیں پہنچے، ہم اس سے نتیجہ اخذ کرسکتے ہیں کہ یہ ۶ قبل از مسیح .... ۲۷دورِ مسیح سے زیادہ ۴ قبل از مسیح .... ۳۰دورِ مسیح زیادہ قریب لگتا ہے۔

سال	واقع
۶ قبل از مسیح	یسوع مسیح بیت الحم میں پیدا ہوا
۲۴دورِ مسیح	یسوع مسیح نے اپنی زمینی خدمت کا آغاز کیا جب اس کو بپتسمہ دیا گیا۔
۲۷دورِ مسیح	مصلوبیت، جسمانی طور پر دوبارہ زندہ کای جانا، اور یسوع مسیح کا زندہ آسمان پر اٹھایا جانا
۲۷دورِ مسیح	عیدِ پنتیکوست کا دن جو مسیحی کلیسیائی کی پیدائش کا نشان ہے۔

یسوع مسیح کی زندگی کے اہم سال

جدول نمبر ۴

۲۴بعد از مسیح سے لیکر ۲۰۲۴ بعد از مسیح کا دوربہت اہمیت کا حامل ہیں، یا ”وقت کا پوراہونا“کیونکہ یہ ۲۰۰۰سالوں کے خاتمے کا نشان ہے، جس کو ہم ”دورِ مسیح“ کے نام سے جانا جاتا ہے(مثال کے طور پر، اُس وقت سے جب یسوع مسیح کی زمین خدمت کا آغاز ہوا ، وہ خدمت جو اُسکی مصلوبیت کے بعد تک با وسیلہ پاک روح(عیدِ پنتیکوست سے آج تک جاری ہے)۔

ملینیا(ہزار سالہ دور) خدا قادرِ مطلق کیلئے بہت اہم ہے۔خدا کا کلام ہمیں سکھاتا ہے کہ ''ایک دن ہزار سال کا'' اور ''ہزار سال ایک دن کے برابر'' ہیں۔(زبور۹۰:۴؛ ۲ ۔پطرس۳:۸)، سبت کے دن اور ہزار سالہ دور پر ایمان رکھنے والے یہ ایمان رکھتے ہیں کہ چھ۶ملینیا چھ دِنوں کے برابر ہیں(یا ''چھ دن'') اُس امن کے ہزار سالہ دور سے پہلے(جو کہ ''ساتواں دن'' آرام کا دن) ہے، وہ جب شروع ہوگا جب یسوع مسیح حقیقت میں دوبارہ زمین پر آئے گا(''آمدِ ثانی'' ، یا ''دوسری آمد'') اور وہ ہزار سالہ دور حکومت کرے گا۔(جیسا کہ مکاشفہ کے بیسویں باب میں مرقوم ہے)۔

اِس سمت میں سوچنے کے لئے ،یہ دور لگ بھگ ۴۰۰۰ سالوں پر محیط ہے۔جو کہ آدم اور حواکے دور سے بیت الحم میں یسوع مسیح کی پیدائش ہوتی ہے۔(تقریباًچار ''دن'')، اور تقریباً ۲۰۰۰سال یسوع مسیح کی پیدائش سے لیکر ''آمدِ ثانی '' تک (تقریباً دو''دن'')۔

لہٰذا، ہم اُس دور کے قریب ہیں جب جلد ہی چھ ہزار سالہ دور ختم ہوجائیگا جب آدم اور حوا بنائے گئے تھے۔

کیونکہ میں خود اپنے آپ کو سبت کے دن کے ہزار سال کو ماننے والوں کا شمار کرتا ہوں(سبت کے دن کے ملینیل ازم: جو کہ مسیحی عقیدہ نہیں)، میں نے اس وقت کی لکیر کو صرف اُس گواہی کو بیان کرنے کے لئے استعمال کیا ہے جو مفروضاتی عقیدہ کی حمایت کرتا ہے کہ یسوع کی آمدِ ثانی سے قبل جو وقت ہے ناصرف تھوڑا ہوگا بلکہ وہ قابل غور بھی ہوگا۔

(یہاں پر میں بامقصد طور پرریپچر کو موضوعِ بحث نہیں بنا رہایعنی لوگوں کی جلالی تبدیلی)

۲۰۲۴دورِ مسیح میں اسرائیل کی قوم کے لیے دونوں واقعات 'وقت کا پورا ہونا''بیک وقت پورے ہوتے ہیں۔مئی ۱۴ ،۱۹۴۸ دور نئی یہودی مملکت اورعبرانی (Yom H'Atzmaut) ِ مسیح میں نئے اسرائیل کی پیدائش ہوئی۔یہ اسرائیل کا یومِ آزادی ہے کیلنڈر کے مطابق ایار کے پانچویں دن کے طور پر یاد کیا جاتا ہے۔تاہم ،۷۰سال(بائبل کے اعداد و شمار کے مطابق ''وقت کا پورا ہونا'' یہ وقت ۲۰۱۸تک اسرائیل کی قوم پر پورا ہوجائیگا۔اگر سات سالوں کا دورانیہ جسکو ''اذیت کا دور'' کہا جاتا ہے وہ ۲۰۱۸ ءمیں شروع ہوگا(''وقت کا پورا ہونا''ستر سالوں کے بعد جدید اسرائیلی قوم کے قیام کے لئے)۔پھر یسوع مسیح کبھی ۲۰۲۵/۲۰۲۴میں آئیگا۔یہودی نئے سال کے درمیان، جسکو روش ہوشعنا کہتے ہیں، جو کہ تیشری کا پہلا دن ہے، ۵۷۸۵ (جو کہ ۲اکتوبر ۲۰۲۴کے غروبِ آفتاب پر شروع ہوگا) اور وہ اس سال کا آخری دن ہوگا، انتیسویں تاریخ ایلیل(مہینہ)،

Quran: Testimony of Antichrist

القرآن :مخالف مسیح کی گواہی

۵/۸۵(۲۲ ستمبر ۲۰۲۵)۔اس معمے کے حل کے لئے اسرائیل کے وقت کے پورا ہونے پر غور کرنا ضروری ہے۔جیسا کہ یسوع مسیح کی آمدِ ثانی پر جیسا "۷۰+۷"۔

اُن لوگوں کے لئے جو اِس پس منظر کے لئے کہیں گے "کوئی بھی اُس وقت اور دن کو نہیں جانتا"، کہ یسوع مسیح کی آمدِ ثانی کب ہوگی۔میں اس بات سے اتفاق کرتا ہوں کہ کلامِ مقدس ہمیں بتاتا ہے کہ ہم اُس گھڑی اور دن کے بارے میں نہیں جان سکتے، لیکن کلامِ مقدس یہ نہیں کہ ہم اُس سال کا اندازہ نہیں لگا سکتے۔یسوع مسیح فرماتے ہیں:

اب انجیر کے درخت سے ایک تمثیل سیکھو۔جونہی اس کی ڈالی نرم ہوتی ہے اور پتے نکلتے ہیں تُم جان لیتے ہو کہ گرمی نزدیک ہے۔میں تم سے سچ کہتا ہوں کہ جب 'اِسی طرح جب تم اِن سب باتوں کو دیکھو تو جان لو کہ وہ نزدیک بلکہ دروازہ پر ہے۔' ہے۔آسمان اور زمین ٹل جائیں گے لیکن میری باتیں ہرگز نہ ٹلیں گی۔ لیکن تک یہ سب باتیں ہولیں یہ نسل ہرگز تمام نہ ہوگی۔اُس دن اور اُس گھڑی کی بابت کوئی نہیں جانتا۔نہ آسمان کے فرشتے نہ بیٹا مگر صرف باپ۔(متی۲۴:۳۶)

پس جاگتے رہو کیونکہ تُم ، نہ اُس دن کو جانتے ہو نہ اُس گھڑی کو(متی۲۵:۱۳)

لیکن اُس دن یا اُس گھڑی کی بابت کوئی نہیں جانتا۔نہ آسمان کے فرشتے نہ بیٹا مگر باپ۔"(مرقس۱۳:۳۲)

اُن وقتوں اور معیادوں کا جاننا جنہیں باپ نے اپنے ہی اختیار میں رکھا ہے تمہارا کا نہیں۔(اعمال۱:۷)
یقیناً، میں اس بات کے بارے میں نہیں جانتا کہ ہمارا خداوند یسوع مسیح کب آئے گا، لیکن اسکا یہ مطلب نہیں ہے کہ ہمیں جاننا نہیں چاہیے، اور جان نہیں سکتے، اوراسکی آمدِ ثانی کا جواز نہیں ہے تاکہ اسکی واپسی کا احتمال و امکان ہے تاکہ مسیحی حلقہ میں گفت و شنید یا مباحثہ ہوں کہ ۲۰۲۴/۲۰۲۵ میں اس کی آمد کا امکان ، واقعات کی پیش گوئی، یا غیر یقینی صورتحال کو پرکھا جاسکے۔

اس بات سے بالاتر ہوکر کہ یسوع مسیح ۲۰۲۴ یا ۲۰۶۰ میں آئے گا ، ہر مسیحی کو مانااور ایمان رکھنا چاہیے کہ یسوع مسیح ضرور آئیگا۔

نواں باب

انسانی تنازعہ

دشمن اور دوست میں

پرانے عہد نامہ کی روایت کے مطابق، دوست وہ ہیں جو عہد کے شراکتی ہیں جو کہ اپنے مضبوط عہد کو ایک دوسرے کے ساتھ باٹنے سے ظاہر کرتے ہیں (۱) اپنی جائیداد (ملکیت، جائیداد، مال گودام، کپڑے اور ہتھیار وغیرہ)؛ (۲) اعمال (مثلاً ہاتھ ملانا، جانور کی قربانی کے دونوں حصوں کے درمیان چلیں) یا پھر (۳) لکھے ہوئے یا زبانی وعدے (جیسا کہ وعدے یا معاہدے)۔

نئے عہد نامہ کی روایت کے مطابق، دوست وہ ہیں جن کا شراکتی عہد دونوں کی باہمی قبولیت کی بنا پر ہوتا ہے کہ یسوع مسیح نے ہماری خاطر اپنا خون بہا کر ہمارے گناہوں کو معاف کردیا۔

بائبل کے نظریہ کے مطابق، جو نئے عہد کے دوست نہیں ہیں وہ جاننے والے یا دشمن ہیں۔(۱) ایک دوسرے کے اور (۲)نجات یافتہ افراد کے۔اس صورت میں، جاننے والے لوگ نجات یافتہ نہیں ہیں جو جنکو ابھی تک بتایا نہیں گیا، یا انہوں نے دلی عہد نہیں کیا کہ یسوع مسیح کو اپنے شخصی نجات دہندہ کے طور پر اپنائیں یا ردّ کریں۔نتیجتاً، جاننے والے ،نجات یافتہ لوگوں کے ہونے والے دوست یا ہونے والے دشمن ہوسکتے ہیں۔جاننے والے لوگ جن کو آگاہی ہو اور وہ اپنے ہی ذہن میں یہ فیصلہ کرلیں کہ وہ یسوع مسیح کو اپنا شخصی نجات دہندہ قبول کرتے ہیں وہ نئے عہد اور نجات یافتہ لوگوں کے دوست ہیں اُسی لمحہ جب وہ یہ فیصلہ کرلیتے ہیں۔(اس سے یہ مراد نہیں ہے کہ وہ افراد ایک دوسرے کی شخصیات کو پسند کریں اور انکی ثقافتی اقدار ایک ہوں یا وہ ایک دم یہ جان جائیں کہ دوسروں کی عزت کرنا)۔اور وہ جانے والے لوگ جن کو آگاہی ہو اور وہ اپنے ہی ذہن میں فیصلہ کرلیں کہ وہ یسوع مسیح کو اپنا شخصی نجات دہندہ نہیں بناتے اپنے آپ کو بائبل کے خدا کا دشمن ثابت کرتے ہیں۔ خدائے خالق کی بادشاہت کا دشمن، اور اُن لوگوں کا دشمن جن کا تعلق یسوع مسیح کے ساتھ ہے۔(اسکا مطلب ایسے افراد ہیں ہے جو ایک دوسرے کے برملا دشمن ہیں اور یا ایک دوسرے پر برہم ہیں۔)۔

حتیٰ کہ اگر انکا یسوع مسیح کو ردّ کرنے کی بنیاد اُنکو فراہم کی گئی معلومات پر ہے، یا اُنکے اپنے ضمیر کا فیصلہ ہے ، غیر نجات یافتہ لوگ ابھی تک خدا قادرِ مطلق ، اور اسکی بادشاہت اور اسکے لوگوں کے دشمن ہیں جو مسیح کا بدن ہونے سے تعلق رکھتے ہیں۔

یقیناً، خدا کا غضب (جو کہ ایک انصاف سے بھرپور غصہ ہے)ابھی تک رُکا ہوا ہے، اور ٹھہرا ہوا ہے، اُن لوگوں پر جو یسوع مسیح کو ردّکرنا جاری رکھے ہوئے ہیں۔اُن کے اندرخدا کے پاک روح کی عدم موجودگی کی وجہ سے بدی اُن کے اندر بآسانی کام کرتی ہے۔اگرچہ کچھ نے اقدار کو سیکھ لیا ہے اور زیادہ تر نجات یافتہ لوگ ،غیر نجات یافتہ لوگوں میں کام کرکے ،بدیوں کی راہ میں رکاوٹ بن سکتے ہیں۔تمام نسلِ انسانی کا رحم اور روایات بآسانی غیر نجات یافتہ لوگوں کے ذریعے ختم اور فراموش کی جاسکتیں ہیں تاکہ بدی کوفروغ ملے۔

حتیٰ اگرچہ اُردو کا لفظ ''دشمن'' جس کے کئی معنی ہیں، وہ معنی جو بہت قریب بیٹھتے ہیں وہ اس کتاب میں استعمال ہوئے ہیں:وہ شخص اور معاشرتی گروہ جوکسی دوسرے شخص یا معاشرتی گروہ کے خلاف ہو، خاص کر جو کوئی ضرر پہنچانا چاہے، بغاوت، یا ثابت ہوجائے کہ وہ ایک مخالف ہے۔

کیونکہ اس لفظ ''دشمن''کا استعمال پہلی دفعہ ''انگلش'' میں تیرہویں صدی عیسوی میں ہوا تھا، بائبل کے منفرد لکھاریوں کے ذہن میں یہ لفظ موجود نہ تھا جب انہوں نے کئی عبرانی اور یونانی الفاظ استعمال کئے اور آخر کار اُسکو انگلش(انگریزی) زبان میں ترجمہ Enemyاور جمع یعنیEnemies۔ کیا جو کہ آج

کے طور پر کیا گیا جو کہ کنگ جیمس ورژن کے پُرانے Enemy ، نمایاں طور پر اُسکا ترجمہ انگلش [H۳۴۱]Oyev عبرانی لفظ عہدنامہ میں تھا اسکے دو معنی تھے یعنی ''ذاتی دشمنی'' اور ساتھ ساتھ ''قومی دشمنی''۔دو نمایاں الفاظ جنکا یونانی زبان سے ترجمہ ہواEnemy/Enemies مختلف ترجموں میں ہوا ورژنوں میں جسکا ترجمہ ہوا وہ Echthros[G۲۱۹۰] اور Antidikos[G۴۷۶] ہے :۔مندرجہ ذیل جدول میں یہ تینوں الفاظ کو شامل کیا گیا ہے

Strong's Number	Hebrew or Greek Word	Transliteration in Syllables	English Equivalents and Definitions
H341	אֹיֵב	ō·yāv'	1. personal adversary 2. national adversary
G2190	ἐχθρός	ekh-thros'	1. hostile human adversary 2. hostile demonic adversary 3. the Adversary (i.e., Satan or Devil)
G476	ἀντίδικος	än-tē'-dē-kos	1. hostile human adversary 2. hostile demonic adversary 3. the Adversary (i.e., Satan or Devil)

جدول نمبر۵

مندرجہ بالا جدول میں ان دونوں الفاظ یعنیEchthrosاورAntidikosکے کئی معنی ہیں۔ایک وقت میں، دونوں الفاظ ہم معنی ہیں اور، دوسرے وقت میں وہ ہم معنی نہیں ہوتے۔مثال کے طور پر، دونوں الفاظ کے معنی Hostile Human Adversaryانسان کے دشمن اور دونوں الفاظ کو مخصوص طور پر شیطان سے منسوب کیا جاتاہے، جو کہ "مخالف ہے" خدا خالق کا۔تاہم، ہر ایک کو بائبل متن کو پڑھتے وقت ہر لفظ ضرور ہے کہ اسکے اس وقت پر معنی پر ملحوظِ خاطر رکھیں۔(حاشیہ میں درج بیان میں،Echthrosاور اسکی تبدیل شدہ اشکال اور اس کی اخذ شدہ اشکال استعمال ہوئی ہیں، خاص طور پر نئے عہد نامہ میں بہ نسبتAntidikosکے لفظ اور اس کی تبدیل شدہ اشکال اور اس کی اخذ شدہ اشکال کے۔)

کیاانسان مسیحیوں کے دشمن ہیں؟

یہ وہ مسیحی لوگ ہیں جن کا ذکر افسیوں ۶:۱۲میں ملتا ہے کہنے کو کہ مسیحی انسانوں کے دشمن نہیں ہیں اور ہمیں دوسرے انسانوں کے بارے میں نہیں سوچنا چاہیے کہ وہ ہمارے دشمن ہیں بلکہ اُن لوگوں کو جن کو نجات کی ضرورت ہے اور ہونے والے مسیحی ہیں:

کیونکہ ہمیں خون اور گوشت سے کُشتی نہیں کرنا ہے بلکہ حکومت والوں اور اختیار والوں اور اِس دُنیا کی تاریکی کے حاکموں اور شرارت کی اُن روحانی فوجوں سے جو آسمانی مقاموں میں ہیں۔

(افسیوں ۶:۱۲)

بد قسمتی سے، مسیحی ہمیشہ اپنی سمجھ کو افسیوں ۶:۱۲کی طرح استعمال نہیں کرتے اس یادگاری میں کہ بائبل مقدس کے خدا نے قاتل انسانی تنازعہ کو اجازت دی کہ موجود ہو، جو کہ روحانی اصولوں اور طاقت کی وجہ سے افسیوں ۶:۱۲میں درج ہوسکتا ہے، اور انسانوں کے ذریعے کام کرتا ہے جنکا ایسا ضمیر ہے جو بدی کو بروئے کار لاتے ہیں۔بائبل مقدس کی سمجھ ڈرپوک اوریا پھر مافوق الفطرت انداز میں، کچھ لوگ یہ انداز اختیار کرتے ہیں کہ نسلِ انسانی کے قتل کا تنازعہ وجود ہی نہیں رکھتا ، اور یہ کہ ہمارے کوئی اصل انسانی دشمن نہیں ہیں(اُنکے اندازِ فکر کے مطابق)، ہمیں اس مسئلہ کو دُعا کرکے خدا کے حوالے کرنا چاہیے تاکہ وہ اس میں مداخلت کرے اورکسی بھی قسم کی بدی دور بھاگ جائے تاکہ جب ہم غوروخوض کے دوران اس کو فراموش کریں اور مثبت سوچ اختیار کریں۔وہ اس بات کو بھول جاتے ہیں کہ کچھ انسانوں نے اپنی روحوں کو شیطان کے ہاتھ بیچ دیاتھا اور وہ جن کو درست نہیں کیا جاسکتا تھا۔کیونکہ بدی صرف اسی طرح کے لوگوں میں کسی روکاوٹ کے بغیر کام کرسکتی ہے۔یہی لوگ

ہمارے کسی شیطانی طاقت سے زیادہ دشمن ہیں جو کہ ہمارے مخالف ہیں۔بالفاظِ دیگر، شیطان، اسکے گرائے گئے فرشتے، اور بدروحیں ہمیں نا ختم ہونے والے دشمن ہیں،۔ اور وہ مسلمان جو جہاد کو عمل میں لاتے ہیں ہمارے دشمن ہیں، (یقینا، تمام مسلمان قرآن میں اللہ کے حکم سے جہاد کے لیے بلائے گئے ہیں۔)

افسیوں ۶:۱۲ ، بطور حاشیہ میں درج معلومات کے طور پر، چند مسیحی اپنی تعلیمی سمجھ بوجھ کو انتہا کے طور پر لیتے ہیں کہ وہ اس بات کو یاد رکھنے ناقابل ہوجاتے ہیں کہ تمام نسلِ انسانی اپنے خون کے ہارمونز اور گوشت کے خلاف جنگ کرتے ہیں جن کا تعلق لبیڈو،نشہ آوری، اور ہیجان سے ہے۔

جب یسوع نے ہمیں اپنے انسانی دشمنوں سے پیار کرنے کو کہا ہے(متی۵:۴۴) ، در اصل وہ اس بات کا بیان کرتا ہے کہ انسان ہمارے دشمن ہیں۔ہمارے اصل دشمن ہمیں لعنت کرتے ہیں، ہم سے نفرت رکھتے ہیں، اور ہماری بے عزتی کرتے ہیں،ہمیں ڈراتے اور دھمکاتے ہیں، ایذا رسانی کرتے ہیں، ہمیں تنگ کرتے ہیں، ہمیں قتل کرتے ہیں۔واقعی، شیطان کی طاغوتی طاقتیں ہمارے انسانی دشمنوں ہر عمل میں میں کام کررہی ہوتی ہیں۔نتیجتاً، ہمارے انسانی دشمن ناصرف جن کے ساتھ ہمیں پیار کا اظہار اور انہیں معاف کرنا ہے، اس حکم کے جواب میں یسوع مسیح نے ہمیں دیا بلکہ بلکہ اُن کے برخلاف بھی جن کے آگے ہمیں اپنا دفاع کرنا پڑتا ہے، ہمارے پیارے ، اور ہماری پیاری قوم بھی اور انکے مددگار بھی جو اندرونی و بیرونی خطرات کا شکار ہیں۔

جب انسان شعوری طور پر شیطانی فوجوں میں شامل ہوتے ہیں، وہ بالآخر بدی میں ڈھل جاتے ہیں.... اور ان میں موجودہ انسانیت دوبارہ تلاش نہیں کی جاسکتی۔

یہ کہنا کہ یہودی اور مسیحی اسلام کے ساتھ کسی بھی مذہبی جنگ کا شکار نہیں ہیں پچھلے ہزار سالہ دور میں تو یہ جھوٹ ہے(ہزار سالہ دور سے پہلے کا حوالہ دیتے ہیں اُس وقت کا جس میں پروسیا، یا یسوع مسیح کی آمدِ ثانی کی طرف بڑھتی ہے)۔ہزار سالہ دور سے پہلے کے دوران ، تمام یہودی و مسیحی اسلام کے ساتھ جنگ میں ہیں، صرف اسلا م کے ایک حصہ یا ایک علاقہ میں بلکہ پورے اسلام کے ساتھ۔

آپ پوچھ سکتے ہیں، ”کہاں پر بائبل میں مذاہب کے درمیان جنگ کا ذِکر کیا گیا ہے؟

پرانے عہد نامہ میں یقینا بین المذاہب جنگوں کا ذِکر ہے جب اسرائیل کے بچوں کو حکم دیا گیا کہ کنعان کی سرزمین کے تمام رہنے والوں کو قتل کردیں کیونکہ کنعان کے سارے باشندے غیر قوم یعنی (کافرین) تھے۔انکو قتل کرنا اسلئے تھا کہ حتمی طور خدا کی قوم (اسرائیل) پر کنعانی برسراقتدار نہ ہوجائیں ناصرف بطور انکے جسمانی غصے اورغضب بلکہ مخلوط شادیوں کے ذریعے بھی:

اور تو اُن سب قوموں کو جن کو خداوند تیرا خدا قابو میں کردیگا نابود کر ڈالنا۔تو اُن پر ترس نہ کھانا اور نہ اُن کے دیوتاؤں کی عبادت کرنا ورنہ یہ تیرے لئے ایک جال ہوگا۔

(استثنا ۱۶:۷)

سو بنی اسرائیل کنعانیوں اور حتّیوں اور اموریوں اور فرزّیوں اور حوّیوں اور یبُوسیوں کے درمیان بس گئے اور اُن کی بیٹیوں سے آپ نکاح کرنے اور اپنی بیٹیاں اُن کے بیٹوں کو دیئے اور اُن کے دیوتاؤں کی پرستش کرنے لگے۔

(قضاۃ۳:۵۔۶)

بین المذاہب جنگوں کا ذکر نئے عہدنامہ میں بھی ملتا ہے، خاص طور پر مکاشفہ کی کتاب میں:(۱) تیسری جنگ ِعظیم جو کہ حقیقت میں مذہبی جنگ ہے جو کہ اسلام اور یہودی و مسیحی نظریات کی جنگ ہے ہر مجدو کی جنگ تک پہنچتے ہوئے(مکاشفہ ۱۶:۱۶) غیر مسیحی (غیر قوم) کی مشترکہ کاوشوں سے اسرائیل کے یہودیوں کو مٹا دےں۔اور (۲) ہزار سالہ دور کے آخر میں جو یسوع مسیح نے کرنا ہے چوتھی جنگ ِعظیم ....بطور جوج و ماجوج کی جنگ کا حوالہ دیتا تھا اسکا ذکر (مکاشفہ ۲۰:۸).... یہ جنگ اُن لوگوں کے درمیان ہے جو بائبل مقدس کے خدا کی پرستش کرتے ہیں اور اسکی مخالف طاقت (یعنی شیطان) کے مابین ہیں۔

اگرچہ کچھ مسیحی مذہب کا لفظ استعمال نہیں کرتے ، اس کتاب میں سادہ طور پر مذہب سے مراد کسی کے ایمان جس کی وہ پرستش کرتا ہے۔لفظ"مذہب" علم الٰہیات کے نظام کو اپنے اندر شامل کرسکتا کہ وہ اُسکے اندر یا ادب کے ذریعے سیدھا بیان کیا گیا ہے جو کسی کے ایمان کی جسکی وہ پرستش کرتا ہے اسکو بنیادی شکل دیتا ہے۔

بالفاظِ دیگر ،مذہب لفظ کوئی برا لفظ نہیں ہے یہ کسی کے بھی مذہب کی عملی شکل ہے جو کہ بُری ہوسکتی ہے۔دراصل لفظ مذہب بے حد مثبت انداز میں یہوداہ کے خط ۱:۲۷ استعمال کیا گیا ہے جسکا تعلق کسی کے ایمان کے اعمال سے ہے جن سے دوسروں کی خدمت کی جاسکتی ہے۔

حقیقت جاننے کے لیے، انسان جھگڑا (تنازعہ) شعور کا معاملہ ہے (تاہم دورانِ جنگ بہت سی جمہوری مملکتوں میں امن پسند لوگوں اوربنیاد پرستوں کو کھاتہ میں نہ لانے کا نظریہ دیکھا گیا۔) یہاں پر وہ بھی ہیں جو کہیں گے کہ نئے عہد نامہ کا سخت ترجمہ کے لئے مسیحیوں کو امن پسند اور بنیاد پرست ہونا چاہیے۔بہر حال، یہاں پریعنی نئے اور پرانے عہد نامہ میں جنگ کی ٹھوس مثالیں ملتی ہیں کئی انسانی تنازعوں میں جن کی اپنی مذہبی بنیادیں ہیں۔بالکل، اچھی صحت مند بحث کی حوصلہ افزائی ہونی چاہیے کہ مسیحیوں کو جسمانی جنگ کرنی چاہیے:(۱) جنگیں جو شاہانہ ہیں (۲) جنگیں جو سرحدوں کے دفاع کے لیے کوئی کسی کی حدود میں داخل ہونا چاہتا ہے، اور (۳) اجنبی افراد کے خلاف جنگ، اُن جنگجوؤں یا قومیت حاصل کرنے والوں کے خلاف جو کسی کے ملک میں یا کسی کے ہمسایہ ملک میں تباہی مچانا چاہتے ہیں۔مسیحیوں کے لیے اس بحث کو کرنا صحت مند ہے کہ وہ اپنے درمیان دفاعی ہتھکنڈوں پر بحث کریں۔بشمول دوسروں کے خلاف نام نہاد دفاعی حملوں کے بارے میں جو آپکی حدود کے دشمن ہیں۔

بائبل مقدس کا خدا اپنے آپ سے متنازعہ نہیں ہوتا۔وہ پیدائش۹:۵۔۶میں فرماتا ہے:

میں تمہارے خون کا بدلہ ضرور لونگا۔ہر جانور سے اس کا بدلہ لونگا۔آدمی کی جان کا بدلہ آدمی سے اور اُس کے بھائی بند سے جو آدمی کا خون کرے اُس کا خون آدمی سے ہوگا کیونکہ خدا نے انسان کو اپنی صورت پر بنایا ہے۔ لونگا۔

دو پہلے بیان شدہ آیات میں، بائبل مقدس کا خدا واضح بیان کرتا ہے کہوہ نسل ِانسانی کو اپنے قہر کو ظاہر کرنے کیلئے استعمال کرتا ہے۔(اُسکا منصفانہ غصہ)۔یہاں، مسیحیوں کے لئے یہ بات معاون ہوگی کہ وہ بائبل مقدس کے خدا کو یاد رکھیں کہ وہ صرف نئے عہد نامہ کا خدا ہی نہیں بلکہ پرانے عہدنامہ کا خدا بھی ہے۔

بائبل مقدس کا اصول''آنکھ کے بدلے آنکھ اور دانت کے بدلے دانت'' پورے پرانے عہدنامہ کے دوران دیکھا جاسکتاہے۔ابھی مسیح یسوع ایسے ہی انسانی بدلہ اور غضب کے خلاف بولتے ہیں:

تُم سن چکے ہو کہ اگلوں سے کہا گیا تھا کہ خون نہ کرنا اور جو کوئی خون کرے گا وہ عدالت کی سزا کے لائق ہوگا۔لیکن میں تُم سے یہ کہتا ہوں کہ جو کوئی اپنے بھائی پر غصے ہوگا وہ عدالت کی سزا کے لائق ہوگا اور جو کوئی اپنے بھائی کو پاگل کہے گا وہ صدرِ عدالت کی سزا کے لائق ہوگا اور جو اُس کو احمق کہے گا وہ آتشِ جہنم کا سزاوار ہوگا۔

(متی ۵: ۲۱۔۲۲)

کسی انسان پر ''بے وجہ'' غصہ (متی ۲۲:۵) خاص طور پر یسوع مسیح کے عہد کے شریک افراد، خدائے خالق کی ابدی سزا کو دعوت دینا ہے۔انسانی تنازعہ کے مدِ مقابل ،ایک غصہ آور شخص کا غیردوستانہ ردّیہ بطور ردِ عمل بائبل مقدس کے خدا کو قابل قبول اور ساتھ ساتھ قابل قبول ہے کیونکہ غصہ کا ایک مقصد ہے اسلئے ،ٹھیک ہے۔

یقینا، یسوع مسیح نے یہ نہیں کہا کہ ہمیں اپنے آپ کا دفاع کرنا اِس صورت میں کہ کوئی ہمیں لوٹ لے یا ہمارے انسانی حقوق کو پامال کرے۔''اس صورت میں ''پچھلے فقرے میں بہت اہمیت کا حامل ہے۔اگر وہ ہماری مخالفت کریں اور ہمیں مجبور کرنے پر زور دیں، ہم یہ حق رکھتے ہیں کہ اُنکے خلاف اپنی طاقت استعمال کریں بلکہ اپنے آپ کو بچائیں نہ کہ اُن سے بدلہ لیں۔گتسمنی کے باغ میں ، پطرس رسول کو کہا کہ اپنی تلوار اپنے میان میں رکھ تاکہ یسوع مسیح کے حوالہ کیا جانے میں رکاوٹ نہ آئے۔(ایسا نہیں تھا کہ یسوع مسیح کے دشمن وہاں پر موجود نہیں تھے کہ اُس کے شاگردوں کو مار دیتے)۔

مجھے ''اس صورت میں'' کو غلط مت سمجھئے، اس رائے کا مطلب ہے، مثال کے طور پر کہ اگر جہادی (مثلاً عملی مسلمان)اگر کوئی آپکے پیارے پر تیزاب پھینک دے یا آپکے پیارے کو جلا ڈالے،پھر آپکو چاہیے کہ آپ بھی اُن پر تیزاب پھینکیں یا اُنکو بھی جلائیں۔اور آپ کا فرض ہے کہ آپ اپنے آپ کو اور دوسروں کو بھی تیزاب اور آگ سے بچائیں۔(حتیٰ کہ دہشت گرد کی جان لے لیں)، لیکن آپکو یہ حق نہیں ہے کہ بعد(گزرے دن) میں آپ اُن پر تیزاب پھینکیں یا اُنکو آگ سے جلائیں۔آپکو کوئی حق حاصل نہیں ہے کہ آپ وحشیانہ طریقے سے آپ کسی کے ساتھ سلوک کریں حتیٰ کہ کوئی آپکووحشیانہ طور پر زخمی کرنا چاہے یا آپکو قتل کرنا چاہے۔آپ کو صرف اپنے آپ کو بچانے کا حق ہے۔اگر آپ نے بغیر غصہ کے ردِ عمل کے طور پر تیزاب واپس پھینکا یا آگ اُنکی طرف واپس بھیجی تاکہ آپ اپنا دفاع کرسکیں، تب آپ نے کوئی وحشیانہ فعل نہیں کیا۔بہر حال، آپ کو کوئی حق نہیں ہے کہ اُس جرم کی سزا دیں جو کہ پہلے ہی سے سرزد ہوگیا ہے۔بہرحال ، آپکو یہ حق حاصل ہے کہ آپ عدالتی کاروائی یا فوجی ذرائع کودرخواست کریں کہ اُن ملزمان کو پکڑیں جو آپکے خلاف اس حملے میں شامل ہیں اور اُن کو بھی جو اُن کی حمایت کرتے ہیں۔

آپکو حق حاصل ہے کہ آپ جسمانی طور پر اپنا دفاع کروں اور دوسرے لوگوں کو بھی حملہ سے بچائیں لیکن غصہ کی روح کے ساتھ نہیں۔بدلہ اور انتقام ہمارا کام نہیں ہے۔انتقام لینا صرف بائبل کے خدا کا کام ہے (رومیوں ۱۲:۱۹ عبرانیوں ۱۰:۳۰)۔بہر حال ، خدائے خالق کی طرف سے آپ سے کوئی پوچھ گچھ نہیں ہوئی کہ آپ نے اپنا اختیار کیسے استعمال کیا(۱) جسمانی طور پر اپنے آپ کا دفاع کریں یا(۲) اپنے آپ کا مستقبل میں دفاع کے لیے تیاریاں کریں۔

☆☆☆☆☆

۱۰ اپریل ۲۰۱۵ کو میں نے سوشل میڈیا پر اپنی رائے کا اظہار کیا

مسیحیوں کو وہ تمام روحانی اور جسمانی ذرائع بروئے کار لانے چاہئیں تاکہ وہ اپنے آپ کو اور اپنے پیاروں کو بچائیں اور اپنی قوم کو جہادیوں سے بچائیں آپ کو ایک نیا جھگڑا اِن سب کو ختم کرنے کے لئے شروع کرنے کی ضرورت نہیں ہے۔

مندرجہ ذیل گفتگو میرے اور کسی شخص کے درمیان ہے جس کو میں "AV" کہوں گا(جو کہ ایک انڈیا کا باشندہ ہے جو اُمان میں رہتا ہے) میری اِس رائے کے نتیجہ میں سامنے آیا۔

AV: پاسٹر، اسکا مطلب ہے کہ ہم جسمانی حملے کی صورت میں ہتھیار اٹھا لیں؟

میں: ہتھیار اٹھانا کسی بھی شخص کے شعور کی مسئلہ ہے۔بہر حال اسکے بارے کہا گیا ہے کہ آپ فیصلہ کرسکتے ہیں کہ آپ اپنی حفاظت نہ کریں کیونکہ بالغ ہیں اور یہ حق رکھتے ہیں، لیکن آپ یہ حق نہیں رکھتے کہ آپ اپنے بچوں کا دفاع نہ کریں کیونکہ وہ یسوع میں ابھی کافی بالغ نہیں کہ و ہ اپنے فیصلے کرسکیں۔اسلئے ، میری طرف سے آپ کو نصیحت ہے کہ اپنے معصوم پیاروں کو اپنی جان کے عوض(مثال کے طور پر آپ کے عمررسیدہ والدین، آپکی اہلیہ، اور آپ کے بچے اور کوئی بھی جو آپ کے ساتھ گھر میں رہتا ہے)۔کیوں؟، کوئی ایسا شخص نہیں ہے جو اپنی جان اپنے پیاروں کے لیے دے"۔(یوحنا ۱۵:۱۳)

AV:پاسٹر ، اگر اپنا دفاع کسی کو قتل کرکے ہے تو یہ درست نہیں ہے۔اعمال کی کتاب میں ،جب پہلے پہل مسیحیوں پر ایذارسانی دور میں ، ان تمام نے سب کچھ خدا پر چھوڑ دیا، اور اپنے جذبات اور اپنی مرضی پر عمل نہیں کیا۔مہربانی فرما کر میری تصیح کریں اگر میں غلط ہوں۔

میں:AVآئیں ہم آہستگی سے اسکو سمجھیں، پہلے، آپ اِسکو خداوند کے ساتھ بات کریں اور اس کی ہدایات پر عمل کریں، دوسرا ،یقینا، آپکو چاہیے کہ خدا پر بھروسہ رکھیں اور دُعا کریں تاکہ وہ آپکی ہدایت کرے اور آپ میں مداخلت کرے۔تیسرا یہ کہ ،اگرخدا نے اس میں مداخلت پسند نہ کی ، پھر آپکو خود ہی فیصلہ کرنے کا حق ہے کہ آپکو اس معاملہ کے ساتھ شعوری طور پر کیسے نمٹنا ہے۔چوتھا، آپ جو کچھ اپنے لئے فیصلہ کرتے ہیں اسکا اطلاق آپکے بچوں نہیں ہوتا۔آپ کوضرور ہے کہ اپنی جان کی بازی لگا کر اُنکی زندگیاں بچائیں۔آپ کو ہرگز یہ حق حاصل نہیں ہے کہ آپ اپنے بچوں کی بلی چڑھا دیں۔آپ کو یہ حق حاصل ہے کہ مسیحی ایمان میں آپ شہید ہوجائیں، لیکن آپ کو ہرگز یہ حق حاصل نہیں ہے کہ یہی فیصلہ آپ اپنے بچوں کے لیے

بھی کریں‌کہ انکو بھی شہید ہونا ہے۔پانچواں،اور ''قتل کرنے'' اور اپنے آپ کے جسمانی دفاع میں یہاں فرق ہے۔کہیں پر نہیں کہا گیا کہ آپ کسی کا قتل کردیں۔اور یقینا، اور آپ کسی کی جان لئے بغیر اپنا دفاع کرسکتیں ہیں،اگر یہ آپ کے شعور کا مسئلہ ہے آپکے لئے۔

میں:یسوع مسیح مرقس ۲۲:۵ میں فرماتے ہیں، لیکن میں تم سے کہتا ہوں، اگر کوئی اپنے بھائی پر غصہ ہے بلاوجہ اس پر حتمی عدالت کے لئے خطرہ ہوگا: اور جو کوئی اپنے بھائی کو راقا کہے(ایک ارامی لفظ ہے جسکا مطلب بیوقوف یا بے عقل شخص کے ہیں) اس کو صدر عدالت میں خطرہ ہوگا۔اور جو کہے گا کہ تو بیوقوف ہے، وہ جہنم کی آگ کا سزا وار ہوگا۔'' اگر کوئی آپکے خاندان کو مارنے کی کوشش کرے ،جو کہ ایک مقصد ہے غصہ ہونا، بھی ایک مقصد ہے کہ اپنے خاندان کاجسمانی دفاع کیا جائے۔

میں: ''قتل'' کا مطلب ہے کہ کسی شخص بے وجہ یا کسی مقصد کی وجہ سے جان لے لینا۔لیکن اپنا دفاع کرنا قتل کے زمرے میں نہیں آتا۔

AV:پاسٹر، پھر پہلی صدی میں مسیحیوں نے اسی طرح عمل کیوں نہیں کیا جب وہ ایذارسانیوں سے گزر رہے تھے؟

میں:تمام گزرے ہوئے ۲۰۰۰ سالوں میں، بہت سے مسیحی ہیں جنہوں نے اپنے گھروں کا دفاع کیا ہے، اپنے پیاروں کا اور اپنی قوم کا دفاع کیا ہے ، اگر دوسری جنگِ عظیم کے دوران مسیحیوں نے نازیوں کے خلاف جنگ نہ کی ہوتی تو گزرے ۷۰سالوں سے دُنیا ایک بڑی تاریکی میں ڈوبی ہوئی ہوتی۔یہ قابلِ احترام حوصلہ مند مردو خواتین نے اپنی جانیں قربان کردیں تاکہ میں اور میری اور میرے خاندان حفاظت سے رہیں۔یہ ،طمانچہ کے لیے اپنا دوسراگال بھی آگے کردینا اس بات کہ مترادف نہیں ہے کہ اپنے بچے کے ساتھ زیادتی کی اجازت دے دی جائے یا اپنے بچوں کے سر قلم کروانے کی اجازت دے دی جائے۔

AV:پاسٹر ، میں اس بات کی حقیقت کو تسلیم کرتا ہوں کہ کوئی باپ ایسا نہیں ہے کہ جب اسکی بیٹیوں کے ساتھ زیادتی ہو اور وہ نا اُمید ہوکر بیٹھا روتا رہے یا اسکے سامنے اسکے بیٹوں کے سر قلم ہورہے ہوں تو وہ چُپ رہے۔ایک باپ اپنی خاندان اور بچوں کو بچانے کے لئے سب کچھ کرسکتا ہے۔لیکن میں یہ ایمان رکھتا ہوں کہ باپ کا کردار جذبات سے بالاتر ہے اس عمر میں وہ خود بخود سوچ سے زیادہ عملی کام ہوگا۔ایسے معاملات علمِ الٰہیات کے مطابق نہیں لئے جاسکتے لیکن انکو معاملہ بہ معاملہ حل کیا جاسکتا ہے۔

میں:ایسے مسئلہ میں جب آپکے بچوں کے ساتھ زیادتی یا سرقلم کئے جاتے ہوں تو معاملہ بہ معاملہ حل نہیں ہوتا۔غصہ درست ہے جب کوئی مقصد ہو۔جنسی زیادتی یا سرقلم کرنا آپکے بچوں کے درست ہے اگر غصہ کا مقصد ہو، حتیٰ کہ یسوع بھی غصہ ہوا۔

AV:میں قبول کرتا ہوں ایسے معاملات میں چند ٹھوس اقدامات کرنے ہوں گے۔

میں:مجھے آپ پر فخر ہے کہ آپ اپنے خاندان اور دوستوں کے لیے جان دینے کے لئے تیار ہو۔

AV:کوئی باپ یا بیٹا اپنے خاندان اور دوستوں کو بچانے کے لئے کچھ بھی کرسکتاہے کوئی بھی آدمی بیٹھا بڑبڑاتانہ رہے گا، ''انتقام لینا خدا کا کام ہے''(رومیوں۱۲:۱۹) جب اسکی بیوی کے گلے پر چھری رکھی ہو۔

میں: آمین، ہمیشہ خداوند میں حوصلہ پائیں۔AV، ادھر ایک آخری بات بتاؤں گا اپنے آپ کا دفاع کرنا انتقام لینا نہیں۔انتقام اقتدار کا متلاشی ہوتا ہے یا بدلہ دے اور سزا دے۔دفاع حفاظت کا متلاشی ہوتاہے۔

AV:حقیقت ، ہے عام طور پر، ہم مسیحی جب ایذرسانی کا شکار ہوتے ہیں تو ہمیں بائبل مقدس میں سے یہ آیت (رومیوں۱۲: ۱۹) ملتی ہے اور ہم اپنے دل میں ایمان رکھتے ہیں کہ خدا نے ہمیں ایذرسانی کے ذریعے اجر دینا ہے۔

میں:آمین، ہم کسی شخص کو ہمارے خلاف کسی دوسرے کے گناہ کاہرجانہ ادا کرنے کے مجاز نہیں ہیں لیکن ہم اپنا دفاع کرسکتے ہیں۔

AV:سچ ہے ،میں آپکے مطلب کو تسلیم کرتاہوں۔

میں:مجھے خوشی ہوئی کہ ہم نے بات چیت کی۔

AV:میں بھی ، پاسٹر، اب میں نے نئے انداز میں سوچنا شروع کیا ہے جب ہم نے ایک دوسرے سے بات چیت کی ہے ، بہت شکریہ، خدا برکت دے۔

☆☆☆☆☆

اس مشکل حالت میں، رومیوں۱۲:۱۹ کا حوالہ دینا بہت اہم ہے۔اسکے ساتھ جو ہم نے پیچھے کیا ہے:

جہاں تک ہوسکے تُم اپنی طرف سے سب آدمیوں کے ساتھ میل ملاپ رکھو۔اے عزیزو! اپنا انتقام لینا میرا کام ہے۔بدلہ میں ہی دُوں گا۔(استثنا۳۲:۳۵؛ ۳۲:۴۱،۳۲:۴۳،تجزیہ کے واسطے)

(رومیوں۱۲: ۱۸۔۱۹)

پہلے بیان شدہ کو اور زیادہ مضبوط بنانے کے لئے جس کا ذکر پیدائش ۹:۵۔۶، اس کے مساوی طور پر اس بات کا نوٹس لینا بہت ضروری ہے کہ بسا اوقات خدا نسلِ انسانی کو استعمال کرتا ہے کہ اسکا انتقام نازل ہو۔

اور میں اپنی قوم بنی اسرائیل کے ہاتھ سے اُدوم سے انتقام لوں گا اور وہ میرے غضب و قہر کے مطابق ادوم سے سلوک کریں گے اور وہ میرے انتقام کو معلوم کریں گے خداوند خدا فرماتا ہے۔

(حزقی ایل۲۵:۱۴)

توبہ اور معافی پر

ایک جہادی یا بہت سے جہادی، یا مجاہدین (تمام الفاظ جو کہ ہم معنی ہیں) ایک عملی مسلمان ہے جو کہ دہشت گردی سے یا بغیر گردی کے لڑتا ہے تاکہ اپنا ایمان بچائے اور اپنے ایمان کو پھیلائے اس بات سے بالاتر ہوکر کہ اسکی اپنی جان یا کئی غیر مسلموں کی جان چلی جائے۔جہاد کی بنیاد (نام نہاد پاک جنگ یا مقدس کوشش ہے) جس کا ذکر پورے قرآن (القران) میں ملتاہے۔جہاد ہر مسلمان پر فرض ہے اور، اگرچہ غیر مسلم کے ساتھ امن،معاہدہ ، اور جنگ بندی کی گنجائش ہے، جو کہ ہمیشہ سرسری ہوگا: مسلمانوں کے درمیان اور غیر مسلموں کے درمیان کبھی ہمیشہ قائم رہنے والا امن نہیں ہوسکتا کیونکہ مسلمان اپنے عزائم اور جھوٹے ایمان کوفروغ دینے کیلیئے جزیہ دیتے ہیں(مثلاً،تکیہ،اضطرار،کیتمان اور ہیال)۔

کلامِ مقدس(بائبل مقدس) کاگہرا مطالعہ ظاہر کرتا ہے کہ ، اگرچہ بائبل مقدس کا خداگناہ سے نفرت کرتا ہے، وہ زیادہ نفرت کرتا ہے(۱)جھوٹے بتوں کی پوجا کرنے کو، (۲) معصوموں کا خون بہانے سے اور (۳)کفر سے۔جب یہ تینوں چیزیں آپس میں مدغم ہوجاتی ہیں تو خدا کا واجب غضب کا موجب بنتے ہیں۔مصیبتوں کے دوران، خدا کا غضب اُن تمام پر نازل ہوتا ہے جو جھوٹے بُتوں(خداؤں) کی پوجا کرنے سے توبہ نہیں کرتے، اور معصوموں کا خون بہانے سے باز نہیں آتے، اور اُسکے خلاف کفر

گوئی کرتے ہیں۔خدا کا بھیانک ترین غضب اُن پر نازل ہوا جنہوں نے معصوموں خون اپنی کافرانہ پرستش کے دوران بہایایعنی اُس جھوٹے خدا کے لیے جسکو اللہ کہتے ہیں۔

غیر نجات یافتہ گنہگار کو توبہ کئے بغیر گناہوں سے کسی قسم کی معافی نہیں ملتی۔اس لئے مسیحیوں کی جانب سے جہادیوں کو توبہ کی پُکار ہے تاکہ وہ معافی پاسکیں۔یہ پیغام تھوڑے پڑ جاتے ہیں۔جہادیوں کو توبہ کی طرف لائے بغیر،اُنکو محبت اور معافی کا پیغام جو کہ کائناتی نجات کو عمل میں لاتا ہے(مثلاً ہر کوئی بچایا جائے گا چاہے وہ توبہ کرے یا نہ کرے)۔

جہادیوں کے لیے معافی اور نجات کے تمام پیغامات خونی پیغامات ہونے چاہیئں اور انہیں یہ باور کروانا چاہیے کہ جہادیوں کا مسیحی شہداء کا خون بہانا یسوع مسیح کے خون بہانے کی طاقت کے مساوی نہیں ہوسکتا۔اور اِس گناہوں کی معافی نہیں ہے(عبرانیوں ۹: ۲۲)۔اسلئے کہ جہادی نجات پائیں، انہیں یہ جاننے کی اشد ضرورت ہے کہ کسی معصوم کا خون بہایا جانا، اور ایک خونی (قاتل) کا خون بہایا جانا، دراصل یہ بائبل مقدس کے خدا کی طرف سے ضرور ہے۔تاکہ بیک وقت اُس (قاتل باغی) کے گناہ ڈھانپے جائیں، ختم ہوجائیں اور بخشے جائیں یسوع مسیح کے خون بہانے کے باعث فدیہ کے طور پر(۱) ذاتی طور پر اگر وہ قبول کرلے کہ یسوع مسیح خداوند اورنجات دہندہ ہے(۲) قاتل(باغی) کی اپنی توبہ۔

اگر، قارئین ،نجات کے خواہشمند ہیں، میں آپکو دعوت دیتا ہوں اپنے دل سے ایمان لائیں اور نیچے دیئے گئے الفاظ بُلند آواز میں دُہرائیں:

پیارے خداوند یسوع، میں مانگتا ہوں کہ میرے گناہ بخش دے۔میں اُن پر شرمندہ ہوں،اورمیں اُن گناہوں سے توبہ کرتا ہوں۔میں تُجھے اپنا خداوند اور اپنا نجات دہندہ تسلیم کرتا ہوں۔میں جانتا ہوں کہ تو ہی خدائے خالق جو حقیقی اور سچا خدا کا اکلوتا بیٹا ہے، جو کہ بائبل مقدس کا خدا ہے۔میں تجھے اپنی جان اور اپنے دل میں اور اپنے ذہن میں آنے کی دعوت دیتا ہوں،اور میں مانگتا ہوں کہ تو میری مدد کر کہ میں ہر دن تیرے لئے جیوں۔میری دُعا سننے کا شکریہ ، اور مجھے اپنوں میں سے ایک کی طرح قبول کرنے کا شکریہ، اور تیرا شکریہ کہ تو نے مجھے اپنے خون کے بہائے جانے سے گناہوں سے دھو دیا۔اے پیارے یسوع، میری مدد کر کہ میں اپنی تمام زندگی صرف تجھ پر بھروسہ رکھوں۔

آمین

اپینڈکس اے

کے بارے سوالات کے ممکنہ جوابات٦٦٦

موازناتی چارٹ

(ماسوائے رمز نویس حروف کے ، عربی اور عبرانی کو ہمیشہ دائیں سے بائیں لکھا جاتا ہے)

اپینڈکس اے

"666"بارے ممکنہ سوالات کے جوابات

موازناتی چارٹ (ماسوائے رمز نویس حروف کے عربی اور عبرانی کو ہمیشہ دائیں سے بائیں لکھا جاتا ہے)		
لفظ	حروف	وضاحت
محمد	م-حی-م-دال	محمد کے عربی حروفِ تہجی (حرفِ علت کا نہ ہونا)
מחמד	ڈالت-مم-حیت-مم	ایک ایک کر کے عام عبرانی میں الفاظ نقل کرنا (حرفِ علت کا نہ ہونا)
מהמד	ڈالت-مم-ہے-مم	متبادل ایک ایک عبرانی الفاظ کی نقل (حرفِ علت کا نہ ہونا)
מוחמד	ڈالت-مم-حیت-واو-مم	عام عبرانی الفاظ کی نقل
מוהמד	ڈالت-مم-ہے-واو-مم	متبادل عبرانی الفاظ کی نقل
מוהאמיד	ڈالت-یود-مم-الف-ہے-واو-مم	الفاظ کی درست ترتیب (کرپٹوگرافک حروفِ تہجی)
דימאהום	مم-آخری-واو-ہے-الف-مم-یود-ڈالت	الفاظ کی الٹ ترتیب (کرپٹوگرافک حروفِ تہجی)

کے بارے سوالات کے ممکنہ جوابات۶۶۶

ا۔ باب میں جس کا عنوان ہے کیسے سب کچھ اکٹھا ہوتا ہے میں محمد نام کے تبدیل شدہ عبرانی حروفِ تہجی دیئے ہیں۔ میں اس تبدیلی کو کیسے بیان کر سکتا ہوں جبکہ موجودہ رائج عبرانی زبان میں یود (YUD ,YOD) نہیں ہے؟

اگرچہ جدید عبرانی زبان میں نام کے لیے کوئی یود (YUD ,YOD) موجود نہیں۔ ایسا نہیں ہے کہ وہ نام جو یوحنا رسول نے (تقریباً ۹۵ سنہ عیسوی) اپنی رویا میں دیکھا اور اسکو ۶۶۶ کے طور پر محفوظ کر لیا۔ مکاشفہ ۱۳:۱۸، میں بھی یود حرف نہیں تھا۔ کیونکہ لکھنے میں حرف یود حرفِ علت اور مطابقت دونوں خصوصیات کا حامل ہے بیک وقت یہ صوتی طور پر لمبے الف پر جو کہ انگلش کے حرف (اےA) کو لمبا بولنے کے مترادف ہے، (انگلش e، یعنی بولنے میں چھوٹا)، (مطالعہ سے معلوم ہوتا ہے کہ یہ عبرانی مذکر نام ہے) اور، بسا اوقات، انگریزی کے حرف (E کی مختصر آواز دیتا ہے)

مزید برآں کہ یود (YOD) حرف عام اور حرفِ علت دونوں خصوصیات رکھتا ہے، یہ حرف حتیٰ کہ خاموش (یعنی بے آواز) بھی ہو سکتا ہے۔ یقین دہانی کے ہئے، زیرِ لفظ بطور علت جو کہ حرفِ علت کے طور پر استعمال ہوتے ہیں اشارہ دیتا ہے کہ وہ قدیم عبرانی لکھاریوں اور نقول بنانے والوں کے ذریعہ استعمال نہیں ہوا۔ جبکہ، یہ مناسب اور اور قابل تردید ہے کہ یود کو محمد میں عبرانی کے چھٹے حرف کے طور پر شامل کر لیا جائے۔ کیونکہ محمد نام قدیم عبرانی سے نہیں نکلا، جدید عبرانی اِس نام کی بالکل درست لکھی ہوئی شکل کا دعویٰ نہیں کر سکتی (نہ ہی، اس بات پر کہ، جدید عبرانی درستگی کے ساتھ سارے الفاظ کی آواز کو دوبارہ بنا سکتی ہے جن میں حرف یود (YOD کی اور اسکے کئی جدلیاتی اور علاقائی اشکال ہیں)۔ مزید یہ کہ، جدید ترجمان ہمیشہ بہت اچھا کام نہیں کرتے۔ ذرا سوچیں کہ سولومون SOLOMON کی لفظی ادائیگی اصل قدیم عبرانی لفظ شولموSHLOMO سے کتنی ہٹ کر ہے۔ حتمی طور پر، یہ کوئی محض اتفاق نہیں ہے کہ عبرانی زبان کے لفظ آئیوٹاIOTA یعنی آئی (i چھوٹا اور I بڑا) دونوں ہی عبرانی یود سے ماخوذ ہیں۔

۲۔میم عموماً ۴۰ کی قیمت رکھتی ہے، کیوں میں نے اِسکو ۶۰۰ کی قیمت دے دی؟

پہلے،میم کے لئے جو فہرست میں نے دی جسکی قیمت ۶۰۰دی وہ حتمی میم ہے، نہ کہ شروعاتی یا درمیان میں استعمال شدہ لفظ میم (جسکی قیمت ہمیشہ ۴۰ ہوتی ہے)۔جب میں شگاگو میں رہتا تھا کچھ سال پہلے، ایک آشرلائبریری میں تحقیق کی جو کہ سپرٹس انسٹیٹیوٹ آف جیوش سٹیڈیز۔وہاں میں نے کبالسٹک(علم العداد کامدرسہ) کو پایا جس کے لیے میں نے عدد قیمت ۶۰۰کو آخری میم سے منسوب کیا۔یہ چارلس پونس کی طرف سے مواد قابلا میں ملا(جسکی اشاعت کوئیسٹ بُک، ۱۹۷۸، صفحہ ۳۳ پر کی گئی اور اس کتاب کاISBNنمبر۰-۸۳۵۶-۰۵۱۰-۸ ہے۔جو کہ میں نے سپرٹس سے خریدی۔اُن مسیحیوں کے لیے جن کو یہ سکھایا گیا ہے کہ کابل ازم (یعنی اعلم العداد)کو درگزر کریں، مہربانی فرماکر یہ جانیں کہ عبرانی حروف کے عددی نظام کو جاننا ایک عام کام ہے، اور یہ عددی نظام کی پہچان کابل ازم سے نکلی ہے۔

۳۔کیوں میں نے نام "محمد" کو اُلٹ کر لکھا ؟

یہ میرا ایمان ہے کہ لفظ محمد ہی یوحنا رسول کو دیا گیاCryptographicشکل میں (یعنی چھپی ہوئی تحریر)۔پیچھے کی جانب الفاظ کو لکھنا (یعنی الفاظ کی ترتیب کو اُلٹ دینا) اُلٹ کر لکھنا بہت پہلے سے کسی چیز کو چھپانے یا نقب کرنے کا طریقہ رہا ہے تاکہ عام لوگوں سے اُس کو چھپایا جاسکے۔میں ایمان رکھتا ہوں، کہ پاک روح کا عزم تھا کہ اس نام کی شناخت عددی طریقہ سے کی جائے یعنی ۶۶۶ جو کہ مکاشفہ کی کتاب میں رقم ہے۔

وہ کفر جو یسوع مسیح (یشوع ہا موشیخ)کے بارے میں تھا کہ خدا کلوتا بیٹا نہیں رکھتا ،جو لعنت اس نے اپنے اوپر اپنی مرضی سے لے لی۔کیونکہ نام محمد دائمی طور پر ناپاک ہے اور، اسلئے ، اس کے ساتھ لعنت ابدی طور پر منسلک ہے ، شاید خدا کا پاک روح "بولنا" نہیں چاہتا تھا کہ سیدھے طور پر اس نام کو یوحنا رسول پر ظاہر کرے، بہ نسبت کہCryptographicallyاُلٹے الفاظ میں لکھ کر بیان کرے۔کیونکہ لفظ محمد مسلسل بدی کو ظاہر کرتا ہے،پاک روح اس لفظ کو کبھی استعمال نہ کرتے گاماسوائے چھپے ہوئے الفاظ کی صورت میں۔چونکہ پاک روح انتہائی خالص ہے اور بے حد پاک ہے کہ اس نام کو نہ استعمال کرتا ہے نہ بولتا ہے ماسوائے چُھپے ہوئے الفاظ میں۔مکاشفہ ۱۳:۱۸

۴۔کیا کوئی فرق پڑتا ہے کہ عبرانی یا یہودی علم الاعداد اگر اسکی انگریزی میں تبدیل شدہ شکل کے مطابق ہوں یعنی

"Muhammad" یا "Mohammed"؟

Quran: Testimony of Antichrist القرآن :مخالف مسیح کی گواہی

نہیں ، اگرچہ یہ صرف آوازPhonemic ہے ،یا آواز کافرق ہے جیسے لمبے"O" کی آواز کا(جسکا تلفظ لمبا ہے،Mohammed کے طورپر) اور"oo" کی آواز (جسکوDiphthong, جیسا کہ Muhammad) ، عبرانی زبان کی تبدیل شدہ انگریزی شکل یعنی" Mohammed اور Muhammadمیں کوئی عددی فرق نہیں ہے۔(جیسا کہ دیا گیا ہےVav یاWawجو ایک ہی ہیں)۔یقینا، لفظ کی جدید عبرانی شکل ،بلا فرق انگریزی تبدیل شدہ شکل(یا عبرانی تبدیل شدہ شکل، اس مقصد کے لئے) ، ابھی تک Vav یاWawکے ساتھ لکھا جاتا ہے۔عبرانی زبان میں حروفِ علت میں لمبی آواز یا چھوٹی آواز سے اسکی عددی قیمت میں کوئی فرق نہیں پڑتا(صرفVavکی صورت میں)۔مزید خصوصاً، اگرچہ حرفِ علت اشارہ کرتی ہے"Cholem "لفظ محمد کی تبدیل شدہ شکل میں استعمال ہوا ہوگا۔اورShuwreqتبدیل شدہ شکلMuhammadمیں استعمال ہوا ہے۔جس کے ذریعے اشارہ ملتا ہے کہ Vav یاWaw جو ابھی تک رائج ہیں جسکی عددی قیمت ۶ (چھ) ہے مزید بیان کرتے ہوئےvav محمد کے لفظ میں حرفِ علت کے طور پر استعمال ہوتا ہے۔اسی طرح عبرانی میں بھی vavبdodha/dodeجسکا مطلب انکل اور آنٹی ہوتا ہے اِن الفاظ میں بطور حرفِ علت استعمال ہوتا ہے(حوالہ سٹرانگ ایگزہاسٹک کونکورڈینس آف دی ابائبل)

۵. تو پھر لفظ Mohammed دوبار"m" کا کیا مقصد ہے؟کیا یہ لفظ"mem" دوبار آواز دینا چاہتا ہے جب وہ انگلش سے عبرانی میں تبدیل کیا جائے؟

نہیں، انگریزی زبان یا دوسری زبانوں میں دو مرتبہ ایک حرف کا استعمال جو کہ Roman حروفِ تہجی استعمال کرتے ہیں وہ ڈِکشنری (فرہنگ) کے بنانے والوں ، لکھاریوں، طباعت کرنے والوں اور ماہرینِ زبان کے لئے آسانی پیدا کرتی ہے جو الفاظ اورSyllables کو تقسیم کرنے میں آسانی کی خواہش کرتے ہیں۔اور یا پھر اُنکے لیے جو دو حروفِ علتVowels سے مل کر بننے والی لمبی شدہ آواز جو کہ دو حروفِ علت کے بیچ پُل بنتے ہیں کا گہرا مطالعہ کرتے ہیں۔Syllables ہمیشہ بنیادی حرف علت کے غائب ہونے یا حاضر ہونے سے بالاتر ہو کر کہ وہ لکھی جاتی ہے یا نہیں)۔

۶۔کیا بائبل مقدس میں لفظ محمد کہیں پایا جاتا ہے؟

نہیں،ماسوائے چھپے ہوئے عددی الفاظ میں یعنی ۶۶۶ یعنی مکاشفہ کی کتاب، ۱۳: ۱۸، لفظ محمد بائبل مقدس میں کہیں نہیں ملتا۔

چند مسلمان جو کہ عبرانی زبان پر دسترس رکھتے ہیں یہ دعویٰ کرتے ہیں کہ عبرانی لفظMACHMAD(واحد) اور MACHMADIM(جمع) [H۴۲۶۱]بمطابق سٹرانگز ایگزہاسٹیو کانکارڈنس آف دی بائبل، یہ گواہی دیتی ہے کہ نام محمد بائبل میں استعمال ہوا ہے۔

سٹرانگ کا نمبر	عبرانی واحد	عبرانی جمع
[H۴۲۶۱]	מחמד	מַחֲמַדִּים

معلوماتی نقطہ عمل سے، عبرانی زبان کے الفاظ MACHMAD(واحد) اور MACHMADIM(جمع) [H۴۲۶۱] بائبل میں اسکا ترجمہ بطور، پیارا، خوش کن، قابل جستجو، اور مطلوب، اچھا، محبتی، خوش کر دینے والا، اور خوش کر دینے والی چیز۔ وہ مطلب ہیں جو بائبل کے مندرجہ ذیل ۱۳ حوالہ جات میں ہمیں ملتے ہیں: ۱۔ سلاطین ۲۰:۶؛ ۲۔ تواریخ ۳۶:۱۹؛ غزل الغزلات ۵:۱۶؛ یسعیاہ ۶۴:۱۱، نوحہ ۱:۱۰، ۱:۱۱، ۲:۴، حزقی ایل ۲۴: ۱۶، ۲۱، ۲۵، ہوسیع ۹:۶، ۹:۱۶، اور یوئیل ۳:۵۔

بہر حال، کیونکہ عبرانی لفظ MACHMAD لفظ محمد کا ایک غیر مصدقہ ترجمہ فراہم کرتا ہے، MACHMAD لفظ کبھی بھی اس بات کے لیے استعمال نہیں کرنا چاہیے کہ بائبل مقدس میں محمد کا نام استعمال ہوا ہے۔ بد قسمتی سے، کسی ایک چیز سے ابہام میں آجاتا ہے۔ بہر حال، غیر مستند، عبرانی حروفِ تہجی جو لفظ محمد کے لیے استعمال ہوتے ہیں وہ CHET بجائے کہ HEY جب HEY عربی سے محمد کا اچھا ترجمہ پیش کرتا ہے۔ [عربی میں اس لفظ کو سنیں تو یہ دھیمے طور پر HEY کی آواز دیتا ہے اور نہ کہ CHET جو بھاری آواز دیتا ہے۔ دلچسپی کے ساتھ، جب آجکل کے اسرائیلی جب اپنے اخباروں میں امریکی باکسر (مکہ باز) کے نام کا عبرانی میں ترجمہ کرتے ہیں، وہ HEY کا استعمال کرتے ہیں نا کہ CHET کا۔

اپینڈکس بی

اسرائیل کی سات عیدیں

مصنف اس بات کی غمازی کرتا ہے کہ تاریخوں کا اندازہ کرنے کے لئے کئی اور بھی طریقے موجود ہیں خاص کر جدول نمبر ے میں گئے. دیئے

تمام اسرائیل کی سات عیدیں جو کہ مندرجہ ذیل جدول میں دیا گیا ہے، ناصرف وہ اسرائیل کی تسلی کے لئے ہے ، بلکہ اسلئے بھی ہے کہ آخری وقتوں کے بارے میں نبوتوں کے تسلسل کو بھی بیان کیا جاسکے۔

عبرانی سال ۵۷۸۴ اور ۵۷۸۵ اور ۲۰۲۴عیسوی جو کہ جدول نمبر ۷ میں دیئے گئے ہیں وہ صرف بطور نمونہ دیئے گئے تاکہ ان سے دوسرے سالوں کا موازنہ کیا جاسکے۔

پورا ہونا پہلے سے پورے ہوئے = ✓	کلام کے حوالہ جات	عبرانی مذہبی کیلنڈر	دورانیہ	عید کا نام
✓ یسوع مسیح کے ہمارے فسح کے برہ کے طور پر خون بہانا (اس کے بہائے گئے خون کو شراکت میں پھل کی مے سے یاد کیا جاتا ہے)	احبار 6-4:23 خروج 46-1:12 مرقس 11 یوحنا 36-31:19 یشوع 12-10:5 متی 30-26,20-19:26 یوحنا 29:1 ا۔کرنتھیوں 7:5	ا۔مہینہ ۱۴دن ۱۵نیسان ۵۷۸۴ (سوموار کو غروب آفتاب پر ۲۲اپریل ۲۰۲۴	ا دن (۸دن)	فسح (یادگیری مصر کی ۱۰ وبائیں)
✓ یسوع مسیح کی بے گناہ زندگی اور دفن کے وقت اس کا نہ بگڑا ہوا بدن (اس کا ٹوٹا بدن پاک شراکت میں روٹی توڑنے سے یاد کیا جاتا ہے)	خروج ۱۵:۱۲، ۲۰، ۳۲، ۳۹ احبار ۸،۵:۲۳ ا۔کرنتھیوں ۸،۷:۵ متی ۶:۱۶ مرقس ۱۵:۸ زبور ۱۰:۱۶ اعمال ۳۱،۲۲:۲ اعمال ۳۷،۳۳:۱۳	ا۔مہینہ ۱۵سے ۲۱دن ۱۵سے ۲۱نیسان ۵۷۸۴ ۵۷۸۴ (منگل ۲۳اپریل سے سوموار ۲۹ اپریل ۲۰۲۴)	۷دن	خمیری روٹی (مصر سے لڑائی کی یادگاری)
✓ یسوع مسیح کا جسمانی طور پر جی اٹھنا	احبار ۱۱،۱۰:۲۳ امثال ۱۰،۹:۳ متی ۶،۱:۲۸ ا۔کرنتھیوں ۲۳،۱۲:۱۵ ا۔تھسلنیکیوں ۱۷،۱۶:۴ متی ۵۳:۲۷	پہلا مہینہ ۹ نیسان ۵۷۸۴ (اتوار ۲۸اپریل ۲۰۲۴)	ادن (خمیری روٹی کی عید میں پہلا اتوار)	پہلے پھل موسم بہار میں واقع ہونا۔
✓ یسوع مسیح کا جسمانی طور پر جی اٹھنا	احبار ۲۲،۱۵:۲۳ اعمال ۱۳،۱:۱، ۲۲،۱:۲ استثنا ۱۰،۹:۱۶	۳مہینہ ۹سیوان ۵۷۸۴ (اتوار، ۱۶جون ۲۰۲۴)	ادن (پہلے پھلوں کی عید کے بعد ۷واں اتوار)	کٹائی (ہفتے) (آخری پہلے پھل) (۱۰احکامات دینے کی یادگیری) جاڑے میں واقع ہونا
کلیسیا کا اُٹھایا جانا (پر سیا کے دوہرے مرحلے کا پہلا مرحلہ) ابھی پورا نہیں ہوا	احبار ۲۵،۲۳:۲۳ گنتی ۱:۲۹ یشوع ۵،۲:۶ ا۔تھسلنیکیوں ۱۷،۱۶:۴ ا۔کرنتھیوں ۵۲،۵۱:۱۵	۷واں مہینہ ا تشری ۵۷۸۵ (بدھ پر غروب آفتاب ۱۲اکتوبر ۲۰۲۴)	ادن (ساتویں مہینے کا پہلا دن)	نرسنگے کا پھونکنا (روش ہشانا) یہودی سو سال کا پہلا دن
سارے اسرائیل کو چھڑانے کے لیے یسوع مسیح کی دوسری آمد (پسوریہ کے دوہرے مرحلے کا دوسرا مرحلہ) ابھی پورا نہیں ہوا	احبار ۳۰،۲۶:۲۳ باب ۱۶ زکریاہ ۱۰:۱۲، ۱:۱۳، ۱ رومیوں ۲۶:۱۱	۷واں مہینہ ۱۰تشری ۵۷۸۵ (جمعہ پر غروب آفتاب ۱۱اکتوبر ۲۰۲۴)	ادن (ساتویں مہینے کا ۱۰واں دن)	کفارہ (یوم کپور)
سارے اسرائیل کو چھڑانے کے لیے یسوع مسیح کی دوسری آمد (پسوریہ کے دوہرے مرحلے کا دوسرا مرحلہ) ابھی پورا نہیں ہوا	احبار ۴۳،۳۴:۲۳ زکریاہ ۸:۳،۱۲:۹،۱۶،۱۹ حزقی ایل ۲۸،۲۶:۳۷	۷واں مہینہ ۱۵۔۲۱تشری ۵۷۸۵ (بدھ پر غروب آفتاب کے شروع پر ۱۶۔۲۳اکتوبر ۲۰۲۴)	۷دن (۱۵۔۲۱دن ساتواں مہینہ)	خیموں (شیلٹر) (سکوٹ)

جدول نمبر ۷اسرائیل کی سات عیدیں

اپینڈکس سی

مفروضات اور سفارشات

مسلمانوں کے ساتھ بات چیت کے دوران یاد رکھنے والے مفروضات و سفارشات

۱۔حقیقی اکادمی مناظرے(مباحثہ) تب ہی مابین مسلمانوں اور مسیحیوں کے ممکن ہوسکتے ہیں جب تک دونوں فریقین نے اچھی طرح سے بائبل اور قرآن کا مطالعہ کیا ہو۔اگر نہیں ، تو پھر اُنکے درمیان حقیقی مناظرے(مباحثہ) ممکن نہیں ہیں، یہ ایسے مسلمانوں کے لیے جنھوں نے بائبل مقدس کا مطالعہ نہیں کیا ایسے مباحثوں کو ناممکن بنا دے گا۔اور اُن مسیحیوں کے لیے بھی جنھوں نے قرآن کو نہیں پڑھا۔حقیقی مناظرے(مباحثہ) یہاں پر بطور''معنی خیز، تعلیمی مباحثہ'' ہیں تحریری دستاویزات میں بہت سے مجوزانہ یا غیر مجوزانہ حوالہ جات شامل بحث ہوسکتے ہیں جو کسی ایک شخص کے ایمانی نظام کی بنیاد ہوسکتا ہے اور ساتھ ساتھ ہی دوسرے شخص کے ایمانی نظام کو سمجھنے کی بنیاد بھی ہوسکتا ہے)۔

ظاہر ہے، مسیحی اور مسلمان ایک دوسرے سے بات کرسکتے ہیں بغیر کسی اکادمی مباحثہ یا مناظرے کے ، لیکن ، اس صورتحال میں، اُن دونوں کو ضرورت ہے کہ وہ ایک دوسرے سے روحانی نظریات پر بات کریں اور اپنی ذاتی رائے ، اور تجربہ سے اسکو ثابت کریں،جو کہ اُن کی ''ذات'' پر منحصر اور صرف خیالی ہوسکتی ہے ،یقینا، دل کو چھو جانے والی ذاتی گواہی جو کہ یسوع مسیح میں زندگی بدل دےنے والے ایمان کے بغیر، اور دوسروں کے لئے دل میں پیار کے بغیر، بشمول مسلمانوں کے ، حقیقی اکادمی مباحثہ و مناظرے کسی اعلیٰ ظرف کے گہری کھائی میں گرنے کے مترادف ہیں۔

۲۔مغربی ممالک میں مسیحیوں کے لیے یہ بہت اہم ہے کہ وہ ناخواندگی کی شرح کو یاد رکھیں جو کہ چند اسلامی ممالک میں بہت خطرناک حد تک زیادہ ہے۔ناخواندگی کی شرح خاص طور پر بہت زیادہ ہے (۲۵سے ۷۵فیصد کے درمیان) ایسے اسلامی ممالک میں، جو کہ بالترتیب درجہ ذیل ہیں:افغانستان، پاکستان، موریتانیا، مراکو، یمن، سوڈان، دجیبوتی، الجیریا، مصر، عراق، اور تنزانیہ۔

۳۔قرآن کا خدا بائبل کے خدا کی طرح نہیں ہے۔قرآن مخالفِ مسیح کی روح کی تحریک بذریعہ جھوٹے نبی محمداور جو کہ ایک شخص تھا لکھا گیا ہے،اور وہ اکیلا ہی تھا۔جبکہ بائبل مقدس خدا کے پاک روح کی تحریک سے لکھی گئی ہے اور جسکو کئی

لوگوں(نبیوں) نے لکھا ہے اور اسکے تحریری پیغام کا تسلسل اور تسلیمات اُسکی الٰہی تصنیف اور اقتدارِ اعلیٰ کی تصدیق کرتے ہیں۔ تسلسل اور تسلیمات یہاں دیئے گئے ہیں: (الف) حضرت آدم سے لیکر یسوع مسیح تک کا شجرہ نسب؛(ب) یہودیوں کے مسیحا کی آمد(یسوع مسیح کی پہلی آمد)کے متعلق بائبل کی نبوتوں کے ذریعے بیان(ج)یسوع مسیح کی آمد کا پورا ہونا(جو دونوں حیثیت رکھتا ہے اکلوتا بیٹا اور خدا کا مجسم ہونا) (د) اُن ہدایات کے ذریعے جو ظاہر کرتی ہیں کہ خدا پاک خون کی قربانی چاہیے تاکہ گناہوں کی بخشش ہو؛ اور (ر)جسکی صرف ایک ممکن تکمیل تھی کہ اُس ضرورت کو پورا کیا سکتا بذریعہ یسوع مسیح کی مصلوبیت کے ساتھ۔

۴۔اگرچہ عربی زبان کا لفظ اللہ کوئی شیطانی لفظ نہیں ہے(عربی میں اسکا مطلب ''معبود ''ہے)، اللہ کا لفظ شیطان کو پیش کرتا ہے (الف) وہ مخالفِ مسیح کی روح کو پیش کرتا ہے(ب) شیطان کو، اور(ج) جھوٹے خدا کو۔اللہ قرآن کے خدا کو پیش کرتا ہے جو کہ حقیقی اور واحد خالق خدا نہیں ہے، اور وہ بائبل مقدس کا خدا نہیں ہے۔اسلئے یہودیوں اور مسیحیوں کے درمیان۔لفظ اللہ کے استعمال کی حوصلہ شکنی ہونی چاہیے۔کیونکہ لفظ اللہ بائبل مقدس کے خدا کو پیش نہیں کرتا۔سننے والے اور پڑھنے والے کو یہ تاثر ملتا ہے کہ قرآن کا خدا بائبل کا خدا ہے جبکہ وہ نہیں ہے۔اسی طرح، پرانے عہد نامہ میں ، لفظ بعل جو کہ مختلف جھوٹے خداؤں کے لئے استعمال ہوا ہے۔اگرچہ بعل بھی عبرانی زبان کا کوئی شیطانی لفظ نہیں ہے (اسکا مطلب عبرانی میں ''آقا'' کے ہیں)،لفظ بعل جو کہ پیش کرتا ہے(الف) بدی کو،(ب) شیطان اور(ج) جھوٹے خدا کو ، اسلئے وہ بائبل مقدس کے خدا کے نام کی اوٹ میں کبھی استعمال نہیں ہوتا۔ایسا ہی اللہ کے ساتھ بھی ہے۔اللہ شیطان کا(فرضی نام) جھوٹا نام ہے۔

۵۔مسیحی جو مسلمان ممالک میں رہائش پذیر ہیں انہیں اس طرح کے علاقائی تاثر دینے چاہئیں جیسا کہ ''آسمانی باپ''اور سادگی سے ''بائبل مقدس کا خدا'' کہنا چاہیے تاکہ پڑھنے والا اور سننے والا جان جائے کہ یہاں پر قرآن کے خدا کی بات نہیں ہورہی۔ مسیحیوں میں اس تاثر کی حوصلہ افزائی بھی ہونی چاہیے کہ وہ ''خدا کا اکلوتا بیٹا'' استعمال کریں، یا ''نجات دہندہ''، اور ''خداوند یسوع مسیح'' استعمال کریں(دیکھیں جدول۳) جب یسوع کے متعلق غیر مسیحیوں سے بات کرنا لازم ہو۔

۶۔مسلمان بھیڑوں بکریوں کی قربانی کے ذریعے خون کی قربانی کا نظریہ سمجھتے ہیں اسلئے، ممکن ہے کہ اُنکے سامنے ایسا عمل کیا جائے تاکہ انکو یسوع مسیح کا بطور پاک برّہ کردار سمجھنے میں مدد ملے۔(مثال کے طور پر واحد قربانی جو خدا کو قابل، قبول ہے اسکے بے داغ زندگی بطور خدا کے اکلوتے بیٹے ، جو کہ گناہ سے آزمایا گیا لیکن اُس نے گناہ نہ کیا)۔

۷۔مسلمان ایمان رکھتے ہیں:(الف) خدا کا کوئی اکلوتا بیٹا نہیں ہے، (ب) اور خدا کو کوئی ضرورت بھی نہیں ہے کہ اسکا اکلوتا بیٹا ہو، اور (ج) یہ شرک ہے کہ کہا جائے کہ خدا کا کوئی اکلوتا بیٹا ہے۔مسلمان اس بات پر ایمان رکھتے ہیں کہ ہم اللہ کے فرزند

ہیں اور اسلیئے سب بیٹے ہیں۔ مسیحی خدمت گزار مسلمانوں کو ترغیب دلاسکتا ہے بات چیت کرتے ہوئے کہ خدا ئے خالق کو اکلوتے بیٹے کی ضرورت کیسے ہے بطور ایک بے داغ قربانی کی جو کہ دنیا کے گناہ کو اٹھا لیجاتا ہے۔(مثال کے طور پر ہماری ذاتی گناہ، مجموعی طور پر)۔

۸۔ تمام حقیقی مسیحی ایک خدا پر ایمان رکھتے ہیں۔ القاب''خدا باپ''، ''خدا بیٹا''، اور ''خدا پاک روح''، بسا اوقات مسلمان مضطرب ہوجاتے ہیں اور وہ اس نتیجہ پر پہنچتے ہیں کہ مسیحی تین خداؤں کو مانتے ہیں، جو کہ بالکل غلط ہے۔ تمام حقیقی مسیحی ایک خدا پر ایمان رکھتے ہیں، جو کہ بائبل مقدس کا خدا ہے۔ تنازعہ کے طور پر، کچھ حقیقی مسیحی ایمان رکھتے ہیں کہ دوسرے حقیقی مسیحی تین خداؤں پر ایمان رکھتے ہیں، بہرحال بدی نہیں لیکن جاہلیت ہے، جس سے یہ غلط نتیجہ نکالا جاتا ہے۔ مسلمان سمجھتے ہیں کہ مسیحیوں کے ایمان کا بھی وہی معبود ہے جو اُنکا ہے ، اسلیئے وہ اپنے آپ کو ابراہیم کی نسل سے بلاتے ہیں، تاکہ وہ اپنا دعویٰ ثابت کرنے میں مدد کرسکیں۔ بہر حال، اسلام کا خدا، خدا قادرِ مطلق سے مختلف ہے۔ اللہ ،یہوواہ نہیں ہے۔ قرآن کا خدا شیطان ہے ، جو کہ بائبل مقدس کے خدا کا ابدی دشمن ہے۔

۹۔ مسلمانوں کو یہ سکھایا جاتا ہے کہ بائبل مقدس بدل چکی ہے، لیکن یہ درست نہیں ہے ، پُرانے عہد نامہ کی بے شمار نقول بحر مردار کے صحیفے کہتے ہیں۔ ہزاروں سال قبل تاکہ پرانے عہد نامہ کی (Dead Sea Scrolls) قمران سے بچ گئیں(جن کو بالکل ٹھیک ہونے کی تصدیق ہوسکے کہ جو آج ہمارے پاس ہیں وہ سچے ہیں۔ اور ہمارے پاس نئے عہدنامہ کے بھی کافی قدیم صحائف موجود ہیں تاکہ نئے عہدنامہ کے بھی بالکل ٹھیک ہونے کے شواہد مل سکیں۔ مسلمان متنازعہ انجیل کی طرف اشارہ کرتے ہیں جسکو ''برنباس کی انجیل'' کہا جاتا ہے کہ وہ بھی ایک صحیح انجیل ہے جبکہ وہ نہیں ہے۔ اسکا کوئی تاریخی یا حقیقی پس منظر یا بنیاد نہیں ملتی کہ اسکا دعویٰ کیا جائے۔ اگرچہ ایک جھوٹا کام جسکو ''برنباس کے خط'' کے نام سے جانا جاتا ہے ،موجود ہے ، لیکن وہ برنباس کی انجیل نہیں ہے۔

۱۰۔ مسیحی خدمت کرنے والے مسلمانوں میں خدمت کرسکتے ہیں کہ وہ خدا کے فضل اور رحم پر غور کریں جو گنہگاروں کے لیے ہے خاص کر ان کے لیے جو اپنے گناہوں کا اقرار کرتے ہیں اور یسوع مسیح پر ایمان لاتے ہیں۔(وہ اُسکی اُس قربانی پر ایمان لاتے ہیں جو واحد قربانی ہے جو خدا قادرِ مطلق کے سامنے مقبول ہے تاکہ گناہوں کی معافی ہو)۔ ''پر'' کو استعمال کیا گیا ہے ''میں'' کی جگہ،کیونکہ مثال کے طور پر، اگرچہ محمد حقیقت میں جیا، اور اسلیئے، میں ''اس میں'' ایمان رکھتاہوں(اسکے وجود پر)، میں اپنی ابدی نجات کو اُس پر نہیں لاکھڑا کرتا نہ ہی میں ایمان رکھتا ہو کہ وہ روزانہ میری رہنمائی اور ہدایت کرتا ہے۔ مسیحی یسوع مسیح

پر ایمان رکھتے ہیں کہ وہ خدائے پاک روح کے ذریعے وہ ہماری ہدایت کرتا ہے، جو کہ مسیحیوں کی جانوں کے منضبط کر دیا گیا انکی ابدی نجات کے یقین کے ساتھ، اور انکی مستقبل کی نجات کے ساتھ جو انکے بدنوں سے ہوگی۔اور جو ابھی اپنی انفرادی جسموں کو روح القدس کی ہیکل کے طور استعمال کرتے ہیں۔

١١۔کیونکہ مسلمانوں کے پاس (کے اندر) روحِ پاک نہیں ہے (چاہے وہ بے حد نرم مزاج، مہربان اور بھلائی کرنے والے ہوں)، وہ صرف تب ہی مسیح اور مسیحیت کو سمجھ سکتے ہیں اگر خدا انہیں نجات کے علم سے روشناس کرائے کہ یسوع مسیح کے خون بہائے جانے کے وسیلہ سے اُنکے گناہوں کی نجات ممکن ہے اورانہیں توبہ کرنے کی توفیق عطا فرمائے۔مسیحیوں کو مسلمانوں کے لئے دُعا کرنی چاہیے کہ خدا انہیں اپنے گناہوں سے توبہ کرنے کی توفیق دے اور انہیں بیک وقت اپنے گناہوں کے متعلق نجات کا علم بھی بخشے تاکہ وہ بائبل مقدس کے خدا سے دُعا کریں کہ وہ اُنکی رہنمائی کرے(مسیحی)،کہ انہیں دُعا کرتے وقت کیا کہنا چاہئے ، انہیں کیسے کہنا چاہیے، اور انہیں کب کہنا چاہیے۔مسیحیوں کو یہ بات یاد رکھنا چاہیے کہ چند مسلمان صرف مسلمان ہیں کیونکہ وہ بچپن ہی سے اُن کا ایمان نظام اُنکے اندر ٹھونس دیا گیا ہے اور انہوں نے تکنیکی طور پر اپنی زندگیوں کو شیطان کے حوالہ نہیں کیا ابھی تک کہ وہ اپنی آزاد مرضی پر عمل کریں۔میں نے لکھا ''ابھی تک''کیونکہ اگر وہ سُننے سے انکار کریں گے تو وہ آخر کار اپنی زندگیوں کو شیطان کے حوالہ کردےں گے۔وہ خوشخبری یسوع مسیح کے ذریعہ نجات کیسے اور اکیلے یسوع مسیح کی ہے۔

١٢۔مسیحیوں کو ایسے بیانات نہیں دینے چاہئے خاص کر قرآن میں سے جو یسوع مسیح ،مسیحیوں، حضرت موسیٰ، یہودیوں یا یہودیت، یا پھر پرانے عہد نامہ کے نبیوں(عبرانی تاناخ) کی حمایت موجود ہو۔کہ مسلمانوں میں بیداری لائی جائے۔(مثال کے طور پر ،مسلمانوں میں نجات کی خوشخبری کی خدمت صرف اور صرف اکیلے یسوع مسیح کے ذریعے ہے) اس کے علاوہ وہ بیانات جو کہ اصل لوگوں کی موجودگی کی غمازی کرتے ہیں وہ دیئے جاچکے ہیں۔اسطرح، ایک مسیحی کو قرآن میں سے بیانات و حوالہ جات نہیں دینے چاہئے جو کہ بائبل میں موجود سچائی کے ساتھ جوڑ کھاتی ہیں۔مکمل طور پر، ایسی کاوشیں صرف اس دعویٰ کو ممکن بناتی ہیں کہ قرآن نبوتی صحیفہ ہے جبکہ ایسا نہیں ہے۔ایسے بیانات قانونی طور پر مسلمانوں کے نظریہ کو سچ ثابت کرتے ہیں کہ قرآن کا مصنف واحد حقیقی اور سچا خدا جو کہ یہودیوں میں یہوواہYahweh کے طور پر جانا جاتا تھا، (خودسے خُدا واحد، خالق و مالکِ کائنات)اور مسیحیوں میں اُسےMoshiach'shua H'Y(یعنی یسوع مسیحا، یا یسوع مسیح) کے نام سے جانا جاتا ہے جو کہ خد اکا اکلوتا بیٹا ہے اور ساتھ ساتھ مجسم خدا بھی ہے۔

۱۳۔خدا کا غضب (مثال کے طور پر اُسکا جائز غصہ)ایسا نہیں ہے جیسا کہ شیطان کا ظلم ہوتا ہے۔شیطان انسانوں کو دہشت زدہ کرتا ہے کسی کوجسمانی خوف کی دھمکیوں کے ساتھ،جذبات کے ساتھ، اورنوری روحانی ذات کے ساتھ۔مثال کے طور پر(۱) شیطان مسیحیوں‌کو خود سے ڈراتا اُنکو گنہگار ٹھہرا کر اور دوبارہ اُنکو گنہگار ٹھہرا کرکہ انہوں نے خدا کے خلاف گناہ کیا ہے۔؛اور خدا نے وہ گناہ معاف نہیں کئے ؛ حتیٰ کہ اُنکا اعتراف بھی کیا جاچکا ہے ؛ اور لوگ اپنے گناہوں کی وجہ سے ابدی طور پر خالقِ حقیقی سے جدا ہوگئے ہیں (۲)تمام دنیاکا اقتصادی نظام سنبھال کر، شیطان لوگوں کو خوفزدہ کرکے دہشت پھیلاتا ہے کہ وہ ضروریات کے بغیر ہی جاری رکھنا پڑے گا، اور اُنکے پاس کو استحقاق باقی نہ رہے گا کہ ایسے وہ اس سے محظوظ ہوں۔(۳) شیطان مسیحیوں کو جسمانی بیماریوں اور جسمانی موت سے ڈراتا ہے اور حتیٰ کہ قتل و غارت کے خوف سے ڈراتا ہے۔(یہ کہنے کے لئے کہ کچھ معذوری کی حالتیں جو کہ جائز نہیں،جن کی اجازت نہیں، یا پھر خدا کی دی گئی ہیں یا پھر چند ایسے مسیحی جن کو اپنے ایمان کے وسیلہ سے شہید ہونے کی اجازت نہ ہونا)۔(۴) شیطان لوگوں کو ایسے مواقع پیدا کرکے دہشت زدہ کرتا ہے کہ وہ اُن سے اُن کا امن اور خوشی چھین لے گا۔شیطان بذریعہ دہشت تباہی کا خدا ہے ، دُکھوں کا ، اور جنگ کا خدا ہے۔

۱۴۔مسیحیو ں کو مسلمانوں کے سامنے گواہی کے لیے انسانیت آمیز رویہ اختیار کریں کہ صرف اور صرف اکیلے یسوع مسیح کی نجات کی خوشخبری کو متعارف کروائیں۔اس خوشخبری کے بغیر تعارف، ”اچھی“ بات ہوسکتی ہے لیکن ”ایمان کے بغیر“، جو کہ کرنے والے کے لیے وقتی عزت، جلال اور تعریف کا تو باعث ہوسکتی ہے لیکن خد اکیلئے نہیں۔

۱۵۔اُن لوگوں کی بہترین قابلیت کے لئے ، مسیحیوں کو مسلمانوں آکسانے کی کوشش نہیں کرنی چاہیے کہ وہ غصہ یا بدلہ کی حد تک آجائیں کہ وہ اپنے اسلام کے خدا (جو کہ بذریعہ دہشت گردی جنگ کا خد اہے)کو ثابت کرنے لگیں۔یا پھر اس بات کو ثابت کرنے کے لیے کہ وہ اچھے مسیحی ہیں ایذرسانی کو اپنے اوپر دعوت دیں۔اگرچہ سچے مسیحیوں کے لیے ایذارسانی وجود رکھتی ہے، لیکن ہمیں اپنے لئے ایذارسانیوں کے متلاشی نہیں بننا، بہر حال، ہمیں اپنی قربانیوں کو چننا چاہیے کہ ہم خدا کو عزت اور جلال دیں اور دوسروں کو بچائیں۔

۱۶۔مسیحیوں کو ایذارسانیوں کی تلاش نہیں کرنی چاہئے کیونکہ یہ مخصوصیت صرف خدا کی طرف سے ہے ناکہ انسانوں سے۔ مسلمانوں کا مسیحیوں کے سرقلم کرنے کا بربریت آمیز کام ہوچکا ہے اور ایسا ہونا جاری رہے گا، اور مسیحیوں کو اسکو اپنی قسمت سمجھ کر قبول کرنا چاہیے اگر وہ اُس مقام پر کسی سہارے کے بغیر ہوں، لیکن مسیحیوں خود سے اپنے آپ کو دکھوں اور ایذارسانیوں میں ڈالنا نہیں چاہیے کہ وہ آسمان سے اچھا انعام پائیں گے۔یہ ایسی کاوشیں اپنے آپ کی خدمت ہوگی نہ کہ خدا کی۔

۱۷۔مسیحیوں کو سمجھ لینا چاہیے کہ مسلمانوں میں کیسے خدمت کرنا ایک بتدریج عمل ہے اور وہ اِس دوران بہت سی غلطیاں کریں گے، خاص کر اگر وہ اپنی جہالت، تکبر اور اپنی مرضی پر انحصار کریں گے۔ان کو اپنی ہی غلطیوں سے سیکھنے کی ضرورت ہے ، خدا سے معافی مانگنے کی،تاکہ وہ آگے بڑھیں اور ایک موثر گواہی کے طور پر کام کریں۔موثر گواہی تمام لوگوں کے لئے یسوع مسیح کے پیار سے شروع ہوتی ہے بشمول مسلمان۔

۱۸۔دُعا کریں کہ خدا مسلمانوں کو توبہ تک لائے بذریعہ یہ معلومات دیتے ہوئے کہ نجات صرف اور صرف یسوع مسیح کی وسیلہ سے ہے۔خاص طور پر اُن مسلمانوں کے لیے دُعا کریں جن کو بچپن ہی سے ایمانی نظام ٹھونسا جاچکا ہے۔اور اُنکے پاس اپنی آزاد مرضی کا کوئی موقع نہیں ہے کہ وہ اپنا ذاتی ایمان کس پر رکھیں۔دعا کریں کہ خدا اُن مسلمانوں پر ایسے ذرائع آشکارہ کرے ساتھ ساتھ مسیحیوں پر بھی۔دُعا کریں کہ خدا مسیحی ایمان کے ذرائع مسلمانوں پر اور نام نہاد مسیحیوں پر آشکارہ کرے(جو کہ یسوع مسیح کی مصلوبیت، جی اُٹھنے ، اور زندہ آسمان پر اٹھائے جانے کے متعلق ہیں)۔

۱۹۔مسلمانوں کے سامنے یوحنا کی انجیل اور رسولوں کے اعمال زور سے پڑھیں۔

۲۰۔جائزہ لیں کہ بائبل مقدس کا خدا ،محبت کا خدا ہے اوردہشت گردی کے ذریعہ جنگ کا خدا نہیں ہے۔خدا کے غضب کے ذریعے راستبازی کا انصاف (پاک انصاف) کے درمیان فرق بیان کریں بالمقابل شیطان کے ظلم و بربریت کے خوف اورحوصلے پست کرنے سے۔اس بات کی غمازی کرتا ہے کہ تاریخی طور پر مسلمان اور مسیحی دونوں ہی دہشت گردی،ریاکاری اور ایک دوسرے کو تبدیل کرنے کے لئے طاقت کے استعمال کرنے کے جرم کے مرتکب ہیں(اصل تبدیلی کا عمل کسی بھی شخص کی اپنی آزاد مرضی پر ہوتا ہے کبھی زبردستی سے ہیں۔

۲۱۔جائزہ لیں کہ کسی شخص کو کتنی آسانی سے بہکایا جاسکتا ہے کہ خدا کیا اور کون ہے۔کہ قرآن(القرآن) ایک شخص کے ذریعے لکھا گیا ہے جو کہ خود ساختہ طور پر اُسکو شش وپنج میں ڈال دیتا ہے جیسا کہ بائبل مقدس کی مخالفت کرتا ہے،جو کہ کئی مصنفین کے زیرِ قلم لکھی گئی،اہم اتحاد، تسلسل اور تکمیل کے عناصر متواتر رکھتی ہے

۲۲۔جائزہ لیں کہ بائبل مقدس ایک کام نہیں ہے جو کہ انسان ہزاروں سالوں سے انسانوں کے ذریعے بدل دیا گیا ہے۔قدیم عبرانی علما(وکلا، تورات کے سکالرز) اور(تاناخ کے نقل کرنے والے)اس بات کی تصدیق کرنے میں مدد کرتے ہیں کہ پرانا عہد نامہ بہت تگ و دَو سے ہوبہو اور بلا غلطی نقل کیا گیا۔اس بات کا بھی جائزہ لیں کہ پرانے عہدنامہ کے بے شمار طومار ہزاروں سالوں سے بچ رہے ہیں

تاکہ پرانے عہدنامہ کی انفرادی کُتب کا ثبوت جائز ثابت ہوسکے۔اسکے ساتھ ساتھ نئے عہد نامہ کی اناجیل اور خطوط بھی شامل ہیں۔

۲۳۔مسلمانوں کی حوصلہ افزائی کریں کہ وہ بائبل مقدس کو پڑھیں اور وہ پیدائش اور خروج کی کتابوں سے شروع کریں اور پھر چاروں اناجیل (یوحنا،متی، مرقس، اور لوقا اسی ترتیب سے) ۔

۲۴۔خدا کی ضرورت پر بات کریں اُسکے بے داغ خون کی قربانی تاکہ گناہوں کی بخشش ہو اور کیسے وہ جو فراہم کیا گیا تھا کامل خون کی قربانی بنا اُسکے اکلوتے بیٹے کے وسیلہ سے ، یشوع ماشیخ(یسوع مسیحا، یا یسوع مسیح)۔

۲۵۔خدا کی بھلائی کے بارے میں گفتگو کریں جسکا اظہار کیا گیا ہے اُسکی فضل اور (اس وہ لینا جس کے ہم مستحق نہیں) اور اُسکا رحم(اگر اُس سے نہیں ملے گے تو ہم کیا کس چیز کے مستحق ہیں)۔خدا کا فضل اس بات سے ظاہر ہوتا ہے کہ وہ ہمیں بارہا مواقع دیتا ہے کہ ہمیں ہمارے گناہوں کی معافی مل جائے اور خدا کے رحم کا یہ مظہر ہے کہ ہم ابدی طور پر خدا سے جدا نہیں رہے، یہی وہ درحقیقت وہ استحقاق ہے جو ہمیں حاصل ہے۔

۲۶۔گفت وشنید کریں کہ کیسے ہم مسیح کی صلیب تک آتے ہیں، جرم کے بوجھ جو گناہوں سے آتے ہیں، خدا کی طرف سے سزا، اور شرم صفاءہستی سے مٹ جاتے ہیں اور پھراور صرف پھر، ہمیں وہ آزادی مل جاتی ہے کہ ہم وہ بن جائیں جیسا خدا نے ہمیں پیدا کیا تھا۔

اپینڈکس ڈی

ہدایتی گائیڈ لائنز

ہمارے نجات دہندہ یسوع مسیح کے قیمتی نام میں آپ سب کو سلام!

اسلام کا ایک خاص تعلق ہے بائبل کے طالب علموں کی قابلیت کے ساتھ کہ وہ آخری زمانہ کے واقعات کی تشریح کریں اور ساتھ ہی اپنی ایمان میں مضبوط کھڑے ہوں حتیٰ کہ اُن کو ایذا رسانی اور ممکنہ موت ہی کا سامنہ کیوں نہ کرنا پڑے۔

ایک کورس جس کو ''اسلام کے مخالفِ مسیح کی فطرت اور قرآن''جسکا مطلب ہے کہ وہ قابل بحث ہے۔اگر آپ چاہتے ہیں کہ یہ اسباق آپکو خط وکتابت کے ذریعے موصول ہوں، پھر آپکو اس بات کا یقین کرنا ہوگا کہ آپ اپنے مددگار انسٹرکٹر کے ساتھ لگاتار رابطہ میں رہنا ہوگا(آن لائن)، یا بذریعہ ٹیلیفون، اور یا پھر ملکی پوسٹ کے ذریعے۔ہر طالب علم ایک گروپ کی صورت میں مباحثے کا انتظام کرسکتا ہے جو اِس کتاب میں درج مضامین ہیں اُن پر۔اور بیک وقت وہ مرد یا خاتون اس کورس کو کررہے ہیں۔

مندرجہ ذیل ایسے موضوعات ہیں جو کہ ہفتہ وار مباحثہ ہے جو اس کتاب کے حصوں کے ساتھ کئے جاسکتے ہیں۔اگر آپ اس کورس کو ایک خط و کتابت کا کورس سمجھ کر کررہے ہیں ، پھر آپ کو نیچے دی گئی گیارہ مشقوں پر ایک ایک مضمون تحریر کرنا ہوگا۔

القرآن: مخالف مسیح کی گواہی / Quran: Testimony of Antichrist

پیش لفظ

۱۔ مکاشفہ اور مرقس کی انجیل پوری پڑھیں، پچھلے باب کے ساتھ بطور "تواریخی جانشین" یا "نظریاتی تعلق"، کو پڑھیں۔ ہر باب کے بارے میں تواریخی جانشین اور نظریاتی تعلق کو سامنے رکھتے ہوئے اپنے جواز پیش کریں۔

۲۔ ہر باب کی اپنی تقسیم اور آزادانہ وجود کو قائم رکھتے ہوئے، مکاشفہ کی کتاب کی تقسیم کو منظم کریں جن کی بنیاد کئی شفاف تفریقی حصوں پر ہے۔

باب اوّل: تعارف

۳۔ تاریخ میں کونسے واقعات ہیں، خاص طور پر پچھلی چند دہائیوں میں، جن سے دُنیا کو دِکھایا گیا ہو کہ اسلام نفرت انگیز اور عدم برداشت کا مذہب ہے نہ کہ محبت کا؟

باب دوئم: اضحاق اور اسماعیل کے درمیان فرق

۴۔ (الف) اپنی بائبل کی ساتھ ہم آہنگی کو استعمال کرتے ہوئے، اضحاق اور اسماعیل کی نسل کے بارے میں بحث کریں۔

(ب) ایک مکمل فہرست ترتیب دیں تمام صحائف کی جو اضحاق اور اسماعیل کا حوالہ دیتے ہیں۔

(ج) عید الضحیٰ کے معنی پر غوروخوض کریں اور بحث کریں کہ کیسے یہ سچ کو غلط ملط کرنے سے تعلق رکھتا ہے۔

باب سوئم: یسوع اور محمد میں فرق

۵۔ پاک کلام (بائبل مقدس جو کہ واحد ہے)، بحث کریں کہ کیوں نام نہاد "لوحِ قرآنی" (محمد)

(الف) بائبل مقدس میں موجود نبوتوں کے کامل ہوجانے میں اُس کی ضرورت نہیں ہے۔

اور

(ب) مسیحیوں سے ردّ ہونے کی ضرورت ہے۔

باب چہارم: کیسے یہ سب اکٹھا ہوتا ہے

۶۔ (الف) "مخالفینِ مسیح" اور "مخالفِ مسیح" میں کیا فرق ہے؟

(ب)"مخالفِ مسیح" کی عام خصوصیات کیا ہیں؟

(ج) بیرونی وسائل بروئے کار لاتے ہوئے(لائبریری ریسرچ ٹول، یہودی انٹرنیٹ ویب پیج، علاقائی ربیوں،وغیرہ)ریسرچ کریں کہ عبرانی میں اعداد کیسے پیش کیے گیے ہیں اور اسکی مثالوں سے وضاحت کریں۔(بے شمار ویب سائٹس اور کتابیں اس موضوع پر تحریر کی گئی ہیں)۔

(د) بحث کریں کہ آخری مخالفِ مسیح کی کیسی ملتی جلتی اورایڈولف ہٹلرسے متضاد خصوصیات ہونگی۔

(ر) وضاحت کریں:کوڈ(Cipher)، چھپے ہوئے الفاظ(Encryption)، تبدیل کئے گئے لفظ(Encoding)،کوڈ کی صورت میں لکھے گئے الفاظ(Cryptographic)، کوڈ کا ردّو بدلTransposition Cipher، پچھلا کوڈ Backward Cipher، اعداد سے

تبدیل شدہ کوڈ(Numeric Substitution Cipher) اور ریاضیاتی کوڈ Mathematical Cipher

باب پنجم:نبوت کی تشریح اسلام کے نقطہ ءنظر میں

۷۔(الف) بحث کریں کہ حقیقی مسیحی ایمانداروں کے سامنے نئے اور پرانے عہدنامہ میں موجود نبوتی کلام کی کیا اہمیت ہے۔

(ب) بائبل مقدس کی نبوتوں کی خاص اہمیت پر بحث کریں جو کہ الہامی ہیں۔

(ج) مکاشفہ کی کتاب کے باب ۱۷اور ۱۳میں دیٔے گئے حیوان کا موازنہ کریں۔

باب ششم:بد ترین افسوس

۸۔پانچویں ،چھٹے اور ساتویں نرسنگے کے ساتھ بد ترین افسوس کے تعلق پر بحث کریں۔

باب ہفتم:مخالفِ مسیح کے بارے میں صفائی

۹۔(الف) بائبل مقدس کی وہ کونسی بنیادی باتیں ہیں جن سے ثابت ہوتا ہے کہ مخالفِ مسیح ابھی تک ظاہر نہیں ہوا؟

(ب) کیا یہ ممکن ہے کہ مخالفِ پہلے ہی سے طاقت حاصل کرچکا ہے؟

(ج) تباہی و بربادی کو سمجھنے کیلئے مخالفِ مسیح کا کیا کردار ہے؟(اپنے بیانات کو بائبل کے حوالہ جات سے ثابت کریں)۔

باب ہشتم:وقت کا پورا ہونا(کاملیت)

۱۰:۔بحث کریں

(الف) آزاد مرضی اور علم الٰہیات

(ب) خدا کی خالص مرضی اور اسکے کامل اوقات کار،

(ج) اسرائیل کی سات عیدوں کے درمیان باہمی تعلق اور مسیحی کلیسیائیں اپینڈکس بی کو استعمال کرتے ہوئے۔

باب نہم:انسانی تنازعہ

١١۔بحث کریں کہ آخری دنوں میں حتمی جنگ کی صورت میں اپنے آپ کو اور اپنے پیاروں کوبدی سے بچانے کے ساتھ ''اپنا دوسرا گال بھی موڑ دے'' کا کیا تعلق ہے۔

ویں١٢ مشق

یہ اس بات پر منحصر ہے کہ طالب علموں کی تعداد کتنی ہے ، انسٹرکٹر یا مددگار کو چاہیئے کہ وہ قرآن کے صفحات کو ایک جیسی تعداد میں تقسیم کریں اور طالب علموں کو دیں۔ہر طالب علم کو ضروری ہے کہ وہ صفحات جو اسکو دیئے گئے ہیں وہ پڑھے قرآن کی کم از کم ٣٠آیات ہونی چاہیئںجو کہ بائبل مقدس سے متنازعہ ہوں۔کلاس کے بعد کئی ہفتوں بعد ضروری ہے کہ'' قرآن مخالف ِمسیح کی گواہی '' کے بارے میں بحث کی جائے، پھر ہر طالب علم اپنے دیئے گئے (قرآنی)حصے کی رپورٹ دے ، اور وہ متنازعہ باتیں جو انہیں ملیں، اور وہ کیوں متنازعہ ہیں؟اگر طالب علم اس کورس کو خط وکتابت کے طور پر لینا چاہتے ہیں توہر طالب علم مجاز ہوگا کہ کم از کم ٣٠قرآن میں سے کسی جگہ سے بھی مختص کرے جو کہ بائبل مقدس کے ساتھ متنازعہ ہیں۔تمام طالب علموں کو چاہیے کہ وہ اپنی اپنی تلاش شدہ حوالہ جات پیش کریں جیسا کہ جدول نمبر٨میں دکھائی گئیں ہیں۔

قرآن کی بائبل کا متنازعہ تنازعاتی موضوع

سورۃ اور آیت	حوالہ	تنازعات
سورۃ ٦: ٠٣٢	یوحنا١٦: ٣٣	قرآن بتاتا ہے کہ موجودہ زندگی کچھ نہیں ہے بلکہ ایک مدد ہے اور ایک ردّ عمل ہے اُنکے لئے جو اللہ کے پیروکار ہیں لیکن بائبل ہمیں بتاتی ہے کہ اس دنیا میں یسوع مسیح کے پیروکاروں کو مصیبت جھیلنا ہوگی۔

١٢ویں مشق کا مطالعاتی چارٹ جدول٨

حتمی طور پر ، اگر آپکے پاس وقت ہو تو، بحث کرسکتے ہیں کہ مسیحی کیسے مسلمانوں میں بہتر طریقے سے بیداری لاسکتے ہیں (اپینڈکس سی کو استعمال کرتے ہوئے)، اور آپ واقعات کی ایک فہرست ترتیب دے سکتے ہیں کہ شیطان اسلام کو استعمال کرتے ہوئے کیسے دُنیا پر غالب آنے کی کوشش کررہا ہے۔

☆☆☆☆☆

یہ ایک دوستانہ اور آرام دہ جماعت ہونی چاہیے، جس میں مباحثے ہوں، جس میں ہر طالب علم کے جائزہ کو کمرہ جماعت میں حصہ دیا ملنا چاہیے اور ساتھ ساتھ ہی طالب علم کی زبانی پیش کش کی درجہ بندی بھی ہونی چاہیے۔(یا مشق کے بارے میں تحریر کردہ ردِ عمل، خط و کتابت کی صورت میں)

زیرِ صفحہ نوٹس(فٹ نوٹس)

۱۔تشریح کردہ قرآن؛ منجانب اے۔جے آر بری ،والیم۔۱، میک ملن پبلشنگ کو۔اینک، نیویارک ۱۹۵۵صفحہ ۸۵

۲۔ایضاً، والیم ۱، صفحہ ۴۴

۳۔ایضاً،والیم۱، صفحات ۳۳۴۔۳۳۵

۴۔ایضاً ،والیم ۱، صفحہ ۸۳

۵۔ایضاً،والیم ۱، صفحہ۳۶

۶۔ٹائم،۱۶ اپریل،۱۹۷۹ءصفحہ ۴۹۔

۷۔از اسلام، منجانب الفرڈ گولاے، پینگوین بکس ،ان، بالٹی مور، ۱۹۵۶ءصفحات ۶۱،۶۲۔

۸۔آر بری ، اے۔جے۔اوپ سٹ۔والیم ۱، سورۃ ۱۰، صفحات ۲۳۲۔

۹۔ایضاً،والیم ۱۱، سورۃ ۴۳، صفحات ۲۰۵۔

۱۰۔ایضاً،سورۃ ۴۳، صفحات ۲۰۵۔

۱۱۔ایضاً،والیم ۱، سورۃ ۱۱، صفحہ ۲۴۳۔

۱۲۔ایضاً،والیم ۱، سورۃ ۱۴، صفحہ ۲۷۴، والیم ۱۱ کو بھی دیکھئے : سورۃ ۳۵، صفحہ ۱۳۹، سورۃ ۳۹، صفحہ ۱۶۸، اور سورۃ ۱۲ صفحہ ۱۹۷۔

۱۳۔ایضاً،والیم ۱۱۔سورۃ ۲۱، صفحہ ۱۹۔

۱۴۔ایضاً،والیم ۱۱، سورۃ ۲۴ ، صفحہ ۴۶۔

۱۵۔ایضاً،والیم ۱۱، سورۃ ۸۷، صفحہ ۳۲۱۔

۱۶۔ایضاً،والیم ۱۱،سورۃ ۳۶، صفحہ ۱۴۷۔

۱۷۔ایضاً،والیم ۱۱، سورۃ ۴۳ ، صفحہ ۲۷۴۔

۱۸۔ایضاً، والیم ۱، صفحہ ۱۲۵

۱۹۔ایضاً۔والیم ۱، صفحہ ۱۴۰

۲۰۔ایضاً، والیم ۱، صفحہ ۱۲۵

۲۱۔ایضاً۔والیم ۱، صفحہ ۲۱۰

۲۲۔ایضاً۔والیم ۱، صفحہ ۲۳۳۔بریکٹس مائن

۲۳۔ایضاً، والیم ا ، صفحہ ۳۱۵

۲۴۔ایضاً، والیم ا، صفحہ ۳۳۸۔

۲۵۔ایضاً، والیم اا، صفحہ ۴۳

۲۶۔ایضاً، والیم اا، صفحہ ۵۶

۲۷۔ایضاً، والیم اا، صفحہ ۱۵۶

۲۸۔ایضاً والیم اا، صفحہ ۲۰۴۔بریکٹ مائن۔

۲۹۔ایضاً والیم اا، صفحہ ۲۰۴۔بریکٹ مائن۔

۳۰۔مرقس ۳: ۱۱؛ ۵:۷؛ اور لوقا ۴:۴۱ اور ۸:۲۸ کو بھی دیکھئے۔

۳۱۔آر بری ، اے۔جے۔اوپ ،سٹ والیم ا، صفحہ ۱۳۵۔

۳۲۔ایضاً، والیم اا، صفحہ ۱۰۲، بریکٹس مائن

۳۳۔ایضاً، والیم اا، صفحہ ۲۲۹۔بریکٹس مائن۔

۳۴۔ایضاً، دیکھئے والیم ا، سورۃ ۵، صفحہ ۱۴۲ اور والیم اا، سورۃ ۲۴، صفحہ ۵۳۔

۳۵۔ایضاً، والیم ا، صفحہ ۵۱

۳۶۔ایضاً، والیم ا، صفحہ ۵۳۔بریکٹس مائن۔

۳۷۔ایضاً، والیم ا، صفحہ ۵۴

۳۸۔ایضاً، والیم ا ، صفحہ ۵۷۔

۳۹۔ایضاً، والیم ا، صفحہ ۷۵۔بریکٹس مائن۔

۴۰۔ایضاً، والیم ا، صفحہ ۱۳۳۔

۴۱۔ایضاً، والیم ا، صفحہ۲۰۱۔بریکٹس مائن

۴۲۔ایضاً، والیم ا، صفحہ ۲۰۵

۴۳۔ایضاً، والیم ا، صفحہ۲۰۷

۴۴۔ایضاً، والیم ا، صفحہ ۲۱۰۔

۴۵۔ایضاً، والیم ا، صفحہ ۲۱۱۔

۴۶۔ایضاً، والیم ا، صفحہ ۲۲۲

۴۷۔ایضاً، والیم اا، صفحہ ۱۹۶

۴۸۔ایضاً، والیم اا، صفحہ ۲۲۰۔

۴۹۔ایضاً، والیم ۱۱، صفحہ ۲۲۹۔

۵۰۔ایضاً، والیم ۱۱، صفحہ ۶۲۲۔

۵۱۔ایضاً، والیم ۱۱،صفحہ ۲۸۸۔

۵۲۔ایضاً، والیم ۱۱،صفحہ ۲۲۴۔

۵۳۔ایضاً، والیم ۱۱، صفحہ۱۰۶۔

۵۴۔ایضاً، والیم ۱۱، صفحہ ۱۳۴۔

۵۵۔ایضاً، والیم ۱۱، صفحہ ۱۷۰۔

۵۶۔ایضاً، والیم ۱۱، صفحہ۱۷۷۔

۵۷۔ایضاً، والیم ۱۱، صفحہ ۲۴۶۔

۵۸۔ایضاً، والیم ۱۱، صفحہ ۲۷۹۔

۵۹۔ایضاً، والیم ۱، صفحہ ۱۲۳۔

این کے جے وی" نیو کنگ جیمس ورژن ۱۹۸۸ءکی بائبل مقدس سے حوالہ جات کی طرف اشارہ کرتا ہے ، تھامس نیلسن ، اِنک۔ ناشویلی، ٹینسی، دیگر تمام حوالہ جات عوامی حلقہ اثر سے کنگ جیمس ورژن کی بائبل مقدس سے ہیں۔

زیرِ لفظ

کچھ لوگ فکر مند ہیں کہ نیوکلیائی ہتھیار ایک دن مسلمان انتہا پسندوں کے ہاتھ میں آجائیں گے لیکن وہ اس بات کو سمجھنے سے قاصر ہیں کہ بدترین اسلامی بم تو پہلے ہی سے گر چکا ہے : وہ اُس دِن گرا جب محمد پیدا ہوا۔

اُنکے لئے جو سوچتے ہونگے کہ یہ کتاب محض عناب شناب ہے

:میں فتح کے اس میٹھے گیت سے اسکا اختتام کرونگا

یسوع مسیح کی فتحمندی جاری ہے

!اور اسکے پیروکار اس میں نرسنگے بجانے جاری رکھتے ہیں

کیوں نہیں خدا کی کتاب (بائبل مقدس) پڑھتے تاکہ آپ جانیں کہ سب کچھ کیسے تمام ہوگا؟

کتابیات از قلم مصنف

As I See It: The Nature of Reality by God

ISBN ۹۷۸-۰۶۱۵۵۹۰۶۱۵ از قلم ریورنڈ جوزف ایڈم پیئرسن، پی ایچ ڈی، کرائسٹ ایونجلیکل بائبل انسٹیٹیوٹ، کاپی رائٹس ۲۰۱۵ء
گزارش پر چھاپنے کی سہولت موجود ہے اس کتاب کا آرڈر مندرجہ ذیل ویب سائٹ پر آن لائن بک کروا سکتے ہیں :

https://www.createspace.com/۳۷۶۸۰۱۳ یا www.amazon.com

(ہمارے پاس صرف انٹرنیٹ پر پڑھنے والا ایڈیشن بھی موجود ہے۔)

God, Our Universal Self: A Primer for Future Christian Metaphysics

ISBN ۹۷۸-۰۹۸۵۷۷۸۵۷ از قلم ریورنڈ جوزف ایڈم پیئرسن، پی ایچ ڈی، کرائسٹ ایونجلیکل بائبل انسٹیٹیوٹ، کاپی رائٹس ۲۰۱۳ء
گزارش پر چھاپنے کی سہولت موجود ہے اس کتاب کا آرڈر مندرجہ ذیل ویب سائٹ پر آن لائن بک کروا سکتے ہیں :

https://www.createspace.com/۴۳۲۷۴۲۱ یا www.amazon.com

(ہمارے پاس صرف انٹرنیٹ پر پڑھنے والا ایڈیشن بھی موجود ہے۔)

Divine Metaphysics of Human Anatomy

ISBN ۹۷۸-۰۹۸۵۷۷۲۸۱۹ از قلم ریورنڈ جوزف ایڈم پیئرسن، پی ایچ ڈی، کرائسٹ ایونجلیکل بائبل انسٹیٹیوٹ، کاپی رائٹس ۲۰۱۷ء
گزارش پر چھاپنے کی سہولت موجود ہے اس کتاب کا آرڈر مندرجہ ذیل ویب سائٹ پر آن لائن بک کروا سکتے ہیں :

https://www.createspace.com/۳۹۲۰۹۸۹ یا www.amazon.com

(ہمارے پاس صرف انٹرنیٹ پر پڑھنے والا ایڈیشن بھی موجود ہے۔)

Hello from ۳۰۵۰ AD!

ISBN ۹۷۸-۰۹۹۶۲۲۲۴۰۲ از قلم ریورنڈ جوزف ایڈم پیئرسن، پی ایچ ڈی، کرائسٹ ایونجلیکل بائبل انسٹیٹیوٹ، کاپی رائٹس ۲۰۱۷ء
گزارش پر چھاپنے کی سہولت موجود ہے اس کتاب کا آرڈر مندرجہ ذیل ویب سائٹ پر آن لائن بک کروا سکتے ہیں :a

https://www.createspace.com/۵۳۸۵۹۷۴ یا www.amazon.com

(ہمارے پاس صرف انٹرنیٹ پر پڑھنے والا ایڈیشن بھی موجود ہے۔)

Christianity and Homosexuality Reconciled: New Thinking for a New Millennium!

از قلم ریورنڈ جوزف ایڈم پیئرسن، پی ایچ ڈی، کرائسٹ ایونجلیکل بائبل انسٹیٹیوٹ، کاپی رائٹس۲۰۱۷ء ISBN ۹۷۸-۰۹۸۵۷۷۲۸۸۸,
گزارش پر چھاپنے کی سہولت موجود ہے اس کتاب کا آرڈر مندرجہ ذیل ویب سائٹ پر آن لائن بک کروا سکتے ہیں :

https://www.createspace.com/۴۷۷۵۶۱۷ یا www.amazon.com

(ہمارے پاس صرف انٹر نیٹ پر پڑھنے والا ایڈیشن بھی موجود ہے۔)

The Koran (al-Qur'an): Testimony of Antichrist

از قلم ریورنڈ جوزف ایڈم پیئرسن، پی ایچ ڈی، کرائسٹ ایونجلیکل بائبل انسٹیٹیوٹ، کاپی رائٹس ۲۰۱۸ء ISBN ۹۷۸-۰۹۸۵۷۷۲۸۳۳,
گزارش پر چھاپنے کی سہولت موجود ہے اس کتاب کا آرڈر مندرجہ ذیل ویب سائٹ پر آن لائن بک کروا سکتے ہیں :

https://www.createspace.com/۴۰۵۰۱۷۱ یا www.amazon.com

(ہمارے پاس صرف انٹر نیٹ پر پڑھنے والا ایڈیشن بھی موجود ہے۔)

Quran: Testimony of Antichrist
القرآن :مخالف مسیح کی گواہی

مصنف کا تعارف

ڈاکٹر جوزف ایڈم پیئرسن کالج اور یونیورسٹی کے ماہرین تعلیم ہیں جن کا تجربہ تقریباً چالیس سال پر محیط ہے جو کہ کمرہ جماعت اور بطور منتظم ہے۔ڈاکٹر پیئرسن بیس سالوں سے کرائسٹ ایونجیلکل انسٹیٹیوٹ کے صدر اور چیف ایگزیکٹو آفیسر بھی رہ چکے ہیں۔ کی مختلف شاخوں کو کھولنے میں مصروفِ عمل تھے جن CEBI ۲۰۱۸ءمیں جب اس کتاب کا ایڈیشن شائع ہوا ، وہ سمندر پار میں انڈیا، فلپائن، تنزانیہ شامل ہیں۔

فی الوقت ، ڈاکٹر پیئرسن اپنے قیمتی وقت کا بیشتر حصہ بائبل کے طالب علموں کے لئے کتاب و نصاب تیار کرنے میں گزارتے ہیں، جو قومی اور بین الاقوامی سطح پر پڑھائے جاتے ہیں۔اور وہ بین الاقوامی کروسیڈ میں رہنمائی کا کام انجام دینے کے ساتھ ساتھ گروپ پاسٹرل ٹریننگ بھی بمطابق گلوبل مشن کی ترتیب دیتے ہیں۔

اُنکے پیشہ وارانہ زندگی کے دوران، ڈاکٹر پیئرسن نے ہیلنگ واٹر منسٹریز کے ساتھ بطور سینئر پاسٹر بھی خدمت کا کام انجام دیا ہے۔ جو کہ ٹیمپے، اریزونا اور میسا کمیونٹی کالج ،اریزونامیں بطور ڈین آف انسٹرکشن کام کیا ہے....وہاں پر وہ بانی انسٹرکشنل ڈین کے طور اُسکے ریڈ ماؤنٹین کیمپس کے ساتھ ساتھ اُسکے مزید کیمپس میں بھی خدمات انجام دیتے رہے۔

ڈاکٹر پیئرسن یقین رکھتے ہیں کہ ہماری بچائے جانے کے بعد، اور بیک وقت ہم گناہوں سے پاک بھی ہوجاتے ہیں، ہمارے انفرادی اعمال ایک ''درخواست'' کا حصہ ہیں اُن ملازمتوں کے لئے جو ہم میں زمین پر یسوع مسیح کی ہزار سالہ دورِ حکومت کے دوران ملیں گی۔ڈاکٹر پیئرسن کا سب سے بڑا معرکہ ہے کہ وہ ایک پُر عزم مسیحی ماہرینِ تعلیم میں سے ایک ہیں جو اِس دوران لوگوں کو سکھائیں گے۔

آپ مصنف سے مندرجہ ذیل ای میل پر رابطہ قائم کرسکتے ہیں:

DrJPearson@aol.com

drjosephadampearson@gmail.com

www.dr-joseph-adam-pearson.com

www.christevangelicalbibleinstitute.com

www.ingramcontent.com/pod-product-compliance
Lightning Source LLC
Chambersburg PA
CBHW081457040426
42446CB00016B/3281
* 9 7 8 0 9 9 6 2 2 2 4 4 0 *